山东省社会科学规划研究项目
鲁东大学学科建设项目

新中国

体育指导思想研究

XINZHONGGUO
TIYU ZHIDAO SIXIANG YANJIU

傅砚农 曹守和 / 著

人民出版社

目　录

前　言

　　1949 年 10 月 1 日，中华人民共和国成立了。新中国的成立，意味着中国人民被三座大山压迫的悲惨境况将一去不复返，更意味着一幅撼人心魄的历史巨变画卷要在新中国展开，中国将要成为屹立在世界东方的巨人。

　　从中华人民共和国成立至今的 62 年时间里，是新中国从新民主主义革命胜利转入社会主义建设，探索中国特色社会主义发展道路的过程，同时也是中国特色社会主义体育事业的奠基和发展的历史。

　　中国共产党和中华人民共和国政府，领导全国体育工作者和全国人民，抱着一定要把"东亚病夫"的帽子扔进太平洋的决心，抱着要使中华民族强大起来，以自立于世界民族之林再铸辉煌的期望，从新中国建立之日起，就着手在满目疮痍的旧中国废墟中奠基立业，浇铸起新中国体育事业的坚实基础。

　　中国共产党的建党宗旨和新中国的社会主义制度，决定了新中国的体育事业"一定要为人民服务，要为国防和国民健康的利益服务"。以毛泽东1952 年 6 月 10 日的题词"发展体育运动，增强人民体质"为标志，在新中国成立初期，确定了以"体育为人民服务"为核心的体育工作指导思想，形成了"为劳动生产和国防建设服务"，以"发展体育运动，增强人民体质"为基本任务，以"普及和经常化"为工作方针的体育发展思路。

　　新中国体育事业从 1949 年—1979 年的 30 年中，从几乎为零的起点开始，有兴旺发展、高歌猛进的高潮，也有遭受挫折几乎灭绝的低谷，在从无到有、从低谷到高峰的曲折发展的轨迹中，体育事业随着整个社会政治、经

1

济、文化背景状况的变化，在不同的历史阶段，形成了各项具体工作的方针、指导思想、工作思路、政策。总体来讲，在改革开放前30年各个时期的体育事业建设的成效，取决于当时的社会环境条件，取决于是否准确地理解和贯彻了"体育为人民服务"的思想的。"文化大革命"时期，"以阶级斗争为纲"的极左思想占据社会主导地位，"体育为人民服务"思想被极端化，那一时期体育工作的指导思想和工作思路、政策、措施也随之偏离了正确的轨道，体育事业遭到浩劫性破坏，一度走到了几乎毁灭的边沿。这是一个沉痛的历史教训，也是一个使人警醒的反面例证。

1979年，中国拉开全面改革开放的序幕。从20世纪80年代至世纪末，中国在经历了以体制改革为重心，进一步解放思想，建立社会主义市场经济的过程。体育界随着整个社会发展的进程，不断深化体育管理体制、竞赛体制、训练体制、科研体制、教育体制等改革，把人民的利益和需要作为改革的出发点，使"依法治体"和"体育产业化"、"体育社会化"、"增强全民族体质，强国强民"等指导思想，通过具体的工作方针、政策、措施得以实现。"体育为人民服务"的核心指导思想得到了丰富。结合新时期我国体育发展战略的制定和实施，对中国体育走出一条符合中国国情的发展道路进行了探索和实践，使我国体育事业进入了一个前所未有的大发展时期。

在进入21世纪以后，《2001—2010年体育改革与发展纲要》和《关于进一步加强和改进新时体育工作的意见》为在实现小康目标、构建和谐社会、关注民生的社会背景下的体育发展指明了方向，形成了"以人为本"提高全民族健康素质；构建群众性多元体育服务体系；成功举办"北京奥运会，向世界展现中华民族的伟大复兴"等指导思想。各级政府把"亲民、利民、便民"的全民健身服务作为"执政为民"的内容纳入当地社会经济发展规划，形成了国民体质监测体系，推进了全民"五个亿万人群"健身活动，各级各类学校贯彻"健康第一"的教育思想，并以成功举办无与伦比的北京奥运会为标志，证实了中国社会主义体育事业取得的伟大成就。

自新中国成立，中国人民在中国共产党的正确领导下，实现了从半殖民地半封建社会到民族独立、人民当家做主的历史性转变。此后，从新民主主义革命到社会主义革命和建设的转变；从高度集中的计划经济、半封闭状态到社会主义市场经济体制、全方位开放的历史性转变，从根本上改变了中华民族的命运。同时，新中国体育经历了从扔掉"东亚病夫"帽子到"百年梦圆"北京奥运会的崛起和辉煌的历史性跨越。我国体育工作方针和各项具体工作指导思想，在历史性转变的社会背景条件下，不断地得以充实、完善、发展。新中国体育事业伴随中华民族走向复兴迈出的脚步，昂首崛起，走向辉煌。

国运盛、体育兴，体育兴、民族强。体育是人民的事业，与国家的命运、民族的命运息息相关，是中华民族实现伟大复兴的重要标志。北京奥运会的巨大成功，提升了我国的国民地位，极大地增强了中华民族的自信心和自豪感。中国的体育事业达到了一个前所未有的高度，成为中国体育事业发展的一座新的里程碑，也为中华民族的伟大复兴创造了新的起点。

2008 年 9 月 29 日，胡锦涛总书记在北京奥运会、残奥会表彰大会上提出由"体育大国向体育强国迈进"的目标。这是站在引领中华民族伟大复兴的战略高度，对中国体育未来的发展作出的新的部署，提出的新目标，是与 2020 全面建成小康社会，本世纪中叶实现中华民族伟大复兴的历史进程和奋斗目标相一致的中国体育发展战略。

回顾 60 年来新中国体育事业发展过程、中国体育指导思想的形成发展进程，会深化我们对体育事业与国家、民族命运相紧密联系的认识，给今天已经取得的辉煌业绩和曾经遭遇的困难、挫折和失误以更加理性的思考。在坚持"体育为人民服务"这一核心思想的前提下，体育工作的指导思想必须适应新的时代要求，引领体育事业主动融入并创造性地服务于中华民族的伟大复兴，实现伟大的战略目标。

第一章

"增强人民体质"，洗耻"东亚病夫"

（*1949—1956* 年）

一、"体育为人民服务"核心指导思想的形成

中华人民共和国的成立，标志着殖民主义、帝国主义、封建主义统治者奴役中国人民的历史从此结束，中国人民进入了一个新时代。作为新民主主义建设事业的一部分，中国共产党领导全国人民也开始了"新体育"的建设工作。中华人民共和国一成立，中国共产党领导的中央人民政府就将体育事业作为新中国建设的重要内容。

社会主义体育方针是社会主义制度下新中国开展体育活动的方向与指南，也是实现人民参与体育的重要保障。中国人民民主专政是中国工人阶级、农民阶级、小资产阶级、民族资产阶级及其他爱国民主分子的人民民主统一战线的政权，是以工农联盟为基础，以工人阶级为领导的政权。因此，新中国一成立就非常重视人民利益的根本保障问题，在继承、发扬革命根据地和解放区的体育传统，接收和改造旧体育的基础上，初步建立了为人民服务的新的体育事业，确定了新体育的建设方针和任务目标。

（一）建设人民的新体育

1. 接管、改造旧体育与建设新体育

正如毛泽东同志所说的："我们是马克思主义的历史主义者，我们不能割断历史。"正是如此，在建设新体育的过程中，我们"去其糟粕，取其精华"，在对旧体育接管与改造基础上建设了社会主义体育事业。

在中华人民共和国成立之前，毛泽东就曾严肃地告诫全党："对于知识分子的正确的政策，是革命胜利的重要条件之一。"[①]中国人民解放军平津前线司令部布告中清楚地这样写道："学校教职员、文化教育卫生机关及其他社会公益机关供职的人员，均望照常供职，本军一律保护，不受侵犯。"[②]新中国成立后，毛泽东指出："对知识分子，要办各种训练班，办军政大学、革命大学，要使用他们，同时对他们进行教育和改造。……有些知识分子老了，七十几岁了，只要他们拥护党和人民政府，就把他们养起来。"[③]

依据中央的精神，对争取原国统区体育人员问题，团中央和全国体育总局提出要"组织现有体育工作人员的政治学习和体育研究，以便树立为人民服务的思想和优良的新作风，不断地改进再改进，创造再创造"。为了达到这一目的，政府有计划地举办了各种学习会，以帮助体育人员逐渐形成为人民服务的新思想。中华全国体育总会筹备委员会在北京清华园举办了新中国的第一期全国体育工作者暑期学习会，包括体总全体筹委、各地分会或分筹会秘书等共208名学员参加了学习，分别来自全国的23个省、15个市以及旅大区（除云南、贵州、西康、西藏、台湾外）。学习内容除体育专业业务外，大课报告主要有形势和任务，开展国民体育的问题，怎样开展工厂、学校、部队的体育，以及苏联体育的介绍等。学习会受到了政府领导的高度重视。学习会期间体育总会筹委会主任冯文彬、代理秘书长廖承志、教育部长马叙伦、副部长韦悫、卫生部长李德全等分别做了重要指示和讲话。通过为期两周的学习和讨论，大家在新民主主义国民体育的方针与任务上获得了一

---

① 《毛泽东选集》第二卷，人民出版社1991年版，第620页。

② 《中国人民解放军平津司令部布告》，见毛礼锐：《中国教育通史》第六卷，山东教育出版社1989年版，第20页。

③ 《毛泽东文集》第六卷，人民出版社1999年版，第74页。

致的认识，即体育应该为劳动服务，为生产国防服务，为国民的健康服务；在国际上我们是站在苏联与人民民主国家的一边，学习他们的经验与技术，学习他们热爱祖国的工作精神；反对"全盘西化"的盲目崇拜欧美思想与封建的宗派集团思想；体育必须是民族的、科学的、大众的。与此同时，体总各地分会、分筹会，也与当地人民政府、青年团工作委员会及其他有关部门联合举办了体育工作者暑期学习会，组织工厂、部队、农村等的体育干部参加学习。经过学习，大家提高了对新体育的认识。

为了更好地团结和发挥原国统区体育人员的积极性，在各级体育组织中都吸收了一些旧体育人员。在中华全国体育总会筹备委员会中，原国统区的体育知名人士马约翰、吴蕴瑞、徐英超等都担任了筹委会副主任的职务。对董守义这位唯一留在大陆的国际奥委会委员，有人认为他反动，不可使用。周恩来总理明确指示，可请到北京一谈，充分表现了人民政府对知识分子的尊重和肯定。而在体总的各级体育组织中，担任领导职务的原国统区体育人员就更多了。如原上海市立体育专科学校代理校长吴邦伟先生任上海市分筹会副主任，河北师院体育系主任罗爱华女士任天津市分筹会副主任，西北师院体育教授王耀东任西安市分筹会副主任等。在这些地方体育组织中，大批来自原国统区的体育人员为新体育的建设发挥了不同的作用。

为了保证新体育的人民性，体育界结合"三反"运动，展开了对体育工作中资产阶级思想的批判。体育界认为，体育工作中的资产阶级思想表现也是多方面的，主要是忽视体育运动的群众化。正如《新体育》社论中所指出的那样：有些人仍然醉心于训练少数球队和选手；有些地方习惯单纯举行热热闹闹的"昙花一现"的运动会，满足于参加运动会的人多，有几个工农运动员参加。对于各基层单位广大群众经常的体育运动的发展和巩固则很少注意，不肯深入地想办法去发动、组织和指导群众；也有些人对提倡篮球、田径等近代体育形式不遗余力，但却不愿发展群众熟悉而易于接受与推广的多样化的民间体育，甚至加以轻视。资产阶级思想的又一表现是忽视政治思想教育。《新体育》社论中说：体育不仅锻炼人民坚强的体格和体力，而且培养人民革命的意志和性格。广大群众和运动员们参加体育运动锻炼身体，提高运动技术必须建筑在高度的政治思想觉悟基础上，离开了政治思想教育的

体育不可能培养任何革命的意志和性格。政治思想教育不但不是体育工作中额外的附加的东西，而且是贯穿在体育工作中不可缺少的内容。

此外，资产阶级思想还被认为表现在好求表面、铺张浪费、不从实际出发，以及在体育教学工作上的粗制滥造和不负责任。

半年多的"三反"斗争，特别是对资产阶级思想的批判，虽然在某些方面言论过激了些，过分地上纲上线，但对于教育和改造大部分旧知识分子，团结更多的人同心同德地与新生的人民政府一道进行新体育的建设，是起了一定促进作用的。它与后来发生在1955年批判资产阶级体育思想有很大区别。著名体育家徐英超说，作为旧体育工作者，首先是必须努力学习马列主义毛泽东思想，下定决心改造思想，与工农结合，批判过去，树立起全心全意为人民服务的革命的人生观。其次是从实际出发，从自己的工作中、具体的内容上研究。最后是依靠群众，虚心向群众学习。徐英超主张把改造旧体育与改造体育工作者本身结合起来。他的意见反映了大多数体育工作者对思想教育的认同。为新中国体育方针的贯彻打下了基础，扫清了旧思想的障碍。

对旧中国的体育制度与体育实践的批判和借鉴，是建设新中国体育必不可少的重要工作。在旧中国，广大爱国的体育工作者为了提高民族的体质和体育水平，在从事体育教学、体育训练和体育科研的过程中，积累了大量宝贵的经验，这是人民的精神财富，理当继承和发扬。即使是国民党政府推行的一整套体育制度，也不能全盘否定，国民党政府大量地采用了发达国家的体育措施，其中一些是符合体育发展规律的。正是在这个基点上，在新体育建设的过程中，注意了对旧体育某些有用经验的吸取，从而加快了新体育建设的步伐。如在组织上建立的中华全国体育总会筹备会，实际就是对旧中国"中华全国体育协进会"的改组和重建。正是在旧有体育组织的基础上，很快地形成了一个新中国的全国体育组织网络系统。借助这一系统，使新体育建设的方针、任务和目标，在不长的时间内就得到了较好的贯彻和执行。

在团结、教育和改造旧体育工作者的同时，人民政府也十分注意保护原有的体育设施。早在1948年2月，中共中央在批转《中央工委关于恢复石家庄的城市工作经验》中，就强调指出，我们在城市工作中的"方针是建设，而不是破坏"。平津前线司令部特别发布布告，宣布约法八章，其中第四条指出："保护学校、医院、文化教育机关、体育场所及其他一些公共建筑，任何人不得破坏。"《人民解放军布告》中明确要求："保护一切公私学校、医院、文化教育机关、体育场所和其他一切公益事业。"以上的这些指示、经验和做法，使体育设施得到了有效的保护。例如上海政府在经费十分紧张的情况下，一边修复、改造旧的体育场地，一边又着手建设新的体育场地，以满足人们体育锻炼的需要。

2. 对解放区体育的应用推广

新体育是人民大众的体育，它理所当然地要以抗日根据地和解放区时代的体育经验为蓝本。这些经验的重要特点是体育的人民性。毛泽东于1941年在为《解放日报》体育专刊的题词中就提出要"开展体育运动，提高人民体质"。朱德于1942年《祝九月运动大会》的文章中也强调"改进我们军民的体力，应从两方面着手：一即改善军民生活，丰富军民的给养；一即普及体育运动和卫生保健知识。"所以朱德号召解放区的军民"运动要经常"。

早在新中国成立前，解放区体育就已经开始了坚持体育大众化、生活化与经常化的发展方向，从而为新中国成立初期新体育的建设奠定了坚实的思想和实践基础。在思想方法上，根据地和解放区的体育形成了民族的、多样化和创新的思路："第一，必须采取各种各样的形式去开展体育运动，不仅是田径、球类等应当继续发展，对于国术、打拳、劈刀、刺枪、骑马、舞蹈等，也必须提倡和发扬；""必须根据年龄、性别、职业来规定体育活动的内容。对于少年儿童，则不应进行过分剧烈的运动，以免妨碍他们身体的发育和健康。第二，必须积极创造新的体育形式，对于团体操、集体舞蹈、表现战斗、劳动及有教育意义的体育活动，都需要好好地提倡和发扬。"

在组织方法上，解放区的体育经验是不受运动比赛规则的过分限制，而尽可能让人们广泛地参与活动。例如解放较早的东北地区，他们组织的体操比赛，一般都不分级别，也没有规定动作，这有利于吸引更多的人从事这项运动。新中国成立初期继承了这种传统，比较典型的就是修改一些运动项目的规则，以更好地为群众锻炼服务。如篮球比赛中，女子每场比赛的时间采取"四节制"，提倡九人排球，甚至提出"为着适应群众不同的要求，排球

运动形式何止是六人及九人两种，还有许多种形式都可以采用，例如小学生或初学者的落地排球或不限打球次数的集体排球等"。十二人制甚至十六人制都曾经在中小学体育活动中采用。也可采用不同的网高。

在根据地和解放区，为了更好地普及体育，人们曾新创了不少体育活动形式和器材，以适应锻炼的需要。因此，解放区的体育经验是新体育建设的基础，新中国人民的体育事业与老解放区的体育事业在性质上、指导思想上是一致的，新体育建设是对解放区体育的继承和发展。当然，解放区体育经验是马列主义和中国体育实际相结合的最初阶段的产物，加之革命战争的特殊情况和农村环境，它表现了一定的局限性。所以，新体育的建设，实际应该是在解放区体育经验基础上的进一步上升、提高和发展。新中国成立初期的我国新体育建设正是沿着这一基本思路而逐步展开的。

3．学习苏联体育的经验

1945年，毛泽东在《论联合政府》中提出了"苏联所创造的新文化，应当成为我们建设人民文化的范例"。中华人民共和国成立后，正式确立了向苏联全面学习的方针。1949年10月，朱德在中华全国体育总会筹备会议的讲话中正式提出："要学习苏联体育方面的好的经验。"冯文彬在筹备会议讲话中也提出新体育的建设"必须与各国进步的体育运动相联合，特别是学习苏联体育方面成功的经验"；"必须向苏联及各人民民主国家学习，根据我们国家的实际情况，吸取他们成功的经验，来充实我们的体育内容和启发我们的创造，使我们的体育，成为世界进步体育的一个构成部分。"为了发展与普及体育运动，"必须学习苏联及新民主主义国家的各种体育运动的丰富内容和宝贵的经验"。对苏联经验的学习有力地加快了新体育建设的步伐，推动了体育事业的发展。正像《新体育》在1955年2月号的社论中所说的："我国人民体育事业一开始就肯定体育运动为人民健康、为生产和国防服务的崇高目的，以及开展群众性体育运动的工作方针。""在提高运动技术方面，我国运动员已经和正在学习着苏联运动员训练方面的'全面发展，重点提高'、'全年训练'、'最大训练量'等科学原则和各项运动的先进的技术方法。"社论还说："苏联体育是社会主义教育的一个重要组成部分，他们的运动技术是先进的，所以我们还得努力学习苏联体育理论和多种运动技术。"

4．体育行政管理体系的建立

中华人民共和国成立以后，在很短的时间内就基本建成了较完备的体育管理体制，其基本特点是：以团中央为主管领导，由中华全国体育总会具体负责，教育部、中华全国总工会等部门系统协作工作的体育管理模式。

1952 年 7 月，中国体育代表团参加了在芬兰赫尔辛基举行的第 15 届奥运会。在这届奥运会上，首次参赛的苏联代表团获金牌 22 块，奖牌 71 块，金牌数和奖牌数均居第 2 位，总分与美国并列第一。这给中国代表团很大刺激。回国途中，代表团参观了苏联的体育设施，并全面考察了苏联体育运动，特别是体育管理方面的情况。回国后，于 8 月 21 日，团中央军体部部长、全国体总秘书长荣高棠上书党中央，汇报我国参加奥运会的情况，并就加强体育工作提出四点建议。9 月 6 日，教育部长马叙伦又把内容相似的建议上呈政务院。

两份报告都指出："目前我国体总只是一个群众性的体育组织，以此机构来领导我国体育运动，实不相称……加强我国体育运动的领导工作，首先应加强领导机构。因此我们建议，在政务院下设一下全国体育运动事务委员会，最好请贺龙同志任主席……"报告送刘少奇批示同意并呈毛泽东主席阅后送邓小平副总理办理。几天后，邓小平向荣高棠做了五点指示：

第一，体委现在就搭架子，暂时由你牵头具体筹备；

第二，从军队和地方招运动员；

第三，建体育场；

第四，办体育院校；

第五，准备明年开全国运动大会。

在邓小平果断明确的部署下，建立体委的各项筹备工作迅速落实。1952 年 11 月 15 日，中央人民政府委员会第 19 次会议决定成立"中央人民政府体育运动委员会"（简称中央体委，1954 年改称为"中华人民共和国体育运动委员会"，简称"国家体委"），任命贺龙为委员会主任，蔡廷锴为副主任。原计划由团中央转到教育部领导的体总和国防体育俱乐部改由中央体委接管。1954 年 9 月 28 日，中华人民共和国第一届全国人民代表大会第一次会议，根据国务院总理周恩来的提名，通过了国务院组成人员人选的决定，

贺龙兼任中华人民共和国体育运动委员会主任。11月1日国务院任命蔡廷锴、蔡树藩、卢汉、黄琪翔、荣高棠为国家体委副主任。这是中国历史上第一个部级国家体育行政机关。

中央体委在50年代实行的是委员制。1953年9月18日，中央人民政府委员会第28次会议通过任命了中央体委的第一批委员，包括政务院各部和解放军的有关负责人，以及个别体育界知名人士（如吴蕴瑞、徐英超等）。在地方，全国县以上政府也逐步设立了各级体育运动委员会，它们是同级人民政府主管本地区体育的行政部门，并受同级人民政府及上级体委的领导。

经过一段时间的努力，在体育管理的组织体系方面，逐渐形成了体育管理的三大组织系统，即形成了体育管理的国家行政部门系统、军队系统和社会组织系统。并在体制建设方面有了基本的格局，这就是中央体委所实行的委员制、中华全国体育总会的会员制和国防体育协会的俱乐部制。

国家行政部门系统主要包括两大块：一是中央体委，二是相关部委。中央体委的组织机构是根据1956年3月23日由国务院常务会议批准的《中华人民共和国体育运动委员会组织简则》设立的，它是中央人民政府主管体育的部门，负责统一领导、协调、监督全国的体育事业。中央人民政府相关部委分别主管本系统的体育工作，并与国家体委相配合。如中央人民政府教育部是教育系统体育工作的主管部门，它所设置的体育处（后为体卫司）是负责具体管理工作的职能机构。教育部通过地方各级教育厅、局，管理各级各类学校的体育工作。卫生部主管卫生系统的体育工作，并通过地方各级卫生部门和医疗卫生机构，开展体育医疗，配合做好对体育的医务监督，以及学生的健康检查和体质调查。体委和其他部委在有关体育的重大问题上，通过体委的全体委员会加以协调。

军队系统主管体育工作的是军委总政治部（后改为总参谋部，现由三总部组成的体育运动指导委员会作为管理军队体育的职能机构），其主要职责是：制订军队系统体育的规划和计划；实施军事训练中的身体训练工作；管理军队院校体育工作；举办全军运动会和各类运动竞赛，组织参加全国运动会和各类运动竞赛；培养军队系统的优秀运动员；开展国际军队间的体育交往；计划和修建军队系统的体育设施；负责军队体育所需的经费和给养等。"中国人民国防体育协会"，则是群众性的国防体育组织，它负责开展群众性的国防体育运动。

社会组织系统主要由三部分组成：一是社会体育组织：主要有中华全国体育总会，它实行的是会员制，它在省、市、县建立有各级地方分会，在厂矿、机关、学校、农村等基层单位建立有体育协会。二是社会群众团体：主要有中华全国总工会、共产主义青年团中央，以及全国妇联、全国青联、全国学联等社会群众团体。三是民间体育组织：这是一些得到上级体育部门承认，并接受其指导、监督的体育组织。体育行政管理体系的形成，为贯彻体育工作方针奠定了组织基础。

（二）"体育为人民服务"思想的形成

1. "体育为人民服务"思想形成的历史基础

由中国共产党领导的新民主主义革命，是20世纪世界上具有伟大意义的革命。它在东方的大国里，在半殖民地半封建的典型国度里，进行反帝反封建的政治斗争、军事斗争的同时，进行旨在增强中华民族体质的民族的、科学的、大众的体育实践。中国新民主主义革命，为新民主主义体育思想的产生和实践提供了条件。

（1）共产党人的新民主主义体育观和早期实践。

马克思主义的宣传，为我国早期的共产主义知识分子提供了新的世界观和认识问题的新方法。马克思主义的重要著作如《共产党宣言》、《反杜林论》、《资本论》中涉及的教育、体育的基本原则，使他们接触到新的体育观。中国共产党人正是依据马克思主义体育观，从历史唯物主义角度考察了中国近代体育，提出了新民主主义体育的基本思想，即新民主主义体育应以工农大众为主要对象，并以维护其体育方面的根本利益为出发点；革命战争时代为培养革命战士，和平时代为培养建设人才服务；它应是民族的、科学的、大众的，等等。他们认识到新民主主义体育对社会革命的促进作用，要求新民主主义体育自觉服从于社会革命的需要。新民主主义体育思想是新民主主义思想的组成部分。

唤起民众争取体育权利。马克思主义体育观是世界近代工人体育运动的理论概括，它是建立在人全面发展学说基础上的。马克思主义体育观认为，狭隘的社会分工，尤其是体脑对立，是造成人的体力发展和智力发展严重脱节的根源，资本主义生产方式更加剧了劳动者身体畸形发展的趋势；资本主义大工业在造成高度分工的同时，也造成了个人全面发展的需要。但在资本主义制度下，这种需要不能变成现实。中国工人受压迫的严重程度是世界各国中少见的，而工人的健康状况极差又最为突出。为了唤起工人觉悟，为工人争取健康和体育的权利，1922 年 5 月《先驱》半月刊刊登了团第一次全国代表大会通过的《青年工人农民生活状况改良的决议案》，其中将工人的健康和体育作为重要内容。为使工人对体育与健康有所认识，启发工人争取体育权利，李大钊于 1922 年在《五一纪念日对于现在中国劳动界的意义》一文中指出："人体的健全，全在身体和精神得保持平均的调剂的发展。有动作的时候，必须有休息的时候。而休息的方法，并不只是睡眠，有益身心的娱乐亦是调剂倦苦、慰安疲劳的最重要的方法。""游玩在一种意义是增益的生活的准备"，因为它"可以苏慰工作的疲倦，可以免除堕落的恶习，可以回复身体的健康，精神的畅旺"。所以，"关于游玩的机关与设备，有两种：一为商业的设备，如剧院等；一为社会的设备，如公园、运动场、学校、俱乐部等。我们应该要求公家为种种正当娱乐的设备，在工人聚集的地方。"①李大钊在这里说明了体育的健身功能，同时明确指出了工人应该争取"正当娱乐"的权利。

中国共产党在开展工人运动中还把体育作为进行革命宣传的一种有效形式。1922 年 7 月，在《关于工会运动和共产党》等决议案中，指出工会必须成为最广泛的群众性的组织和启发教育工人的学校。②根据这次代表大会的决议精神，中国共产党人深入到厂矿的工人之中，宣传革命，组织工人起来建立自己的组织——工会。当时的工人俱乐部就是对工人宣传革命思想的场所，也是团结和组织工人起来斗争的组织机构。在工人俱乐部的活动中，娱乐和体育是深受工人喜爱的活动，吸引了大批的工人。如邓

---

① 《李大钊全集》第四卷，人民出版社 2006 年版，第 72、73 页。

② 史兵：《中国工人运动史话》，工人出版社 1985 年版，第 111 页。

中夏领导成立的长辛店铁路工人俱乐部中常开展"唱京剧、下象棋、打球"等活动。①京汉铁路工人俱乐部举办"象棋、唱戏、打球、讲演等活动，还开办了一个工人夜校"。"不到一个月工夫，报名参加俱乐部的工人有一千多人"。②1924年5月，在《中国共产党扩大执行委员会文件》中，强调共青团在开展工人、农民青年工作时特别指出开展体育娱乐的必要性和重要性。决议明确提出了："S、Y应专任以青年为本位的青年运动。""要在工人中做青年工人教育、宣传、娱乐、体育及其他关于青年工人本身利益之运动。""在青年工人中应注意去宣传阶级组织，S、Y并且应当为青年工人组织体育及娱乐部等。"③

在这一历史阶段，体育在宣传革命思想、启发工人觉悟、增强党在工人中的凝聚力等方面，发挥了较大的作用。

启发青年锻炼身体与意志，以担负历史使命。中国共产党的早期领导人物极为重视体育在培养和锻炼先进青年中的作用。当时，不少城市青年和学生在接受了革命思想后，具有改造社会的责任感，有革命的热情，但是他们往往缺乏坚强的意志、毅力和长期从事革命活动中应付艰难环境的强健体魄。

中国共产党早期的政治活动家肖楚女教育青年说："人若自己支配自己，便应该一刻也不放松有意识的锻炼。"他要求青年不畏艰苦进行锻炼。他指出："青年不是常常说'我要改造社会'吗？改造社会，首先需要一个强健的改造者——锻炼身心，使抵于至坚至强。"④

中国共产党早期的教育家杨贤江，在其丰富的教育论述中，强调了卫生习惯与体育对身心健康的重要性，强调了健康的身体对于青年们担负社会改造使命的重要性，同时还告诉青年一些强身健体的重要方法。他指出，体育可以培养敏锐感觉，锻炼意志，养成团体生活习惯，发达肌肉，舒爽身心。他认为，登山是培养青年不畏艰险、勇敢、顽强等革命意志的良好方式。进行"渡河翻巅，测地探幽，以及行军冲锋，"可以培养青年"具无敌气概"。

---

① 史兵：《中国工人运动史话》，工人出版社1985年版。
② 史兵：《中国工人运动史话》，工人出版社1985年版，第111页。
③ 中国人民解放军政治学院党史研究室编：《中共党史参考资料》第13册。
④ 肖楚女：《身心锻炼与反锻炼》，《学生杂志》1924年第6期。

他告诫青年千万"不可沾少爷小姐游山玩水的软骨恶习"。

在共青团的历次全国代表大会上，青年体育锻炼的问题都是重要的讨论内容，团的机关刊物《先驱》和《中国青年》上常常刊载关于青年健康、体育的文章，鼓励青年从事体育锻炼，以磨炼意志，强健体魄。

以体育组织农民，为建立农民武装服务。鉴于我国工人阶级较少、农民较多的特点，1922 年 7 月，中共二大向全党提出了民主革命的纲领，对农民阶级有了新的认识，把农民运动提到了较高的地位。

开展农民运动有两个方面的工作急需要做：唤起民众，组织起来，培养大批农运骨干。农村的闭塞现状，使进行革命的宣传面临着很多困难。党号召革命青年用体育活动形式接近农民，融洽感情，组织农民起来革命。1924年，恽代英在《预备暑假的乡村运动》中要求革命的青年学生在暑假期间下乡联系农民群众，教农民"打拳习武，间杂些游戏唱歌"，以"借此每天与他们接近，而且使他们觉得有兴趣"，从而进行革命宣传。[1]1925 年 5 月，任弼时同志也指出，每逢假期回到乡村的时候，应联络本乡同学组织习武队、讲演队等，努力在农民中活动做团结群众的工作。[2]中国社会主义青年团中央 1925 年第二次扩大会议和 1926 年 7 月的第三次扩大会议，也号召团组织和团员用游艺会、球队、拳术等方式"联系非同志"。如 1924 年，在江西九江一地，就通过这些方式组织青年农民达一千七百人之多。"在农民中做青年农民教育娱乐等运动"对组织农民革命有不可低估的作用，有力地配合了农民运动其他工作的开展。鉴于新民主主义革命的主要形式是武装的革命反对武装的反革命，而未采用欧美各国及苏联工人体育的现成模式，即把开展体操和竞技运动作为自己活动的主要内容，而是侧重军事体育和民间传统体育项目。[3]

在中国共产党的初创阶段，中国共产党人初步形成了新民主主义体育观，并用于指导革命斗争实践，达到了为实现党在这一历史时期的政治使命

---

① 恽代英：《预备暑假的乡村运动》，《中国青年》1924 年第 32 期。

② 任弼时：《上海"五卅"惨案及中国青年的责任》，《中国青年》1925 年第 81 期。

③ 杨贤江：《青年对于体育的自觉》，引自国家体委文史工作委员会编：《中国近代体育文选》，人民体育出版社 1982 年版，第 117—119 页。

而服务的目的。

（2）红色苏区时期"人民性"、"革命性"体育思想。

"人民性"的体育思想。中国的革命战争是群众的战争，"只有动员群众才能进行战争，只有依靠群众才能进行战争"。苏区时期，是中国革命史上一个艰苦卓绝的战争年代，要使红色政权能够生存发展，必须依靠人民群众，这为中国共产党的党性所决定，也是苏区特殊环境的必然需要。毛泽东从带领秋收起义的队伍上了井冈山之后，创建了中央革命根据地（简称中央苏区），两次当选为中华苏维埃共和国中央执行委员会主席和临时中央政府主席。这一时期毛泽东的体育思想与"五四"时期比较，有了阶段性"质"的发展，明显地突出了人民性和革命性特点。

毛泽东在《二苏大》报告中说："为着革命战争的胜利，为着苏维埃政权的巩固与发展，为着动员民众一切力量，加入于伟大的革命斗争，为着创造革命的新时代。"① 苏区的"一切文化教育机关，是操在工农劳苦群众手里，工农及其子女享有教育的优先权"。毛泽东非常关心体育工作，尤其关心大众体育，他在《二苏大》报告中总结苏区体育状况时说，这一时期"群众的红色体育运动，也是迅速发展的，现虽偏僻乡村中也有了田径场，而运动场则在许多地方都设备了"。② 毛泽东提出苏区体育工作的方针是"锻炼工农阶级铁的筋骨，战胜一切敌人"。苏区的体育方针，体现了人民性特征。苏区要动员人民为保卫红色政权而战斗，"工农阶级"就是苏区的工农群众，红色政权在给予他们文化教育权利的同时，他们就理应享有体育的权利，以达到"在于以共产主义的精神来教育广大的劳苦群众，在于使文化教育为革命战争与阶级斗争服务——在于使广大中国民众都成为享受文明幸福的人"。③ 苏维埃政府在毛泽东大众性体育思想的指导下，竭力地为苏区人民创造体育的条件。苏维埃政府曾明确指示："体育运动，应在工农群众中开展，发动群众经常做各种运动，强健身体。"④

---

① 转引自曾飙主编：《苏区体育》，中央文献出版社 2004 年版，第 18 页。

② 转引自曾飙主编：《苏区体育》，中央文献出版社 2004 年版，第 18 页。

③ 转引自曾飙主编：《苏区体育》，中央文献出版社 2004 年版，第 18 页。

④ 转引自曾飙主编：《苏区体育》，中央文献出版社 2004 年版，第 19 页。

"革命性"的体育思想。在革命战争年代，体育不可能仅仅是为娱乐而娱乐，为健身而健身。1933年3月，张爱萍在《青年实话》上发表了题为《发展赤色体育运动》的文章，指出发展赤色体育的目的和意义，"为的是使劳动者特别是劳动青年群众能在体格上适应阶级斗争的需要，为了要利用适合于青年情绪的方式来加强我们的政治影响，组织苏区内劳苦青年的体育运动，是极其必要的。"

早在1932年，共青团中央局决定在5月4日"国际青年节"举行中央苏区青年先锋队第一次总检阅时进行体育比赛，张爱萍在发表的《努力啊！准备全苏区少先队总检阅》的文章中指出，检阅"绝不是简单平凡的来比比谁胜谁败，夺夺锦标，争争第一、第二"，目的在于"提高队员对体育运动学习的兴趣，加紧队员的体育运动工作"。中央总队部总训练部为了进一步推动少先队文化教育与体育运动，决定创造"文化教育与体育运动的模范区"。在经过周恩来、张爱萍审查，并以中央总队部的名义颁布命令出版的《中队游戏》一书中，有一首"少队体操歌"，突出表现了苏区时期体育的革命性："少先队员，练身体，做体操，做游戏，强壮活泼好武艺。打白狗，扛红旗，争当红军后备役，粉碎'围剿'显威力。保卫苏维埃，少年成大器。"①

当时苏区"体育运动是一天天地向前开展着……红色的体育健儿，一天天的多起来了。各地——在江西、在福建、在前方、在后方，到处都在举行体育比赛，发展红色体育运动"。通过开展体育运动"以提高我们工农劳苦青年的赤色体育运动热忱，检阅我们体育运动的成绩，特别是检阅我们的战斗力量，向帝国主义国民党及其他一切反革命政治派别示威"。苏区体育具有红色色彩，具有革命性，是当时社会环境条件的必然的要求。体育必须为革命战争服务，因为"一切运动体育组织，在政治上不是也不可能成为中立的，在帝国主义国民党统治下，体育与运动是他们奴役青年的一个工具，在苏维埃区域里，我们工农劳苦青年群众，为的是能在体格上适合阶级斗争的

---

① 转引自曾飙主编：《苏区体育》，中央文献出版社2004年版，第32页。

需要，应该有一种集团的精神和健康的身体"。①

苏区时期的革命斗争需要苏区工农群众和干部、士兵强健身体，锻炼在革命战争中所需要的技能，毛泽东要求苏维埃政府的干部，"应该把苏区的体育活动很好地开展起来，尤其是军事体育和田径运动"。②

2. 根据地时期"大众性"、"民族性"、"科学化"体育思想

在延安，毛泽东先后表发一系列论著，形成了新民主主义革命的理论。这一理论成为指导中国人民进行新民主主义革命斗争的旗帜。延安的体育工作者在学习新民主主义革命理论的过程中，学习了毛泽东《新民主主义论》和《论联合政府》等文章后，就新民主主义体育运动的方向和具体内容等问题在报刊展开了讨论，提出了大众化、民族化、生活化和经常化的发展方向。新民主主义的体育实践为开创新中国的体育事业，积累了经验，准备了干部，打下了思想理论基础。

"大众化"体育思想。在抗日根据地和解放区，大众化的体育思想在实践中表现出保障工农大众和士兵体育权利，运动形式、方法与工农大众实际生活条件的贴近。

为了加强对体育工作的领导和管理，1937年，成立了由中国共产党领导下的体育组织"陕甘宁辖区体育运动委员会"，由边区政府主席林伯渠同志任名誉会长。1940年，根据中共中央青年工作委员会的倡议，召集延安各单位体育积极分子议决正式成立了"延安体育会"，该会的主要任务就是积极组织和推动各机关、部队、学校及工厂的群众体育运动，增强体质，提高工作、生产和学习效率，以战胜日本侵略者。体育会还负责组织体育表演，进行宣传工作，举办竞赛活动。

在延安，民众教育馆负责管理群众的运动场和组织娱乐活动，边区的民众经常在民教馆内参加体育娱乐活动。在1939年，延安各机关、学校、工厂都有固定的专门体育组织，推动本单位的体育活动。在农村，体育娱乐活动也呈现出蓬勃发展的局面，涌现出延安西区乡体育先进典型，村与村的比

① 转引自曾飙主编：《苏区体育》，中央文献出版社 2004 年版，第 19 页。
② 转引自曾飙主编：《苏区体育》，中央文献出版社 2004 年版，第 19 页。

赛也在乡俱乐部的领导和推动下风行起来。①

1938 年，毛泽东在《论新阶段》一文中指出"广泛发展民众教育，组织各种补习学校，识字运动、戏剧运动、歌咏运动、体育运动……"②用于"提高人民的民族文化与民族觉悟"。体育运动能在动员起千百万人民共同抗击日本侵略者，挽救民族危亡中发挥的作用，也决定了抗日根据地，解放区体育运动的大众化特征，这与新民主主义文化大众化特征的阐释是一致的。正是在新民主主义革命的理论的指导下，抗日根据地的体育运动才呈现出大众化的特征。

"民族化"体育思想。抗日根据地和解放区时期的体育思想，完全体现了毛泽东所说的："它是反对帝国主义压迫，主张中华民族的尊严和独立。它是我们这个民族的，带有我们民族的特性。"具体地说，抵御日本帝国主义侵略，赶走日本侵略者及一切帝国主义在旧中国势力是抗日根据地和解放区体育工作的主要目的和任务，同时采用民族的形式和方法，达到体育的目的，是民族化体育思想的体现。

1937 年 8 月 1 日，毛泽东纪念中国工农红军建军十周年，由西北青救会发起"苏区体委"主办，在延安举行的抗战动员运动大会上，毛泽东在开幕式的讲话中很明确指出，召开这次运动大会的目的在于："苏区是全国抗日模范区，在这个华北危急中华民族已到最后关头的时候，我们举行这个抗战动员运动大会，是有着极其重大的意义的。我们要做一个榜样，表示我们抗战的决心。""我们这个运动大会，不仅是运动竞赛，而且要为抗战而动员起来。"1942 年，在延安召开的"九一"扩大运动会，目的在于激发抗日根据地军民的斗志，检阅反抗日本侵略者的力量。毛泽东题词："锻炼体魄，好打日本。"在抗日根据地《解放日报》1941 年秋的体育专刊上，林伯渠、李富春、陆定一、冯文彬都撰写文章，强调体育运动要为政治服务、为战争服务。③在抗击日本帝国主义侵略的民族斗争成为这一时期中国革命的主要

---

① 苏肖晴主编：《新民主主义体育史》，福建教育出版社 1999 年版，第 24 页。
② 伍绍祖主编：《毛泽东与体育文集》，国家体委文史工作委员会 1994 年版，第 273 页。
③ 苏肖晴主编：《新民主主义体育史》，福建教育出版社 1999 年版，第 185 页。

任务的前提下，抗日根据地体育运动的目标和任务也必然以此为根本和出发点，为了赢得民族战争的胜利，增强体质，掌握运动技能、提高战斗本领成为了开展体育运动的目标和侧重点。《解放日报》1942年10月27日的《开展部队中的军事体育运动》便明确指出："开展军事体育运动，是目前我们训练部队中迫切重要的工作之一。"朱德在《军事教育必须从实际出发》一文中说，"为提高部队的技术学习，尚有二事是需要举办的，其一为开展军事体育运动，锻炼体力，养成尚武精神的问题。"①

"民族化"体育思想，还表现在运动形式和内容的选择和推行上。抗日根据地和解放区条件艰苦、物质严重匮乏。广泛开展体育活动，必须土法上马，全民动手，因地制宜，使用有效的方法和形式，达到锻炼的目的。

《新华日报》1942年9月9日《锻炼体魄》一文中指出，"提倡体育，锻炼体魄"是一件经常的事情"重要的还是在于提供广大人们从事运动的机会和环境"。固然我们的物质条件太差，公共体育设备差，健身场所少，但"也还是有办法的，比如说，我们早先年代赖以生存的武术就是一项不花多少本钱锻炼身体的一项运动"。抗日根据地军民，利用自然条件，自制简陋的体育器材，坚持不懈地开展体育活动，运动的形式多样，内容日渐丰富，体现出边区军民的创造性。

"科学化"的体育思想。1941年，毛泽东为《解放日报》体育专刊题词："发展体育运动，提高人民体质"，阐述体育运动与增强体质的关系。1942年1月25日，在延安军人俱乐部成立了"延安新体育会"，以进一步推动解放区的体育学术研究工作和体育运动的发展，学会一致推选朱德同志为新体育学会的名誉会长。

新体育学会主张"注意体育教育"，"奖励体育活动，纠正某些对体育的不正确观点，编译体育教材。"叶剑英发表的《加强体力》，李富春发表的《开展体育运动》、冯文彬发表的《对体育的几点意见》，以及《体育漫谈》、《体育的功能》等文章，不但把体育同政治、经济、军事、文化教育联系起来研究，还从生活、生理、心理、人类学方面探讨了体育的问题。对

---

① 苏肖晴主编：《新民主主义体育史》，福建教育出版社1999年版，第23页。

当时人们进一步认识体育的科学性和科学地进行体育锻炼，有很大的作用。朱德在"延安新体育会"成立会上的讲话中，特别强调"把体育与卫生密切联系起来"。1942 年 9 月 9 日，《解放日报》发表了朱德总司令的题词："运动要经常。"《解放日报》还在《提倡体育运动》一文中指出："我们应认为体育运动是一种长期的、经常的、循序渐进的锻炼，而不是一种突击的、速成的、猛烈的行为所能收效。相反平时不运动，突然激烈的运动，对身体反而是有害的。"1942 年，边区推广"十分钟运动"，就是指导人们科学地方法锻炼身体。①

具有新民主主义性质的体育运动，在中国共产党领导下的苏区、解放区人民中广泛地开展，显现出毛泽东在《新民主主义论》中提出的新民主主义文化科学的、民族、大众的特征。

3．"体育为人民服务"思想的形成

在新体育思想中，"体育为人民服务"是本质和核心，是对新中国国民权利和人民政府职能的新认识，是贯穿于体育工作方针、政策、措施中的核心指导思想。

（1）"体育为人民服务"。

中华人民共和国的成立，使在全国范围内发展人民体育事业成为可能。1949 年 10 月 27 日，中共中央副主席、中华人民共和国副主席朱德在成立中华全国体育总会筹备大会上讲话中强调说："过去的体育是和广大人民群众脱离的，现在我们的体育事业，一定要为人民服务，要为国防和国民健康服务。"②青年团中央书记冯文彬在筹备大会报告"新民主主义的民国体育"的阐释中也特别指出："国民党反动派把体育为少数人服务，供少数人玩赏，同广大人民脱离。我们的体育，是要普及于广大群众中去，为人民服务，使体育成为人民的体育运动。"这是毛泽东"为人民服务"的思想和毛泽东阐述的新民主主义"大众性"文化特征在体育上的体现。

中华人民共和国成立后，"大众"被"人民"所替代，在新中国的"人

---

① 体育史教材编写组:《体育史》，高教出版社 2000 年版，第 158 页。
② 《朱德副主席在中华全国体育总会筹备会议上的讲话》，《新体育》1950 年第 1 期。

民"涵义内，包括了"中国工人阶级、农民阶级、小资产阶级、民族资产阶级及其他爱国民主分子"。新中国的人民，均享有体育的权利，人民政府有"提倡国民体育"的职能责任。"体育为人民服务"的具体体现就是把"为少数人服务，供少数人玩赏，同广大人民脱离"的旧体育，变成"普及广大群众中去"的体育，"使体育成为为人民的体育运动"。"反对为体育而体育，脱离实际，脱离人民的思想和办法"。

"体育为人民服务"的思想，是基于要改变"旧体育与广大人民，劳动生产脱离，甚至对立起来，为他们少数统治者服务，并且产生了旧体育工作者许多错误思想"①的状况，使体育"为人民的健康，新民主主义建设和人民的国防"服务。

全国体育总会筹备会议后，"体育为人民服务"的思想很快得到了传达和贯彻，在配合改造旧的体育思想，树立新的体育思想过程中，起到了标志和旗帜之作用，体育工作者队新民主主义建设时期体育思想"大众的"特征的认识和理解，有了更具体的内容，著名的体育家马约翰在《我们对体育应有的认识》一文中说道："中国提倡体育已有五十多年的历史，我们想一想，五十年来，提倡体育所得的结果是什么？是为少数人服务，自然在技术业务上有一些进步，但也进步得非常慢，这是由于受旧社会、反动统治者种种的限制，同时也因我们没有为人民服务的思想，对体育认识不够，缺乏正确的观念，把握不住方向。把体育看成纯技能的训练。"②马约翰的认识，在旧体育工作者中，很有典型性和代表性。把体育从少数有钱、有地位的贵人的专利改变为普及人民群众中去，把用于观赏玩乐变成为人民的健康，为新民主主义建设，为国防的强大服务，从思想上要完成这个转变，对于旧中国过来的体育工作者，必然地有一个过程。

苏竞存先生总结自己思想观念的转变撰文说："我常分析地讲到，英国美国的体育理论是注重个人发展的。例如，美国的体育理论权威威廉姆斯，他将体育的目的只截止在'健康的、完善的和有用的公民'个人，但是我未

---

① 冯文彬：《新民主主义的国民体育》，《新体育》1950年第1期。
② 马约翰：《我们对体育应有的认识》，《新体育》1950年第1期。

能确定的说（现在了解的）体育的最终目的不应止于个人，应当是为了增进人民的健康，增进劳动效率和巩固国防。简而言之，是要止于整个社会与全体人民。"苏先生还根据对体育史的研究所得，认为从古至今，体育活动都是供统治阶级玩赏的娱乐形式。"原来是人民锻炼身体，增进健康的体育娱乐运动，因为被反动派掌握利用，为专供少数权贵玩赏的娱乐品，变成职业的技艺，逐渐脱离了人民大众。"[①]

由于旧的文化和传统思想的惯性作用和影响，要树立起"体育为人民服务"的新思想，首先要对旧思想有深刻的认识，通过批判旧思想，逐渐肃清旧思想，才能树立起新的思想，并用新思想来指导工作实践。

为了使"体育为人民服务"的思想成为体育工作者的指导思想，体育界从 1950 年开始了对旧体育思想的批判。同时，在全国体育工作者中，传达和贯彻了全国体育总会筹备会议的内容和精神，在全国大中城市很快掀起了群众性体育活动热潮。在体育活动项目和参加人员上，体现出显著的大众性特色。

（2）"发展体育运动，增强人民体质"。

1952 年 6 月 10 日，毛泽东主席为中华全国体育总会成立题词："发展体育运动，增强人民体质。"毛泽东主席的题词，是在"体育为人民服务"思想中，明确和规定了体育的目的和任务是"增强体质"。

早在 1917 年，毛泽东在《体育之研究》一文中的第一句就警示道："国力恭弱，武风不振，民族之体质，日趋轻细。此甚可忧之现象也。"中华民族在长期封建黑暗统治下，民族体质日趋衰弱，尤其近代以来，鸦片毒祸，加之卖国政府和贪官污吏的层层盘剥，民不聊生，奄奄待毙，"东亚病夫"实为中国劳动人民身体状况的写照。

截至 1952 年，全国人民的生活水平比解放前有了较大的提高，健康状况有了较明显的改善。但是，一个民族身体健康水平的整体提高是一个渐进的过程，物质生活条件的改善是基础，加强体育锻炼是必要的手段和途径。"由于旧中国社会政治、经济、文化的落后，人民的体质和健康状况一般都

---

① 苏竟存：《政治学习和我的教学研究工作》，《新体育》1950 年第 5 期。

很不好。"①由于中国人民长期在帝国主义和封建统治者的压迫之下，精神和身体都受到严重摧残，旧中国人民生活极端困苦，政治上毫无自由，文化水平低下，无力讲求卫生，疾病以不可抗拒的势头随时袭击人民，因而人民健康水平很低，体质孱弱。

新中国成立之后，尚处在帝国主义包围之中，领土台湾尚未解放，美帝国主义正在采取各种手段来破坏新中国的建设，进行战争挑衅，中国人民必须随时提高警惕，加强国防力量。如果中国人民没有强健的身体，就不能适应现代化国防建设的需要。人民的健康状况不迅速改变也不能适应生产的需要。有的工厂由于职工疾病较多，缺勤率相当高，劳动生产率相应减低；青年学生中因身体不好，不能坚持学习，以至中途休学者，大有人在；机关干部中，头痛头晕、神经衰弱等现象也非少见；广大农民群众的健康也较差。这对新中国的建设事业产生了不利的影响，亟需设法改进。1952年5月，根据北京大学的调查，在316名学生中，染有肺病的占10%。"在技术学校中，患神经衰弱的几乎是带普遍的，如长春邮电学校动力班46人中，有40人患神经衰弱。很多女学生患妇女病。""学生因病休学的人数也是惊人的：东北师范大学三年来在3374名学生中，休学的占8.1%。""在工人中，体质一般都较弱，因病缺勤的很多。据重庆61个工厂企业单位调查：职工38731人中，患肺结核、胃病等慢性病者达3286人，占总人数的8.48%。南京永利钾厂，1952年1—9月因病缺勤而损失的工作日达8751天，等于全厂停工6天。由于工人病假多和体力差，严重地影响和减低了生产效率。""机关干部的健康状况也不好：据天津、北京、山西各银行的材料统计，肺病患者一般占10%。神经衰弱在报社、银行、贸易系统员工中，患者很普遍。"②

中央体委党组根据对学生、工人、职工健康状况的调查，认为"产生上述健康不良的严重情况，除功课和工作任务过重、休息太少、卫生条件不够好和历史原因外，缺少体育锻炼也是其中重要之原因之一"。

---

① 国家体委政策研究室：《中共〈中央转中央〉体委党组关于加强人民体育运动工作的报告的指示》，《体育运动文件选编，1949—1981》，人民体育出版社1954年版，第3页。
② 国家体委政策研究室：《中央体委党组关于加强人民体育运动工作的报告》，《体育运动文件选编，1949—1981》，人民体育出版社1980年版，第5页。

1953 年 4 月 27 日，中央体委主任贺龙在全国体育工作会议上说："我们应该把体育运动搞好，提高人民身体健康水平。这不仅现在需要，而且随着经济文化的发展，会更加需要……我们的体育运动要为广大人民群众服务。"

贺龙强调指出："自从中华人民共和国成立以来，我国体育运动既明确地以服务与人民健康、经济建设和国防建设为目的。这是我国体育历史上的一个本质的改变。""体育工作应该围绕一个中心，这个中心就是生产和国防。体育为生产，体育为国防，国防也是为了生产。如果体育不是为了生产和国防，那我们搞体育还有什么意义呢？""我们今天搞体育，把人民的体质搞好，是为了使学生不缺课，工人不缺勤，战士的手榴弹扔得远些，同敌人拼刺刀时勇气更足一些，使害神经衰弱症的减少一些。因此，各级体委必须善于抓住开展基层体育运动这个中心环节，善于进行组织工作，把我们有限的力量，使用到最主要的地方去。"①

1953 年 11 月 17 日，中央体委党组将《关于加强人民体育运动工作的报告》呈报中共中央。报告根据对全国各行业劳动者体质状况，对已经开展群众体育活动的企事业单位体质有所增强的状况进行了分析认为："体育运动不仅对改善人民的健康状况有显著功效，而且有增强体质、使人体全面发展和充分发挥人体劳动能力的作用，并可以帮助培养人的勇敢、坚毅、机敏、纪律性等优良品质。"在我国群众体育活动还没有蓬勃开展起来的原因中，比较重要的一点就是"我们国家目前很多人还不了解体育运动对增强人民体质的科学价值和重大意义，许多干部甚至对开展体育运动采取冷淡和漠视的态度。"对体育的认识直接影响到工作态度，报告认为"这种状况是必须加以改变的"。②

报告认为，"为了使人民更好地实现党和国家的总路线和总任务，就必须按照毛主席'发展体育运动，增强人民体质'的指示，广泛的开展人民体育运动，使之为人民的健康、经济建设和国防建设服务"。报告还提出了

---

① 总参谋部编写组：《贺龙传》，当代中国出版社 1993 年版，第 486 页。
② 国家体委政策研究室主编：《中央体委党组关于加强人民体育运动工作的报告》，《体育运动文件选编，1949—1981》，人民体育出版社 1981 年版，第 4 页。

"当前开展体育运动的方针应当是：开展群众性的体育运动，使体育运动普及和经常化"。

中央体委党组为使"增强人民体质"的精神得到贯彻和落实，在向中共中央的报告中提出了加强体育运动的宣传工作，普及人民群众对体育运动增进健康科学价值的认识；大力培训体育工作干部适应体育运动开展的需要；在各大区成立体育院系，聘请苏联专家讲学；开展各厂矿、学校、机关等基层单位的运动竞赛；注意运动员的训练工作，选派运动员去苏联和匈牙利学习，着手整理和研究民族形式体育的设想和计划。并建议为加强领导工作，除各级体委配备干部外，总工会及地方、企业工会设体育工作机构和专职干部，加强对职工体育的领导；青年团积极倡导体育运动；教育部门应建全体育管理机构，加强对学校体育的管理。①

1954年1月8日，中共中央批转了中央体委党组关于加强人民体育运动工作的报告，并做了重要指示，肯定了中央体委党组目前开展体育运动的方针和各项工作的意见是"正确的"。把"改善人民的健康状况，增强人民体质"提高到"是党的一项重要政治任务"的高度，这对于在全党和全国人民中强化对"增强人民体质"重大意义的认识，起到了关键性的积极作用。

把增强人民的体质，作为当时党的一项重要的政治任务，是现实社会，即新建立的中华人民共和国面临的一个重要问题，这是每一个新中国的公民在获得了政治权利，在经济状况逐渐改善，在文化教育和文化生活上不断变化进步的同时，发自整个民族心底的一个要求和目标。体质的强弱，是中华民族能否自立于世界民族之林的一个重要标志。把增强人民体质作为党的一项重要任务，提升了体育工作的地位和作用。在当时，很多人尤其是一些管理干部对这一重要任务的内涵缺乏应有的认识。以至中央体委党组在给中共中央《关于加强人民体育运动工作的报告》中指出"许多干部甚至对开展体育运动采取冷淡和漠视的态度"。认为"这种情况是必须加以改变的"。为

---

① 国家体委政策研究室主编：《中央体委党组关于加强人民体育运动工作的报告》，《体育运动文件选编，1949—1981》，人民体育出版社1981年版，第4页。

了使行政管理干部和体育工作者对这项"重要政治任务"有比较深刻的认识和理解，《新体育》杂志发表了中华人民共和国卫生部副部长傅连暲先生等人撰写的《改善人民健康状况，增强人民体质，是党的一项重要政治任务》和其他多篇文章，系统地阐述了人民的健康与党的政治任务之间的关系。以当时的实际社会背景条件和要求为着眼点，从革命的根本目的、国家建设的实际需要、人民群众的要求等方面，进行了透彻简洁明了的论述。

（3）体育促进劳动生产率的提高。

体育是肢体活动，劳动也是肢体活动，对于几乎完全用手工操作劳动的工人、农民及一般手工劳动者而言，体育与劳动的区别是什么，在劳动强度较大的生产条件下，再进行体育活动的意义是什么，是很多人不理解的问题。在确定要普及性开展群众性体育活动的工作重点和任务后，使人民群众认识体育的重要，从本质上区分体育与劳动，接受体育能达到促进劳动生产率提高的作用的观点，成为了体育宣传的一项重要内容。

1951年，《新体育》刊载了郑荣庭翻译的苏联葛里特琴柯的《体育与劳动》一文，阐述了体育与劳动的区分与联系。"在苏联，体育和运动已成为对劳动者进行共产主义教育的主要方式，它可以增进劳动者的健康，以提高劳动生产的效率，它已经成为社会主义国家工人生活的一部分。"文中列举了罗斯托夫烟草工厂、沃斯克列辛斯基化工厂引导工人积极参加体育，"对身体的健康和生产效率的提高，是有良好的作用的。"文中对体育为什么能促进劳动生产率的提高进行了科学的说理性分析："从事体育运动不仅可以使肌肉发达，促成动作正确协调。""科学证明了体育训练能够帮助更好地掌握劳动的技巧、劳动的规律，养成正确和节省精力的习惯。"从事任何职业都需要健康、精力和体力。虽然矿工和会计两种职业的劳动对人的器官的要求各有不同，但总的来说，从事各种形式的体育锻炼，对各种职业都是有益的。"现在工厂里存在着各种上职业伤害和疫病，在苏联对于这些现象都有完美的措施，但最有效的改进健康和预防的方法，乃是体育。"

《体育与劳动》一文，谈了体育对劳动者体力的培养和技能技巧的形成以及在提高劳动生产率的作用，更主要的是以巴甫洛夫的学说，科学地解释了"体操和运动对中枢神经所发生的作用，就是排斥、减轻和驱走疲乏"。① 这些宣传，对正确区分劳动与体育的本质属性，使当时的"文化人"从思想上接受体育具有缓解疲劳的作用的观念，使体育工作者在宣传体育、组织开展群众性体育活动的工作能有理有据地开展，起到了很大的作用。

1952年6月，《新体育》杂志发表的社论《说体育的重要》一文中，特别强调了"体育是提高生产效率的重要因素"。社论中指出，体力劳动对人的身体健康能有某些益处，这是不可否认的，但是，体育却是不可替代的、全面锻炼身体的科学，体育能够辅助并提高劳动，为劳动服务。无论体力劳动者或脑力劳动者参加体育活动，都可以促使身体健全地发育、消除疲劳，进而适应高劳动强度，提高工作效率。体育运动可以矫正和弥补劳动者在劳动中造成某些身体不平衡发展的缺陷。体育运动可以对锻炼神经系统有很大裨益，可以增强人民的思考和记忆力，有不少体育活动开展得好的工厂，都证实了体育对于劳动生产有巨大的潜在作用。

（4）体育为国防建设服务。

新中国成立后，为了促进体育事业的发展，邀请苏联体育专家到中国讲学、访问。苏联专家在介绍苏联体育的发展历程和功能价值的讲话中，把体育巩固国防的作用作为的一个重要思想进行宣传。

1950年，苏联的功勋体育家达托索夫在首都体育座谈会上介绍苏联体育时着重强调说："成千成万的人民经过体育锻炼，在保卫祖国及生产战线上有着显著的成就。"1951年《新体育》第十一期刊载卡洛错夫译文《苏联的体育是世界上最先进的体育》中，宣传苏联开展体育运动的作用："从体育界的行列中产生出不少的苏维埃祖国的热情的爱国志士。苏联卓越的运动……以及其他成千累万的青年运动员。在伟大的卫国战争的年代里，都在苏联军队和游击队里以及在秘密环境下为祖国而战斗着。这是因为体育锻炼了他们的意志，训练了他们的机警性，他们在任何困苦的战争生活中，很顺利的完成了爱国的任务。"

1950年，朱德副主席在中华全国体育总会筹备会议上的讲话中明确指出，"现在我们的体育事业，一定要为人民服务，要为国防和国民健康的利

---

① 郑荣庭译：《体育与劳动》，《新体育》1951年第11期。

益服务。"冯文彬在会上所作的《新民主主义的国民体育》报告中，提出
"我们的口号是，为人民的健康，新民主主义的建设和人民的国防而发展体
育"。《新体育》发刊词中，对怎样建设新体育的阐释是："使体育很快成为
广大人民的体育，溶化到人民的生活中去，成为人民在自己伟大的建设事业
和国防事业中获得胜利的一个有利因素和保障。"新民主主义体育的三大任
务中，体育为国防事业的建设服务，是有重要的战略意义和现实意义。新中
国刚刚建立，健全一支具有强大国防力量的军队，强健每一个士兵和青年的
体魄，体育是有效和必需的手段。从古至今，任何军队试图提高战斗力所采
用过的方法中，体育是必不可少的内容。因此，"体育必须与保卫祖国，巩
固国防的事业结合起来"，通过体育运动，在增强人民体质的过程中，提高
后备兵源和现役军人的整体身体素质，同时，"培养每个人崇高的热爱祖国
的德性和英勇、刚毅、果敢的精神"。在明确了体育为国防服务思想的前提
下，可以"加强部队中的体育活动"，还应该"将部队中的许多军事体育形
式积极推广到人民大众中去，使得军事教育贯彻到我们的日常的体育活动之
中"。①

1951 年 9 月 15 日，时任全国教育委员会主任的郭沫若为《新体育》题
词："全国的同胞们，无论男女老少，请你们尽可能参加早操！大家把身体
炼好、炼好，加紧保家卫国，抗美援朝。"时任卫生部长的李德全题词"提
高人民健康水平，完成国防建设生产建设的伟大任务"。

朱德总司令在 1952 年"八一"体育运动大会开幕典礼上的讲话中特别
指出：祖国的安全与国际和平还继续受到威胁，我们必须有足够的警惕和
充分的准备。"为加强部队建设及提高军事技术，还需要普遍发展军事体育
活动，以锻炼坚强的体力，提倡适合军事需要的体育活动，为战斗和国防
建设服务，必须着重普及。"号召"锻炼自己成为铁的体质，保卫我们的国
家"。②

1952 年，《新体育》社论《谈体育的重要》一文中也指出：体育对于国

---

① 朱语今：《论目前中南区的体育运动》，《新体育》1950 年第 5 期。
② 朱德：《在"八一"体育运动大会开幕典礼上的讲话》，《新体育》1952 年第 9 期。

防有极重要的意义，体育能够提高战斗力。无论过去还是现在，战士们强健的身体都是战胜敌人的重要条件。人民解放军从来就把体育作为主要的训练内容之一，这种平素的严格的体育训练，保证了我们英勇的战士们发挥连续作战、长途急行军等高度的战斗能力，常出奇获胜。在近代化的战争中，为了掌握飞机、坦克等新式武器，强健的体格更为必要。当时，人民志愿军正在朝鲜和美国强盗作战，祖国遭受着帝国主义侵略战争的威胁。加强国防建设，并且时刻准备着保卫祖国，而广泛地发动和组织群众经常参加体育活动，借以增进健康并进一步锻炼钢铁般的身体和意志，树立体育为国防建设服务的思想具有重大的意义。

综上所述，新中国成立后，为适应新民主主义建设的需要，形成了"体育为人民服务"的体育思想，通过不断充实和完善，这种思想成为社会主义建设时期体育工作的核心指导思想。

（三）新中国成立初期的体育工作任务与方针

1．"使体育很快成为广大人民的体育"

根据新民主主义体育的目标，负责全国体育事务的团中央和全国体总制定了体育工作的具体任务。全国体总主办的《新体育》发刊词对此做了比较具体的说明。首先，"要把体育普及到千百万劳动人民中去。有步骤地从学校到工厂，从城市到乡村，从部队到地方，使体育很快成为广大人民的体育，溶化到人民的生活中去，成为人民在自己伟大的建设事业和国防事业中获得胜利的一个有利因素和保障。"其次，"必须系统地研究和总结旧体育，严格地批判它们，摒弃一切体育理论上，技术上，作风上不合理的部分，细心地去发掘人民中已有的丰富的民族体育，扫清新体育发展道路上的障碍，切实改造我们体育界本身，使之能担负起建设新体育的重任"。最后，"必须向苏联及各人民民主国家学习，根据我们国家的实际情况吸取他们成功的经验，来充实我们的体育内容和启发我们的创造，使我们的体育，成为世界进步体育的一个构成部分"。[1]

---

[1] 《新体育》编辑部：《新体育发刊词》，《新体育》1950年第1期。

冯文彬在他 1949 年的讲话中提出了建设新体育的三项具体工作：一是建立发展体育组织，团结全国体育工作者，把爱好体育活动的人们都组织起来、团结起来。二是研究中国既有的体育，总结其经验，扩大体育教育和宣传，以指导体育活动。三是有计划地翻译苏联和各国有关体育的成功经验和办法，并协助政府编辑系统的体育教材。[1]"提倡体育运动的目的，就是要锻炼人民健康的身体，为祖国的生产和国防建设服务。"[2]

2."使体育运动普及和经常化"

为了保证新体育任务和目标的实现，1951 年提出了"使新中国的体育运动成为经常的广泛的运动"的具体工作方针。荣高棠在 1952 年所作的《为国民体育运动的普及和经常化而奋斗》的工作报告中，对这个工作方针进一步阐述说："我们今后的工作方针应该是：在现有基础上，从实际出发并与实际相结合，使体育运动普及和经常化，积极地'发展体育运动，增强人民体质'，为加强生产建设与国防建设而服务。"中心任务则是"大力开展各学校、机关、工厂、部队、农村等基层单位经常性群众性的体育活动"。把体育运动从过去由少数运动员表演、竞技和社会休闲人士的娱乐在有限时间和空间开展，改变成为增进人民的健康为目的，普及性、经常化开展，必须从思想上有深刻的理解和认识。为此，《新体育》杂志社论《开展群众性经常性的体育运动》一文中，就其重要意义，做了深入浅出的阐述：体育是新民主主义教育的重要的一部分，它不仅是一种锻炼身体的科学，而且可以帮助培养优良的精神品质，使人们成为健康、强壮、勇敢坚毅、机敏、乐观、具有高度集体主义的新的人物，成为祖国的有能力的忠实的保卫者和建设者。体育运动对于增进人民的健康，对于提高生产效率和战斗能力都有实际的贡献。由于过去长期反动统治的压迫和剥削，至今我国人民的体质一般来讲还是比较弱的。当前面临着艰巨的国防建设和经济建设的任务，人民志愿军正在朝鲜与美国强盗作战，祖国遭受着帝国主义侵略战争的威胁，我们不但要加倍努力的工作，加紧生产，还必须时刻准备着为保卫祖国贡献出自

---

① 冯文彬：《新民主主义的国民体育》，《新体育》1950 年第 1 期。
② 《新体育》短评：《加强目前学校的体育》，《新体育》1950 年第 6 期。

己的力量。因此，大力普及体育运动，就有着重大、积极而深远的意义。结合当时体育活动中存在的问题，团中央和体总提出要正确处理以下关系：

（1）正确处理从实际出发与积极创造条件的关系。

新体育的建设不是一次性任务，而应是一个长期发展过程。在思想上要以"新民主主义的改革"为出发点，以实现新旧体育的转换。因此，在实际工作中，一方面要防止"左"的偏向的出现，即"不考虑和不根据客观条件的可能与否，而要求过急过高，看到别的地方发展快，马上就想照样地搞起来，甚至希望像苏联那样把体育运动大规模地开展起来"；另一方面又要防止坐待思想，"对于工作中所遇到的困难不是主动地去创造条件加以克服，而光是等待上级来解决，要求上级把一切都规定下、准备好，自己只要等着'吹哨子'就够了。"希望体育工作者认清新体育的建设是一个长期的艰难曲折的过程，急躁和等待都不行，必须从实际出发，坚持实事求是，以便稳步前进。

（2）处理好体育与政治的关系。

当时，有些人曾以形式主义的方法在每一个体育活动中掺杂一些政治内容，比如把赛跑者编成三人一队，化装成工、农、兵，手拿斧头、镰刀和步枪，用绳子捆在一起赛跑，喊着口号。认为这就是体育与政治结合。冯文彬批评说，"其实这反而会使体育失去了它的内容和价值，成了活报剧。"冯文彬说，体育既然是为人民群众服务的，这就有了它的政治意义，不要另外去制造什么政治意义。

（3）处理好体育与集体主义的关系。

我们反对旧的个人主义的体育，反对互相嫉妒、斗争、损害、打击别人、为个人争锦标、出风头而从事体育的行为；但也反对另一种偏向，就是形式主义的集体。如运动会上取消个人锦标，不要田径赛，多少人捆在一堆赛跑等，以为这是集体主义。其实这是违反了体育科学的原则和原理，是丧失了体育的真实意义，把集体主义的精神同形式的集体混淆起来的错误做法。这样就束缚了个性的发展，妨碍了从竞赛中来发挥每个人的积极性、创造性和进取心。

（4）处理好体育与劳动的关系。

即不能使体育与劳动脱离，也不能认为劳动就是体育。冯文彬说，虽然适当的劳动也能锻炼和培养人体的力量与促进发育，但劳动不能代替体育。因为体育是科学地有目的地锻炼身体，使人体各部位得到均衡健全的发展，并能适当调剂和消除劳动后的疲劳，发扬和培育人体劳动的能力。所以在劳动人民中开展体育运动是完全必要的。

（5）处理好体育与读书的关系。

冯文彬说，许多学生为了新中国的建设而努力学习是好的，但整天闷头读书，忽略了必要的文娱体育活动，轻视体力的培养和身体的健康，以为搞体育活动是浪费时间，这是不对的。应当把学好功课与发展体育搞好身体两者结合起来。这样，将来才能很好地担负起保卫祖国和建设祖国的任务。

在毛泽东的思想中，"增强人民体质"的问题一直占据着重要的地位。早在 1941 年，毛泽东为《解放日报》的体育专刊题词时，就提出"开展体育运动，提高人民体质"。1952 年，毛泽东为中华全国体育总会第二届代表大会题词，再次要求"发展体育运动，增强人民体质"。他还从体育的人民性和广泛性的高度进一步明确指出："体育是关系六亿人民健康的大事。"[①]

二、新中国成立初期的体育指导思想

（一）学校体育培养"祖国保卫者、建设者"

学校体育是国民体育的基础，是国家体育事业的重点，新中国一诞生党和国家领导人就表示了对学校体育工作的特殊关注。1950 年和 1951 年，毛泽东先后两次写信给当时的教育部长马叙伦，提出"健康第一，学习第二"的指示。1951 年 7 月，中华全国学生第 15 届代表大会决议也提出要"积极开展学校中的体育和文化、娱乐活动，努力改进全国同学的健康，要使每一个同学都具有强健的体魄，能够胜任紧张的学习和繁重的工作"。特别是1951 年 8 月 6 日，中央人民政府政务院发出《关于改善各级学校学生健康

---

① 《人民日报》1967 年 9 月 23 日。

状况的决定》，其中指出：要切实改进体育教学，尽可能地充实体育娱乐的设备，加强学生体格的锻炼；规定"学生每日体育、娱乐活动或生产劳动时间，除体育课及晨操或课间活动外，以一小时至一小时半为原则"。从此，学校体育开始走向了全面建设的道路。

1. "健康第一，学习第二"

青少年，特别是青年学生的健康问题，是毛泽东考虑体育问题时的一个核心问题。他曾多次强调学生应该"健康第一，学习第二"[①]。1953年6月，他又提出"要使青年身体好，学习好，工作好"的要求。他说："十四岁到二十五岁的青年们，要学习，要工作，但青年时期是长身体的时期，如果对青年长身体不重视，那很危险。"[②] 又说："青年们要学习，要工作，但青年时期是长身体的时期。因此，要充分兼顾青年的工作、学习和娱乐、体育、休息两个方面。"[③]"现在要保证大家身体好，保证工人、农民、战士、学生、干部都要身体好。"[④] 当时有许多人对毛主席的这些指示精神并不十分理解，社会上有一部分人（包括党内）对开展体育运动采取冷淡和漠视的态度，甚至有一位管教育的领导怀疑毛主席将"身体好"放在"三好"之首是"笔误"。针对这种现象，毛主席又于1957年2月，在《关于正确处理人民内部矛盾的问题》报告中，明确提出了"我们的教育方针，应该使受教育者在德育、智育、体育几方面都得到发展，成为有社会主义觉悟的有文化的劳动者。"[⑤] 此后，体育在教育中的重要地位，才毋庸置疑地得到确认。

1952年，教育部开始设置体育处。1953年，各省、市、自治区教育行政部门也相继设立体育机构。它们负责学校体育的管理，颁布各种有关学校体育的规定、检查和监督学校体育工作执行情况。

为了进一步发展学校体育，在制定了一系列规章制度的基础上，确立了

① 《体育史》教材编写组：《体育史》，高等教育出版社1996年版，第167页。
② 《毛泽东文集》第六卷，人民出版社1999年版，第277页。
③ 《1953年6月30日毛泽东主席在接见青年团第二次全国代表大会主席团时的指示》，《人民日报》1953年7月3日。
④ 《毛泽东文集》第六卷，人民出版社1999年版，第277页。
⑤ 《毛泽东文集》第七卷，人民出版社1999年版，第226页。

学校体育的基本目标，对学校体育教学进行了规范，为了"向劳动人民进行全面的体育教育，培养人民成为健康的、勇敢的、乐观的祖国保卫者和社会主义建设者"，在全国推行了《"准备劳动与卫国"体育制度暂行条例》。

1952年，教育部和中央体委联合颁布《学校体育工作暂行规定》，其中明确指出我国学校体育的基本目标是："促进学生身心发展，增强体质，并对学生进行道德品质的教育，使他们能够很好地完成学习任务，从事社会主义建设和保卫祖国。"为了达到这一目标，教育部于1952年在《各级各类学校教育计划》中正式规定：从小学一年级到大学二年级，均开设体育必修课，每周两学时，以保证学校体育目标的实现。1953年5月，教育部发出《关于中学体育成绩暂时考查办法的通知》，又指出体育课是中学课程的一科，其成绩与其他各科成绩相同，按一门学科计划。

在明确体育在学校教育中地位的同时，还注意了通过制度建设规范学校体育教学活动。为了提高体育课的教学质量，1953年教育部组织翻译了《苏联十年制体育教学大纲》，向全国教师进行介绍。1956年7月和11月教育部分别颁布了《小学体育教学大纲》（草案）、《中学体育教学大纲》（草案）、《师范学校体育教学大纲》（草案），1956年高等教育部颁布了《高等学校普通体育课教学大纲》，1954年5月4日由政务院批准公布了《准备劳动与卫国体育制度》，并于1956年2月29日由国家体委公布了《中华人民共和国"劳动和卫国"体育制度条例》（修改草案）。这些文件对规范学校体育工作均起到了很好的指导作用。如北京师范大学第一附属小学的姜亦强等人在学习了《苏联小学体育教学大纲》后说："苏联体育教材是以培养儿童全面发展为原则的，不仅要使儿童们身体各器官正常发育、体格受到锻炼，并且要使儿童们的品质也得到良好的发展。"认为大纲规定的教材和措施，使儿童"不仅在体育上，而且在智育、德育、美育上都要有良好的收获"。大纲具有一定的思想性、科学性和可操作性。[①] 又如北京市一些中学的体育教师，也曾在《新体育》杂志社于1954年3月7日举办的"学习苏联中学体育教学大纲座谈会"上发言认为：苏联中学体育教学大纲是先进的，是以马列主

---

① 姜亦强等：《我们学习〈苏联小学体育教学大纲〉的几点体会》，《新体育》1953年第3期。

义为指导思想，以辩证唯物主义的巴甫洛夫学说为自然科学基础的。因此，它具有崇高的目的性和完整的科学性。学习苏联体育教学大纲，更重要的是能与我国的实际情况相结合。正是在这一认识指导下，全国有不少省、市结合学习苏联体育教学大纲，纷纷编订了适合本地区情况的体育教学大纲、教材或参考书。如北京市编订了《小学体育教学参考资料》，天津市编制了《中小学体育教学大纲》，东北地区编辑出版了五年一贯制《小学体育教材》和《体育试用教材》。

1956年7月，教育部在总结各地自编体育资料、教材经验的基础上，以苏联十年制体育的教学大纲为蓝本，分别制定了适合我国国情的新中国第一套《小学体育教学大纲》（草案）和《中学体育教学大纲》（草案）。大纲规定，我国学校体育的目的是：促进学生成为全面发展的人，为参加建设社会主义社会和保卫祖国做好准备。我国学校体育的基本任务是：促进学生身体的正常发育，锻炼性格，增进健康；教给学生体育教学大纲中规定的教学内容；发展他们的身体素质；培养卫生习惯和锻炼身体的习惯；向学生进行共产主义教育。大纲还提出了选编教材的原则是：全面性、科学性、实用性和健康性，以及教材应与《劳卫制》相结合。

对于第一套体育教学大纲的颁布，教育部给予了高度的重视。如1956年7月，教育部曾专门组织了"全国中等学校体育教学大纲学习会"。在这个学习会上，韦悫副部长就实行教学大纲的几个原则问题发表了意见。他说："大纲的实行必须根据各地方和各学校的具体情况来逐步贯彻。这就是说要采取因时制宜、因地制宜、因人制宜逐步贯彻的方针。"又说："这个大纲的实行，必须以全面发展的教育方针政策为依据"，既反对忽视体育、将体育看做无关重要、可有可无的东西，也反对把体育突出，以致妨碍了青少年其他方面的发展。韦悫还说："实行体育教学大纲、推行劳卫制和其他运动比赛等体育活动，必须根据青少年的年龄、身体状况、营养卫生等各方面来考虑"，不能造成伤害事故。各级教育行政部门必须加强对各级学校体育工作的领导、督促、检查教学大纲的执行情况，改进体育各方面的工作。总之，韦悫指出："这个大纲是根据我国中等学校培育年轻一代成为全面发展的社会主义社会的积极建设者和保卫者的任务而制定的。"大纲中各年级教

材是根据青少年的年龄特征，按照全面地发展他们的身体各部分和各种运动能力，以保证循序渐进地达到劳卫制标准的原则来规定的。因此，"我们必须有计划地、有步骤地贯彻实行国家的体育教学大纲。"[1]1957年，教育部在《关于1957年学校体育工作的几点意见》中，又进一步提出要"保证体育教学大纲（草案）的贯彻执行"，并要求各省、市、自治区教育厅（局）"要督促和领导体育教师钻研教学大纲和改进教学法"，要利用暑假的一部分时间，"组织中、小学体育教师学习。学习的内容，建议以体育教学大纲的教材及教法作业为主"。凡"1956年还没有组织中、小学体育教师学习体育教学大纲的，仍应组织学习"[2]。目的是使一般学校都能按照教学大纲有计划地来进行教学。除了中、小学体育教学大纲以外，1956年教育部还制定了《师范学校体育教学大纲》（草案）。高等教育部亦于1956年制订了第一个全国统一使用的《高等学校普通体育课教学大纲》。这些体育教学大纲的颁布，虽然使各级各类学校的体育教学工作有了统一的规范要求，并初步建立起了我国学校体育教学的课堂常规，但另一方面也带来了不顾各地主客观条件不同的"一刀切"的弊病。

为了统一认识，使各项教学要求得到切实贯彻，有关部门还组织了对体育教学工作的讨论。1953年，《新体育》杂志连续在9月号、10月号和11月号上开辟《体育教学经验》的专栏，引导和发动广大体育教师开展对体育教学工作问题的研究和讨论。1954年，《新体育》杂志又继续在1月号、2月号和3月号上开辟了《体育教学经验》的专栏，讨论的内容涉及体育课的备课工作、体育课基本部分的分组方法、基本部分组织形式的运用、直观教学法的运用、教学中学生小组长的培养、学生学习体育的积极性的启发和调动，以及室内体育教学问题等诸多方面，对促进学校体育教学工作起到了一定的指导作用。此外，《新体育》杂志还在1954年开辟过《体育教师》专栏，在1957年开辟过《体育教学》专栏，特别是在1958年和1959年，在20多

---

[1] 韦悫：《在全国中等学校体育教学大纲学习会开学式上的讲话》，引自《学习资料汇编》，人民出版社1957年版，第1页。

[2] 教育部：《关于1957年学校体育工作的几点意见》，《中华人民共和国体育运动文件汇编（3）》，人民体育出版社1958年版，第60页。

期上开辟了《小学体育》栏目，在全国范围内开展了对小学体育的研究和讨论。这些讨论，对消化、落实体育教学大纲产生了积极影响。

加强体育教师的业务进修是落实学校体育教学任务的重要环节。国家教育部曾多次强调提高教学质量的关键是提高教师的水平。为此，1953年2月，《新体育》杂志专门发表了《建立体育教师的业务学习》的社论，社论认为："体育教师们加强业务学习，已经成为保证学校体育教育工作胜利完成的决定性的环节。"因此，"根据各校当前的情况和需要，提高体育教师的业务水平，具有非常重要的意义"。[①]1956年3月30日国家体委又会同高教部和教育部专门下发了《关于1956年体育教师业余进修的办法和要求的联合通知》。通知进一步强调了各级体委和教育行政部门应切实做好体育教师的业务学习的领导和组织工作，以提高他们的政治和业务水平。对高等学校、中等学校和小学体育教师的进修内容分别作了不同的明确规定。在进修要求上则提出应注意结合工作，联系实际，批判资产阶级的教学观点，以提高教师的政治和业务水平，改进教学和课外体育活动的工作，从而提高学校体育教育工作的质量。

2. "劳卫制"的颁布和推行

在1951年起部分地区和学校试行了劳卫制的基础上，中央于1954年5月4日正式颁布了《"准备劳动与卫国"体育制度暂行条例》（简称劳卫制）。劳卫制是"中华人民共和国体育教育制度的基础，其目的是向劳动人民进行全面的体育教育，培养人民成为健康的、勇敢的、乐观的祖国保卫者和社会主义建设者"。[②]劳卫制根据体能、技术及当时我国体育发展的情况，共分三级：即劳卫制预备级、劳卫制第一级和劳卫制第二级。同时根据性别和年龄分为"男子第一组：15—17岁；第二组：18—28岁；第三组：29岁以上……女子第一组：14—15岁；第二组：16—23岁；第三组：24岁以上……项目分必测与选测两种"。涵盖了耐力、速度、灵敏、力量等多种身体素质。我国

---

① 《新体育》社论：《建立体育教师的业务学习》，《新体育》1953年第2期。

② 国家体委政策研究室：《"准备劳动与卫国"体育制度暂行条例》，《体育运动文件选编，1949—1981》，人民体育出版社1982年版，第218页。

推行劳卫制活动的重点是学校，所以在教育部和中央体委颁布的文件中曾多次指出：要"在全国中等以上学校中有准备、有计划地推行'准备劳动与卫国'体育制度……的预备级，并选择其中条件比较好的学校重点试行劳卫制"。①而针对小学的特殊情况，考虑到小学因一般学生的年龄还小，体育设备、师资、医务监督等条件也不够，不推行劳卫制。

劳卫制在推行过程中，暴露出了一些问题，如项目偏多、标准偏高、伤害事故增多，等等。所以，当时社会上曾有人对要不要搞劳卫制提出了疑问，其中包括郭沫若先生。后来由于周总理说了劳卫制还是要搞的，因为"开展劳卫制运动不只是为了个人的身体健康，而且是为了保卫祖国、建设社会主义"。但前提条件是要更科学、更合理、更符合中国的实际。所以1956年在项目标准方面做了适当修改，同时由国家体委公布了《劳卫制条例实施细则草案》，使这项群众性的体育测试活动向能够更有利于健康的方向发展。

在全国小学生中推行少年广播操活动。如果说中等以上学校的课外体育活动主要是推行劳卫制的话，那么推行少年广播操便成为小学课外体育活动的主要特色。1954年8月24日，中央体委会同教育部、卫生部、广播事业局和青年团中央，共同发出了《关于在全国小学中推行少年广播体操的联合指示》。《联合指示》认为："少年儿童是祖国未来的建设者和保卫者，培养他们具有健康的体质和活泼、勇敢、富有集体主义的精神，是我们当前重要任务之一。"因此，"为了使全国少年儿童更广泛地参加体育锻炼，以进一步提高健康水平"，特"根据9—12岁少年儿童的生理特征，编制了少年广播体操"。《联合指示》强调："这套体操包括全身各主要部分的动作，有适当的运动量，具备促进身体全面发展的功能，可以作为小学体育教学和少年儿童进行体育锻炼的基本方式之一。"因此，要求"从1954年度上学期开始，在全国各小学中推行这套体操"。为了保证推行工作的贯彻和落实，《联合指示》要求："各级教育行政机关、各小学行政领导，必

① 国家体委政策研究室：《体育运动文件选编，1949—1981》，人民体育出版社1982年版，第218、219、217页。

须重视和关心这件工作，结合本地区、本校实际情况，有领导有计划地在各小学中推行。"①

适当组织课余运动竞赛活动。在 1957 年教育部下发的学校体育工作意见中，曾明确指出："中小学生除了一般的课外体育活动外，还需要适当地开展校内和校外的各种运动竞赛，以鼓舞学生从事各种运动的兴趣，提高他们的运动技术水平。"文件认为："目前学生的校内外运动竞赛还缺乏一定的制度，有的举办过多，有的很少举办。运动竞赛的项目（特别是小学和初中学生的）和比赛方法也有不适当的地方。因此，需要逐步建立学生的运动竞赛制度，特别是校内的和城市中校际间，区的和市的学生运动竞赛制度。"文件要求各省、市、自治区要进行研究拟订和创造经验，从而使我国学生的运动竞赛能够适当地合理地开展起来。

在开展课外体育工作中，防止伤害事故的发生也是政府有关部门非常重视的一个问题。早在 1953 年 10 月 14 日，高教部、中央体委、教育部就曾下发过《关于正确发展学校体育运动、防止伤害事故的联合指示》，要求学校行政领导必须"把学校体育工作真正领导起来，经常地、有计划地督促体育教员在体育正课、课外体育活动与运动竞赛中进行体育运动的思想教育和生理卫生知识教育，使学生正确而深刻地认识体育运动的目的和意义，掌握科学的锻炼方法"。要求"体育教员必须把体育正课和课外体育活动都很好地负起责任来，积极加强运动技术指导和安全保护工作"。要求"体育教员和场地管理人员，必须合理地划分运动场地和设置警戒标志，并根据具体情况规定运动秩序和规则。对于场地设备，应经常检查和及时修理"②。总之，要有效地防止伤害事故，以保证学校体育的正常开展。

（二）"积极领导，逐步发展"职工体育

1. 职工体育的特点及工作方针

新中国成立初期，厂机关职工的人数约有 1.1 亿以上，他们担负着工业、

---

① 国家体委政策研究室：《体育运动文件选编，1949—1981》，人民体育出版社 1982 年版，第 353 页。
② 国家体委政策研究室：《体育运动文件选编，1949—1981》，人民体育出版社 1982 年版，第 385 页。

商业、交通运输、科学文教和机关事务等方面繁重的生产和工作任务，是社会主义建设事业的重要力量。因此，积极开展厂矿机关职工的体育活动，促进厂矿机关职工体质的增强，是新中国成立初期党和人民政府高度重视的一件大事。

主要负责职工体育活动领导的是中华全国总工会（简称"全总"），全总成立于1925年5月，1927年被迫转入地下，1948年8月恢复。全总恢复初期，由文教部负责管理职工体育，在文教部内设有一名专职体育干事。专门的体育部建立于1955年10月。

在对职工体育的领导中，全总特别注意了职工是以发展生产为第一任务的，因此在职工中开展体育运动就必须密切地配合生产，使体育为生产建设服务，才能使职工体育运动得到正常顺利的发展。他们根据职工体育的特点提出了四点工作方针：

第一，必须面向基层，以工矿基层组织作为开展职工体育运动的中心场所；

第二，在方式方面必须灵活，应根据各种不同的情况（工作性质、工作时间、具体条件）开展多种多样的轻巧灵便的体育项目，以便尽可能地从多方面来满足职工群众的体育需要；

第三，活动要经常，克服过去的职工体育活动中所存在着的那种突击现象，以开展经常性的体育运动，使其成为职工日常生活的一部分。

第四，在不妨碍生产的前提下，应提倡厂与厂、车间与车间之间的小型业余的体育竞赛，以提高职工群众对体育的兴趣，吸引大量的职工参加。

1951年11月24日，新闻总署广播事业局和中华全国体育总会联合决定在全国广播电台开办广播体操节目，同年，体育总会、教育部、卫生部、人民革命军事委员会总政治部、全国总工会、青年团中央、全国妇联、全国青联、全国学联等9个单位发出《关于推行广播体操运动的联合通知》，号召全国的体育工作者、各级人民政府、军事机关和人民团体的文化教育部门积极推行并动员所属各单位以及广大人民参加体操活动，为普及国民体育、改善我国人民的健康状况而奋斗。

这是新中国公布的第一套广播体操，它的出台进一步推动了新中国成立初期我国群众体育的广泛开展。很快在全国各地掀起了一个做广播体操的热潮，据1952年5月统计，仅北京就有23万学生经常做广播体操；雁北全区8个县有3300多县区干部每天做广播操，很多城市都成立了"广播体操推行委员会"。

除了推行广播体操活动以外，各产业系统亦根据本身特点，努力使职工体育活动群众化和经常化。铁路部门提出：要加强对职工体育的宣传，真正明确认识；要建立健全铁路系统的各级体育协会，保证对职工体育的统一领导和有组织有计划地开展；要注意培养和配备体育工作干部，并适当解决体育活动的经费和设备问题。为此，铁道部于1952年1月下发了《关于开展铁路系统中体育运动的联合决定》，要求在铁路员工中"首先普及几项简单易行对锻炼身体、国防建设与经济建设价值较大的运动，如田径赛、体操、国术、游泳、刺枪、射击、投掷手榴弹等。只有这样才能锻炼好广大员工的身体，更好地为建设人民祖国和巩固国防而服务"[1]。他们还组织了"中国铁路体育卫生宣传列车"活动，在13天的宣传中，动员了3万多人参加广播体操。截至1952年上半年，全国铁路员工参加田径赛、篮排球等各项体育运动的共20余万人，有球队3200多个，队员2万余人，1200余铁路单位有了运动场和简单的体育设备。

在工业城市沈阳市，从1949年开始到1952年3月，各产业系统举行了55次运动会，"各产业系统的工厂，大都把举办运动会和运动比赛提到必办的工作日程上"。市总工会也从1950年起每年举行全市性职工运动会和运动比赛。1951年在群众中普遍掀起了一个订立"爱国公约"的活动，在这个活动中，一些厂矿机关的职工把进行爱国主义体育运动，作为一个重要的内容纷纷写在自己的"爱国公约"中，从而成为这些职工自觉参加各种体育活动的鞭策力量。

2. 职工体育的蓬勃开展

1954年1月8日，中共中央批转了《中央人民政府体育运动委员会党组关于加强人民体育运动工作的报告》的指示，明确指出："改善人民的健

---

[1] 铁道部：《关于开展铁路系统中体育运动的联合决定》，《新体育》1952年第16期。

康状况，增强人民体质，是党的一项重要政治任务。"中央的指示特别强调："特别是当前国家已进入有计划的经济建设的新的历史时期，更需要人民有健康的身体。"因此，"各级党委必须予以充分的重视，加强领导"。党委应"协助政府配备必要的干部，建立和充实各级体育运动委员会"，要"根据中央体委党组所提出的方针和任务，结合各地实际情况，领导和推动各有关部门共同努力，使群众性的体育运动首先在厂矿、学校、部队和机关中切实地开展起来"。中央的指示还要求："青年团应该把它（群众体育）作为自己的一项重要工作，并在这个工作中起骨干作用。工会应具体领导厂矿、企业中的体育工作，使之得到正常的开展。军委总政治部亦应在全军中注意开展群众性的体育运动。"中央认为："当前我们国家正在为实现过渡时期总路线、总任务而奋斗的时期，加强体育工作就有更重大的意义。"[1]1954年，周恩来《在政务院第205次政务会议上的讲话》中也明确指示："要在工厂、学校和农村中提倡和开展体育运动"，"只要坚持开展体育运动，五年、十年、十五年，中国人民的体质就会大大改变"[2]。他说：体育运动开展得好坏，"关键在于领导，不仅是体委，两个教育部、各个行政部门也有责任"[3]。机关干部的身体好坏，部门行政领导，起码是办公厅主任要负责任。1955年7月30日，第一届全国人民代表大会第二次会议审议通过了《中华人民共和国发展国民经济的第一个五年计划》，其中也明确写道："在全国人民中，首先是在厂矿、学校、部队和机关的青年中，广泛地开展体育运动，以增强人民的体质。"[4]

1954年2月，《人民日报》发表了题为《积极开展群众性的体育运动》的重要社论，其中指出："人是建设社会主义的最宝贵的资本，健康的身体和坚强的意志，乃是建设社会主义的重要保证。而开展群众性的体育运动则

---

① 国家体委政策研究室：《中共中央批转中央体委关于加强人民体育运动工作的报告的指示》，《体育运动文件选编，1949—1981》，人民体育出版社1982年版，第3—4页。

② 周恩来：《为祖国锻炼身体》（1954年2月21日），引自《周恩来选集》下卷，人民出版社1984年版，第130页。

③ 伍绍祖：《热情的关怀，亲切的教诲——为周总理诞辰100周年而作》，《体育文史》1998年第1期。

④ 罗时铭等：《中国体育简史》，人民体育出版社1996年版，第167页。

是增强人民体质的重要方法。"因此，"必须广泛宣传，使人民普遍认识体育运动和生产建设、国防建设的密切关系，了解增强体质不仅是关系自己，同时也是关系后代的一件大事。只要大家认识了体育的重要性，群众性的体育运动便会逐渐开展起来。"社论提出了如下要求：首先，"各级党委和人民政府必须加强对体育工作的领导"，要使体育运动成为广泛的群众运动。其次，"各级工会应该重视对厂矿企业体育活动的具体领导，根据需要和可能，通过积极分子，紧紧掌握'有准备，有计划，逐步推行'的由点到面的工作方针，使厂矿体育活动得到正常的发展"。第三，"为了建设现代化、正规化的国防军"，部队体育活动"应在现有基础上进一步在全军中开展群众性的体育活动"。第四，"机关工作人员体质一般都不很强，机关行政和党的支部和青年团支部，应该组织、推动全机关工作人员进行经常的体育锻炼"。[1]只有各部门切实担负起推动本部门体育活动的责任，才能"使群众性的体育运动首先在厂矿、学校、部队和机关中切实地开展起来"。[2]

1954年，中央人民政府政务院下发了《关于在政府机关中开展工间操和其他体育运动的通知》。通知指出："在机关中开展工间操和体育运动，是改善干部健康状况，增强体质，提高工作效率的最积极的有效的方法之一；也是一种很好的文化活动。"正式规定在每天上午和下午的工作时间中各抽出10分钟做工间操。要求"做操时，应动员所有工作人员参加。领导干部应负责组织领导，并应带头参加，使之能够组织起来，坚持下去"。除工间操以外，通知还要求，"亦应提倡早操和球类等多种多样的体育运动"，"应把体育运动与文娱活动密切地结合起来，利用工余、假日等机会，组织运动竞赛、文娱体育晚会、郊游以及其他有益于身心健康的活动"[3]。

同年，中华全国总工会也发出了《关于开展厂矿企业中职工群众体育运动的指示》，强调要"在厂矿企业中有计划、有领导、有准备地开展职工群

① 《人民日报》社论：《积极开展群众性的体育运动》，《新体育》1954年第9期。
② 国家体委政策研究室：《中共中央批转中央体委关于加强人民体育运动工作的报告的指示》，《体育运动文件选编，1949—1981》，人民体育出版社1982年版，第3—4页。
③ 国家体委政策研究室：《体育运动文件选编，1949—1981》，人民体育出版社1982年版，第272页。

众的体育运动"。提出了职工体育工作"从增强职工体质、减少疾病，保证出勤率、提高劳动效率等方面，来保证完成并争取超额完成国家生产计划"。要求"厂矿企业中的工会组织，必须根据为生产服务、为群众服务的原则，在业余时间内开展职工群众的体育运动，以及有准备有计划地推行劳动前后或工作间隙时的体操"。[①] 为了使厂矿企业的职工体育运动健康地、正常地、有序地开展起来，1955 年 1 月 19 日，中华全国总工会制定了《关于开展职工体育运动暂行办法纲要》。纲要就我国厂矿企业职工体育的方针任务，组织建设工作，宣传教育工作，运动竞赛工作，运动场地、设备的修建、保管和利用，体育运动经费，奖励七个方面提出了具体明确的要求。1956 年 7 月 12 日，中华全国总工会就职工体育问题又发了《关于职工参加体育活动或锻炼时受伤者的工资发放问题的答复》，规定凡代表本企业或某单位参加运动会比赛负伤者，可参照劳保条例第十二条规定，按因工负伤待遇处理。若是平时参加体育活动或锻炼受伤者，可按照职工病假待遇处理。这些规定，有效地保证了厂矿企业职工体育的健康正常发展，保护了职工参与体育活动的积极性。遵照政务院与全总的指示，各行业系统分别对本部门、本系统的职工群众体育进行了规划，作出了具体的安排。如铁道部和中国铁路工会全国委员会等就曾下发过《关于开展铁路系统中体育运动的联合决定》，二机部和中国第二机械工会全国委员会也对本系统下发了《关于进一步开展职工体育运动的联合指示》等。1956 年 2 月 15 日，新华社、人民日报、光明日报等新闻单位发起组织了春节期间的北京市胜利杯环城赛跑，共有 1400 人参加了全程 12000 米的长跑活动，对社会起到了良好的宣传和示范作用。

建立职工体育的组织领导体制是开展职工体育活动的组织保证。早在 1954 年 10 月召开的"全国第一次职工体育工作会议"上，刘子久在大会报告中就提出要加强职工体育的"组织建设工作"。刘子久说："凡是职工体育运动开展的地方，职工体质即有所增强，出勤率有所提高，对国家生产计划的完成和超额完成起了一定的保证作用"，"今后职工体育工作应继续贯彻

---

① 全国总工会：《关于开展厂矿企业中群众体育运动的指示》，《人民日报》1954 年 1 月 26 日。

为生产服务、为群众服务的方针，达到增强职工体质，提高劳动效率及丰富职工业余文化生活的目的。绝不能因为开展体育运动而妨碍生产和损害职工的健康。根据目前的情况，在职工体育运动的具体工作上，应采用'积极领导，逐步发展'的方针。今后工作的重点应放在基层。"[①]根据这次会议指示精神，中华全国总工会于1955年10月建立了管理体育工作的职能部门——中华全国总工会体育部。它的主要任务是：在全国总工会领导下，制订开展全国职工体育运动的方针、计划，推动地方工会及各产业工会吸引和组织广大职工参加各种各样的体育活动以增强体质。此外，铁路、航空、煤矿等部门系统也纷纷建立行业体育协会，作为负责领导和管理本部门系统职工体育的职能部门。在我国，最早建立的行业体育协会是成立于1952年的"火车头体育协会"，后来又有了银鹰体育协会（1955年）、水利电力体育协会（1955年）、煤矿体育协会（1955年）、前卫体育协会（1956年）、林业体育协会（1956年）、重工业体育协会（1956年）、邮电体育协会（1957年）、电力体育协会（1957年）等。

3．第1届全国工人体育运动大会

1955年10月2—9日，全国第1届工人体育运动大会在北京举行。这是我国历史上第一次工人体育运动大会，是对新中国成立后职工体育运动成果的一次大检阅。毛泽东主席同党和国家其他领导人出席了开幕式。刘少奇、周恩来、朱德分别为运动会题词。刘少奇的题词是："开展体育运动，增强健康，为社会主义建设服务。"周恩来的题词是："开展职工体育运动，推进社会主义建设事业。"朱德的题词是："普及人民体育运动，为生产和国防建设服务。"运动会设有田径、自行车、举重、篮球、排球、足球等比赛项目，来自全国17个产业系统的1709名运动员参赛，有10名运动员打破了4项田径、2项自行车、5项举重的全国最高纪录。[②]

---

① 国家体委政策研究室：《中共中央批复全总党组和国家体委党组关于全国第一次职工体育工作会议的报告》，引自《体育运动文件选编，1949—1981》，人民体育出版社1982年版，第274—275页。

② 中国大百科全书编委会：《中国体育百科全书》，人民体育出版社2001年版，第55页。

（三）"服从生产、坚持业余、自愿原则"开展农村体育

1. 新中国农村体育工作的方针

新中国成立以来，党和政府非常关注农村体育的发展。可以说，农村体育是一个从无到有的发展过程。20 世纪 50 年代，开展农村体育的基本思路是："服从生产，坚持业余、自愿原则，开展简单易行的体育活动。"① 如 1951年河北省怀安县团委，为了贯彻华北区军事体育工作会议精神，他们以台寨村为体育试点单位。没有场地，青年们自己开辟；没有器材，青年们自己动手制造。活动根据各人的爱好和特长，编成各种运动小组来进行。由团支书、民兵队长负责领导，小学体育教师和复员军人担任技术指导。开始时，全村参加体育活动的只有 43 人，后来逐渐增多了。1952 年，台寨村组织 20多个男女青年民兵参加了区的"五一"庆祝大会，并在会上做了广播体操表演。安徽巢县炯黄区，在土地改革后一年多的时间里，就组织了 37 个男子篮球队和两个女子篮球队。中庙区参加体育活动的农民一度多达 3000 余人。广东台山县的排球活动迅速发展成为全国最活跃的地区。吉林延边朝鲜族人民每年在庆祝自治州成立的日子，都要举办规模宏大的运动会。1954 年参加全州农村基层运动会的运动员多达 27178 人，约占全州青年总数的 1/3。这个州的足球活动遍及城乡，1953 年他们的足球队曾取得全国青年足球赛亚军。延吉县第三区的运动会就有 30 个农村足球队参加比赛。这个县还建立了 120 个农村俱乐部，领导体育和文化活动。黑龙江省有 51 个县举办过运动会。② 一些地方的农村还结合本地的文化传统开展体育活动，逐渐形成了自己的地方体育特色，如河南登封县成为著名的武术之乡、山西忻县成为著名的摔跤之乡、广东梅县成为著名的足球之乡，等等。

随着农村体育工作的逐渐推进，形成了新中国的农村体育方针："区别对待，分类指导，普遍提倡，重点扶持，以点带面，逐步发展"③。新中国的农村体育工作主要是由青年团组织负责的，并结合民兵训练开展体育活

---

① 《关于加强青年业余文化工作的决议》，1955 年 2 月 26 日青年团二届二中全会通过。
② 张咏勇主编：《农村体育》，《体育史料》第 11 辑，人民体育出版社 1984 年版，第 24 页。
③ 张咏勇主编：《农村体育》，《体育史料》第 11 辑，人民体育出版社 1984 年版，第 25 页。

动。①1953年6月24日，胡耀邦在中国新民主主义青年团第二次全国代表大会的工作报告中指出："青年团的组织必须发动和组织青年参加各种体育活动和运动竞赛，在农村应倡导和组织民兵和青年喜爱的体育活动。"1956年6月，国家体委和青年团中央在北京首次召开了"全国农村体育工作会议"，会议肯定了在农村中主要结合民兵训练，利用农闲季节开展体育活动的做法。会议强调，农村体育必须依靠青年团组织，在发展生产的基础上，坚持业余、自愿、简便易行的原则，结合实际情况，积极开展农村体育活动。会议认为，在农村应大力提倡有利于增进农民健康的民族形式体育。会议还要求，要迅速建立县一级的体育运动委员会，配备一定数量的专职干部，以加强领导。同时还要继续依靠青年团组织领导和开展农村体育工作。这次会议曾使中国农村一度出现过前所未有的体育新气象。根据22个省、市、自治区不完全统计，当时已建立436个县级体委，配备有554个专职体育干部。青年团也在261个县级团委中配备了268名专职体育干部。全国共建立了30505个体育协会，发展会员915150人。

2．农村体育的兴起

1956年6月，国家体委和青年团中央在北京首次召开的"全国农村体育工作会议"，肯定了在农村中主要结合民兵训练，利用农闲季节开展体育活动的做法。这次会议曾使中国农村一度出现过前所未有的体育新气象。

1958年，中共中央在国家体委党组《关于体育活动十年规划的报告》批语中说："在组织了人民公社的地方，体育运动应在人民公社的统一安排下，结合劳动生产，使之成为广大群众热烈喜爱的事情。"

后来又有了毛泽东的指示："民兵师的组织很好，应当推广。这是军事组织，又是劳动组织，又是教育组织，又是体育组织。"②这就使农村体育在结合民兵训练的活动中得到更大的发展。

据不完全统计，全国有67个县普遍推行了"劳卫制"，有10多万人达到了劳卫制各级标准，有2000多万人参加各种体育活动，约占当时全国农

---

① 国家体委：《中国体育年鉴（1949—1991）》上册（精华本），人民体育出版社1992年版，第12页。
② 《人民日报》1958年10月1日。

村人口总数的 5%。辽宁、山西、湖南等省农民约有 40% 参加体育活动。农村体育开展较好的山西长治专区以及山东高唐，河南禹县，湖南湘潭、东安，四川纳溪、叙永、江北，甘肃西和，云南腾冲等地，都有 70% 以上的农民参加体育锻炼。

北京地区农民以拳术、摔跤等为主的传统体育活动源远流长，自元代就有记载。新中国成立后，广大农民政治上的翻身、经济上的改善为体育活动的开展创造了有利的条件。1950 年，京郊农民历史上首次参加了北京市第 2 届人民体育大会的田径、拔河比赛。1958 年，北京郊区和各县陆续建立了体育运动委员会，还配备了专职的农村体育工作干部。

1954 年之后，湖南省按照毛泽东同志指出的"体育是关系六亿人民健康的大事"和"发展体育运动，增强人民体质"的要求，将体育作为社会主义建设事业的一项重要工作来抓，首先完善体育组织领导机构和人员。1954 年 2 月 7 日，任命张经、肖敏颂任省体委副主任，6 月 8 日任命唐麟为省体委主任。1956 年 4 月，省体委机关由 1953 年的二科一室一场调整为四科一室，即运动竞赛科、群众体育科、干部训练科、计划财务科和办公室。行政编制由 37 人增至 64 人。1957 年 5 月成立湖南省国防体育协会。1959 年 3 月，国防体协合并到省体委，机关设八科一室，即人事科、宣传科、运动科、群体科、陆上科、航海科、航空科、器材科、办公室，行政定编 66 人。1955 年 4 月之后，程星龄、何能彬先后担任省体委主任。各市、专署（州）、县的体委，至 1958 年除嘉禾和常德县直到 70 年代初才成立外，其他均设立了机构和人员，实施委员制，地、州、市体委行政人员为 2—7 人。县级体委 1—2 名专干，与文化或教育合署办公。

这一时期，湖南省各条战线也加强了对体育工作的组织领导。1954 年，省总工会配备专职体育干部。翌年，经过试点，普遍建立了基层职工体育协会。

在学校田径、球类、武术等项运动普遍开展，小型多样的竞赛活动经常进行的情况下，竞技体育运动队的组建提上了议事日程。1954 年，湖南省体委为中南区体委选招了 14 名湘籍运动员，代训女子排球队，这是中华人民共和国诞生后，湖南组建的第一支运动队。1956 年开始组训省运动队，至 1957 年，先设了女子体操、女子排球和男子篮球 3 项，集训运动员 20 余人。1959 年 9 月，湖南省组成以何能彬为团长，有 396 名运动员的体育代表团，参加了第 1 届全运会 29 个大项的预决赛，获得团体和单项的 1—12 名 52 个，其中金牌 3 枚、银牌 2 枚、铜牌 4 枚。

新中国成立后，随着农民生活的改善，劳动组织的变迁，党和政府的重视，农村体育有了长足发展。1954 年 1 月，贺龙代表中央体委作了题为《在总路线的照耀下，为开展群众性的体育运动而奋斗》的报告，提出"在农村中，主要应结合民兵训练，利用农闲季节，重点试行一定项目的经常锻炼；另一方面也可一般地提倡农民中固有的、有利于增进农民健康的民间体育"。同年广东省体委的农村体育工作以抓中山县民兵试点工作为重点，总结经验，指导其他县的民兵工作，并照顾原有基础较良好的台山排球、梅县足球、东莞游泳等重点体育项目，以及有重点地进行民间体育项目的调研、整理、推广工作。

（四）"体育先行"拓展国际空间

1950 年 8 月 28 日，应苏联部长会议全苏体育运动事务委员会的邀请，中华全国体育总会筹备委员会组建了新中国的第一个赴苏体育访问团，以筹委会副主任徐英超为团长的 13 人访问团，到苏联进行了为期 3 个月的考察和学习。1951 年 2 月 27 日，应印度全国体育协会的邀请，体总又组建了以国际联络处处长吴学谦为团长的中国体育观光团，赴印度参观了 1951 年在新德里举行的第 1 届亚洲运动会。1952 年，中华全国体育总会筹备委员会（对外代表中国奥林匹克委员会）派出了以荣高棠为团长的 40 人体育代表团，参加了在赫尔辛基举行的第 15 届奥林匹克运动会。赫尔辛基奥运会是新中国运动员首次参加的奥运会大赛，也是五星红旗第一次出现在奥林匹克赛场。它向全世界人民宣告：新的伟大的中华体育已经崛起，不管今后会遇到多少艰难险阻，她将是奥林匹克赛场上不可缺少和不容忽视的重要力量。

第二章

"普及与提高相结合"，曲折前进

（*1957—1966* 年）

一、"普及与提高相结合"

1952 年 2 月，中共中央组织部和共青团中央联合发出的关于《选拔各项运动选手集中培养的通知》中就已经提出："体育工作如果只有普及而不在适当范围内加以提高，就不能完全适应当前需要，必须使普及与在适当范围内提高体育运动水平相结合。"[①]但并没有作为工作方针确定下来。这与新中国成立初期相当一部分人将开展群众性体育活动与提高运动技术水平相对立，片面地认为搞提高是为少数人服务，是资产阶级的锦标主义思想，是单纯技术观点等认识分不开。这种思潮一直影响着抓提高工作，使抓提高工作的同志顾虑重重。

新中国成立不久，我们就形成了"使体育运动普及和经常化"的体育方针，中央体委成立初期继续执行了这个方针："我们认为当前开展体育活动的方针应当是：结合实际情况开展群众性的体育运动，并逐步地使之普及和

---

① 熊晓正等：《从普及提高相结合到各类体育协调发展》，《体育文史》1997 年第 5 期。

经常化。"[①]1956年以后，随着体育事业的进步，体育工作任务的内涵有所扩大，除了继续开展群众性体育活动以外，还提出了要大批训练运动员和积极开展国际体育活动。[②] 提高运动技术水平首次被提上重要的议事日程。周恩来总理在党的"八大"一次会议上作的《发展国民经济的第二个五年计划的建议报告》中指出："我们应该在广大群众中进一步开展体育运动，有效地增强人民的体质，并且提高我国体育运动的水平。"[③] 在这里，"提高体育运动水平"第一次与"增强人民体质"并列。1958年则更明确地提出了："克服右倾思想，鼓起革命干劲，继续贯彻开展群众性体育运动和加速提高运动水平的方针，争取更多运动项目的成绩分别超过、达到和接近国际水平。"[④]

1959年4月18日，周恩来总理向二届人大所作的《政府工作报告》中明确、完整地提出了新的体育方针："在体育工作中，应当贯彻执行普及和提高相结合的方针，广泛开展群众性的体育运动，逐步提高我国的体育水平。"这就是我国体育"普及与提高相结合"方针的正式出台。

这样，便形成了"体育为人民服务"为核心指导思想，以"为劳动生产和国防建设服务"，"发展体育运动，增强人民体质"为基本任务，以"普及与提高相结合"为基本方针的体育发展思路。

二、"三育两有"的教育方针

（一）德、智、体全面发展

1957年2月27日，毛泽东在最高国务会议第11次扩大会议上，作了《关于正确处理人民内部矛盾问题》的著名演讲，其中指出："我们的教育方针，应该使受教育者在德育、智育、体育几方面都得到发展，成为有社会主义觉悟的、有文化的劳动者。"同年，周恩来在第一届全国人民代表大会上

---

① 国家体委政策研究室：《体育运动文件汇编，1949—1981》，人民体育出版社1982年版，第17页。
② 国家体委政策研究室：《体育运动文件汇编，1949—1981》，人民体育出版社1982年版，第30页。
③ 周恩来：《发展国民经济的第二个五年计划的建议报告》，《中国体育年鉴（1949—1991）1956年体育大事记》。
④ 国家体委政策研究室：《体育运动文件汇编，1949—1981》，人民体育出版社1982年版，第33页。

作的《政府工作报告》中指出："我们今后的教育方针，应该是培养有社会主义觉悟的、有文化的、身体健康的劳动者。"党的教育方针的确立，充分体现了马克思主义关于人的全面发展的思想。它明确规定了中国教育事业的社会主义性质和方向，指出了培养社会主义建设人才的基本要求。

党的教育方针的提出，使我国学校体育的应有地位得到了确立和巩固，澄清了人们对学校体育的糊涂认识，即体育在学校中的地位不仅仅是开设的一门课程，而且是培养全面发展人才的一个不可缺少的方面。正像1954年《中华人民共和国宪法》所规定的："国家培养青年、少年、儿童在品德、智力、体质等方面全面发展。"

教育方针的制定保证了学校体育的实施。1957年5月21日，高等教育部曾针对当时少数人"可将四年制专业二年级的体育课改为选修，借以减轻学生的学习负担"的意见，专门下发了《关于高等院校一、二年级学生体育课不能改为选修课程的通知》，强调指出："高等院校一、二年级学生的体育课是必修课程，各校应根据本校条件，积极加强体育课的教学工作，提高教学质量。""凡已经把体育课免修或者选修的院校，应即在今年暑假开学时恢复起来。"[①]1958年3月，教育部、卫生部发出《关于进一步加强学校保健工作领导的联合指示》，明确指出："加强领导，明确职责，保障学生健康是教育和卫生部门的一项重要职责。"要求把学校保健工作纳入工作计划，指定人员专管或兼管，经常督促检查；要贯彻预防为主的原则，采取积极措施，改善学校的卫生不良状况。

1958年4月，高等教育部和教育部合并，体育机构合并为体育处，由办公厅代管。1964年3月，又分为高等教育部和教育部，再次分设军体处，主管全国学校体育卫生工作。

这一时期，各级教育行政部门贯彻落实教育方针和中央指示精神，积极配备体育卫生管理人员，推进体育卫生机构的建立，加强对学校体育卫生工作的领导，取得了新的进展。

---

① 国家体委政策研究室：《体育运动文件选编，1949—1981》，人民体育出版社1982年版，第128页。

（二）加强体育师资队伍建设

教育事业的迅速发展，急需大量合格的体育师资，为了解决好这一紧迫的问题，1959年8月，教育部、国家体委联合发出的《关于培养中等学校体育师资工作的意见》（以下简称《意见》）中提出：现有高等师范院校的体育系、科应予保留办好，不再调整出去；高等师范院校的体育系、科已调整出去的，今后可根据需要和可能，逐步地适应恢复；目前还没有一所高等师范学院设置体育系、科的省（市），可以根据需要和具体条件，逐步添设体育系、科；为了加强领导，今后体育学院、体育专科学校和高师体育系、科的教学工作，由教育行政部门和体委共同领导。体育学院、体育专科学校和高师体育系、科培养中等学校体育师资的教学计划应当一致；研究制定出今后一定时期内高等学校和中等学校体育师资培养规划。①

根据《意见》要求，1959年高等体育院校从原有的6所，增至18所，1960年发展到29所。各省、市根据《意见》的精神和要求，加强了对体育师资的培训，如湖南省1958年新办湖南体育学院，长沙师专体育专修科并入该院以加强体育师资培训。

这一时期，迅速恢复和建立了一批师范院校的体育系科，如北京师范大学体育系、杭州大学体育系、延边大学体育系、河南大学体育系、山西大学体育系、湖北大学体育系。同时，地、市级师范学校也相应地办起中等师范体育班。

（三）颁布教学大纲，保证教学质量

1956年，教育部和高等教育部相继制定颁发了《小学体育教学大纲》、《中学体育教学大纲》和《普通高等学校体育课教学大纲》（草案）。1956年11月，教育部发出指示，要求从1956—1957年度第一学期开始在全国试行。

为与新颁大纲相配套，使中小学体育教师更好地学习、贯彻大纲，由王占春等编著的《中学体育教学参考书》和《小学体育教学参考书》于1957年7月出版，供全国通用。这套参考书根据大纲编写了各年级的体育教学内

---

① 国家教委体育卫生司：《学校体育卫生工作文件选编》，辽宁大学出版社1988年版，第51页。

容、教学要点、教学方法等，还阐明了中小学体育教学目的、任务，中小学生的生理、心理特点，体育教学原则与教学法原理，体育课的类型与结构，体育课的组织与分组教学，体育课成绩考核与五级计分法等。它是新中国成立后出版的第一本较全面的体育教材教法的重要参考书，对体育课教学起了重要的影响和作用。

为了规范体育课教学，提高教学质量，1957年3月，教育部下发了《关于1957年学校体育工作的几点意见》，对试行体育教学大纲，提高教学质量等问题提出了具体要求，并明确规定：体育课每周两学时，要按大纲要求认真上好。高等教育部于1957年5月发出了《关于高等院校一、二年级学生体育课不能改为选修课程的通知》，明确指出："高等院校一、二年级学生的体育课是必修课程，各校应根据本校条件，积极加强体育课的教学工作，提高教学质量。""凡已经把体育课免修、或者选修的院校，应即在今年暑假开学时恢复起来"①。

1956年7月，教育部举办全国体育教学大纲讲习班后，各地层层仿效办大纲讲习班，组织体育教师学习大纲，帮助体育教师掌握大纲的内容，有力地促进了体育教学质量的提高。如辽宁省于1957年8月在熊岳高中举办了全省中小学体育教学大纲学习班；四川省于1957年2月在成都举办了中学和师范的体育教学大纲学习会，培训体育教师780人。至1958年4月，四川全省有80%的中学和师范、大部分完小和中心小学试行了大纲，体育课教学质量显著提高。

由于全国认真贯彻教育方针，执行全国统一新的体育教学大纲，努力上好体育课，改变了以往体育教学无章可循、随意进行的状况，为我国体育课教学走向制度化起到了重要的作用。

（四）开展课外活动和业余训练

在规范教学的同时，学校的课外活动和业余训练也蓬勃开展起来。自1954年政务院批准公布施行《准备劳动与卫国制度》暂行条例以来，学校

---

① 李晋裕主编：《学校体育史》，海南出版社2000年版，第57页。

以《劳卫制》达标作为体育课和课外活动的主要内容，推动了学校课外活动的开展。尤其 1958 年，在劳卫制锻炼的群众运动热潮中，出现了 730 多所大、中、小学校百分之百达到劳卫制标准的情况。在 9 个月达标的 500 多万人中，绝大部分是中学生。大学校长带头参加长跑，各级各类学校采取种种措施和手段，调动和要求学生参加体育锻炼。地处西北边疆的八一农学院 90% 的学生参加了"男子百日百公里，女子百日 50 公里"的长跑运动。[1]

在地方政府组织的大型群体活动中，青少年学生也是主要人员，如北京市 10 万人群众性乒乓球比赛和几十万人的冬季锻炼、济南市发动的 30 万青少年参加的"百日万米"接力长跑运动和哈尔滨市组织的 50 万青少年参加的冰上运动，等等。当时，全国"难以计数的学生在宽广的操场上做各式各样的运动。"[2]合肥矿业学院、北京矿业学院、西安建筑工程学院、徐州三中等学校，是当时通过劳卫制学校的典型。

1957 年，拟定 16 万—18 万人参加青少年业余体育学校学习，到 1958 年 11 月底统计，全国青少年业余体育学校学生达到了 400 万人。

三、反右派斗争扩大化、全面"跃进"中的体育指导思想

1957 年的反右派斗争扩大化、1958 年的"大跃进"运动中的浮夸风，以及三年自然灾害、国际反华势力对我国经济上的扼制和封锁，诸多因素使新中国的体育事业在前进中出现了挫折。

（一）反右派斗争扩大化对体育事业的影响

党的八届二中全会根据"八大"精神决定在全党开展一次整风运动。1957 年 3 月，中央召开有党外人士参加的全国宣传工作会议，毛泽东强调

---

① 本刊评论员：《各地掀起冬季体育锻炼热潮》，《新体育》1958 年第 2 期。
② 庄平：《全民的事业》，《新体育》1959 年第 7 期。

整风运动要采取"放"的方针，"就是放手让大家讲意见，使人们敢于讲话，敢于批评，敢于争论"①。4月3日，《人民日报》发表《继续放手贯彻"百花齐放"的方针》的社论，批评了一些党员干部在"放"的方针上的抵触情绪。4月27日，中央又发布了《关于整风运动的指示》，要求在全党开展一次普遍深入的反对官僚主义、宗派主义和主观主义的整风运动。指示发布后，广大群众响应党的号召，对党政工作和干部的思想作风提出大量有益的批评和建议。这对于发展社会主义民主，改善党的领导，调动广大群众的社会主义积极性，密切党群关系，起了很好的作用。

　　体育界的整风运动当时相对滞后于全国形势，正像1957年第9期《新体育》编辑部文章中所说的："自从毛主席在最高国务会议上作了关于正确处理人民内部矛盾的报告以后，贯彻'百花齐放、百家争鸣'的方针已成为全国人民最关心的问题。体育工作者都在议论纷纷，迫切地要求在体育界迅速地展开讨论。在这方面，本刊显然是落后了。现在，我们决心以最大的努力跟上去。"②1957年5月，体育界进行了整风动员，《新体育》发表了题为《坚决地"放"，大胆地"鸣"》的编辑部文章。文章指出："我国的体育事业，在短短几年内，有了迅速的发展，拍手叫好的人很多，正是这样，也就容易滋长骄傲自满的情绪和主观主义、官僚主义以及宗派主义的作风，对于工作中的缺点和错误往往不能及时警惕。"另一方面，"体育运动是一种群众文化的活动，也是一门新的科学，决不能只靠行政命令办事，必须团结全国的体育工作者和广大的社会力量，共同努力"。文章指出："目前体育界'争鸣'的空气之所以比较沉寂，是因为不少的体育工作者发言还有顾虑。"然而，"党已明确指出，'放'和'鸣'不是暂时的权宜之计，而是党的长期的根本方针"，"各方面的问题都应该允许大家进行自由讨论"。"体育界目前已经提出了一些重要问题，存在着不同意见，急切需要展开'争鸣'。毫无疑问，这对于进一步改进体育工作，推动我国体育运动事业的发展，将有着

---

① 伍绍祖主编：《中华人民共和国体育史》，中国书籍出版社1999年版，第96页。
② 本刊编辑部：《坚决地"放"，大胆地"鸣"》，《新体育》1957年第9期。

很大的益处"①。

5月3日《新体育》又就体育界的"鸣""放"问题，邀请首都的一部分体育专家、体育工作者举行了座谈会。并在《新体育》1957年第10期上发表了座谈会记录，从而促进了体育界"大鸣大放"的兴起。《新体育》杂志和《体育文丛》杂志先后都刊登了很多有利于中国体育事业进步和发展的批评建议文章。

就在广大群众根据党的方针，在会议上、报刊上，纷纷提意见、进行批评的时候，社会上确有极少数资产阶级右派分子，打着"帮助党整风"的招牌，在"大鸣大放"的口号下，散布一些煽动性的言论，力图把整风运动引到反党反社会主义的方向上去。在他们的影响下，一些地方的群众举行辩论会，贴大字报，一些报刊发表了不少过火的和错误的言论，一时形成了相当紧张的气氛。在这种形势下，毛泽东对于国内阶级斗争的形势，对于右派分子进攻的形势，作了过于严重的估计。5月15日，毛泽东发表了《事情正在起变化》一文，认为右派进攻已成为当前主要危险，要求全党做好准备，进行反击。同时，中央指示各地党的领导机关，在一个时期内，对于错误的意见不要反驳，要让他们畅所欲言，并把这些错误意见不加粉饰地发表出去，以便群众了解他们的面貌。6月8日，中央正式发出《组织力量准备反击右派分子的猖狂进攻》的指示。同日，《人民日报》发表题为《这是为什么？》的社论，要求人们用阶级斗争的观点观察问题，得出结论。所以，体育界的"大鸣大放"实际是刚刚开始马上就转调了。1957年第12期《新体育》就发表了《划清界限大鸣大放》的评论员文章。文章说："贯彻党的大鸣大放的方针，目的在于扩大社会主义民主，克服党员中存在的官僚主义、主观主义和宗派主义，加强党的领导，正确处理人民内部的矛盾。右派分子所散布的反动谬论和采用的卑鄙手段，已经背弃了社会主义原则，危害到党的领导和社会主义建设事业，如果不进行坚决的揭露和驳斥，就容易使这些谬论和各种善意的批评混淆起来，界限不清。"第13期《新体育》上又发表了《学习毛主席讲话，坚决反击右派分子》的专稿。在第14期的《新体

---

① 本刊编辑部：《坚决地"放"，大胆地"鸣"》，《新体育》1957年第9期。

育》上，发表了《划清界限，站稳立场，反击右派分子》的社论。社论明确指出：体育界也有右派分子。"以体育部门和体育院校的整风过程而论，就有人和其他方面的右派分子相呼应，到处点火，造谣煽动，夸大缺点，否定成绩，诋毁党的各项政策，诬蔑党的干部，攻击党的肃反和人事工作，挑拨党群关系，反对学习马列主义，甚至散布'外行不能领导内行''转业军人不懂体育'等迷惑群众的谬论，提出党员领导干部退出体委，党委退出体育院校等等"。因此社论要求人们："反击右派，必须克服温情主义。"后来在《体育文丛》杂志上，连续发表了反击文章。①

由于对当时阶级斗争的形势判断失误，采取了一些不适当的策略，致使反右派斗争也犯了"严重扩大化"错误，导致体育界把一些善意的批评意见上纲上线一概划为"右派向体育事业的进攻"，"是企图全部否定几年来体育运动的成绩，从而达到篡夺党对体育事业的领导的目的"，"企图使人民体育事业变质"。正是出于对体育界这样的一种形势估计，加之没有能正确理解和执行1957年10月中央《关于划分右派分子的标准》的党内指示，致使体育界一大批人被错误地划为右派分子，并对他们采取了严厉的组织措施。许多好同志、好干部以及与党长期合作的老朋友，其中不少是有才能的体育专家、教授、学者，受到严重伤害，遭受长期的委屈、压制和不幸，不能在社会主义体育事业中发挥应有的作用。

（二）体育"大跃进"思想的错误和严重损失

1.《体育运动十年规划》产生的时代背景

与其他领域相比较，体育界的"大跃进"思想实际上早在1956年就出现了。② 在1956年的全国体育工作会议上，已着重讨论了多快好省地发展体育运动的问题，确定在广泛的群众运动基础上，努力提高运动技术，争取两三年内，在若干项目上分别接近或赶上世界水平③的目标。1958年2月25

---

① 《批判张咏的右派言论》，《体育文丛》1957年第7期。

② 《广泛开展农村人民公社的体育活动——评论员的话》，《新体育》1960年第6期。

③ 国家体委：《中国体育年鉴（1949—1991）》上册（精华本），人民体育出版社1993年版，第11页。

日至 3 月 11 日，国家体委在北京召开了全国体育工作会议，讨论和制定了
《体育运动十年发展纲要》。提出了大力开展群众性的体育运动，在体育运
动广泛开展的基础上，加速提高运动技术水平，争取 10 年或者更短的时间
内，在主要运动项目上，赶上和超过世界水平的奋斗目标。纲要提出的主要
指标是："要求 10 年内 4000 万人达到劳卫制标准，800 万人达到等级运动员
标准，出现 5000 个运动健将①。"

　　然而，就在这个纲要提出以后不久，中共中央召开了著名的成都会
议。② 这是发动"大跃进"的一次会议。接着 5 月份又召开了党的八大二次
会议，正式提出了"鼓足干劲、力争上游、多快好省地建设社会主义"的总
路线。总路线的提出，体现了党的工作重心已转移到社会主义建设方面，反
映了广大人民群众迫切要求改变我国经济文化落后状况的普遍愿望。但缺点
是"夸大了主观意志和主观努力的作用，忽视了客观经济规律"。③ 由于总
路线是在不断反右倾和发动"大跃进"的气氛中提出的，加之在贯彻执行时
片面强调它的灵魂是高速度，只注意多、快，不注意好、省，这就进一步助
长了急躁冒进的"左"倾思想的发展。以工农业总产值的增长速度为例，2
月份全国人大通过的农业总产值的增长速度是 6.1%，成都会议上已提高到
16.2%；工业总产值的增长速度也由 2 月份提出的 10% 提高到了成都会议的
33%，八大二次会议又提出了要在 15 年或者更短的时间内，在主要工业产
品的产量方面赶上和超过英国。正是在这样的国内形势下，国家体委认为：
"赶上和超过世界水平的目标和要求"，也"鼓起了体育事业大跃进的干劲"，
"尤其是成都会议和党的'八大'第二次会议公布国家建设时间的总路线以
后，各地在迎接技术革命和文化革命高潮的鼓舞下，出现了全民参加体育活
动的热潮"。"体育大跃进的新形势，说明我们原定的十年规划指标已不能
适应群众的冲天干劲，必须修改"。1958 年 9 月，国家体委对原纲要提出的
各项工作指标作了较大的修改，产生了《体育运动十年规划》。规划中的主

① 国家体委档案：《关于体育运动十年规划的报告》1958 年 9 月 8 日。
② 注：成都会议，是 1958 年 3 月 8 日至 26 日召开的。会议决定国家经济建设计划实行两本账办法。第一本账是公开宣布，必须完成的；第二本账不公开，是争取完成的。
③ 李茂盛主编：《中华人民共和国史》，中国广播电视出版社 1991 年版，第 163 页。

要指标是："10年内通过劳卫制标准的人数，第一本账1.5亿，第二本账2亿；等级运动员第一本账5000万，第二本账7000万；运动健将第一本账1万人，第二本账1.5万人。"[1] 由此可见，在当时整个社会流行的"不怕做不到，就怕想不到"的口号推动下，体育界也不得不在《体育运动十年规划》中体现"大跃进"精神。

2.《体育运动十年规划》的主要内容

（1）关于竞技体育。

竞技体育的总体要求是："在10年左右，争取主要运动项目赶上世界水平"[2]。当时的主要运动项目是指篮球、排球、足球、乒乓球、田径、体操、举重、游泳、滑冰、射击10个项目。为解决运动员后备人才问题，青少年业余体育学校在第二个五年计划期间，要求发展到700所，学生14万。第三个五年计划发展到1200所，学生36万。

（2）关于学校体育。

对高校的要求是：首先，劳卫制达标。一类高校1959年时毕业生全部达到二级。二类高校1960年时毕业生全部达到二级。三类学校（约占高校数的30%），1961年时毕业生全部达到二级。其次，等级运动员达标。一类高校1962年以前有20%、1967年以前有25%的毕业生达到等级运动员标准。二类高校1962年以前应有15%、1967年以前有20%的毕业生达到等级运动员标准。三类学校1962年以前有10%、1967年以前有15%的毕业生达到等级运动员标准。在等级运动员中，第二个五年计划内要有10%为一级，50%为二级，40%为三级；第三个五年计划内要有20%为一级，60%为二级，20%为三级。此外，在4000人以上的高等学校的一级运动员中，要求有3%的人达到运动健将级标准。3000人到5000人的学校要举办一所少年业余体校，学生不少于50人。5000人以上规模学校少年业余体育学校的学生不少于100人。并要求每10个等级运动员中应培养出相当于三级裁判员水平的指导员或裁判员1人，共19530人。

---

① 国家体委档案：《关于体育运动十年规划的报告》1958年9月8日。

② 国家体委档案：《关于提高体育运动技术水平十年（1958—1967）规划的建议》1958年2月9日。

而且对高中（包括师范和中技）和初中学生，也按照学校的类别，分别就劳卫制达标、等级运动员达标等提出了过高的指标。①

（3）关于职工体育。

主要以"扩大职工体育活动的群众性和经常性"为原则，"在体育活动内容上应着重开展田径、体操、举重、游泳、速度滑冰、滑雪、手球、射击、象棋、围棋、中国式摔跤、技巧运动及篮球、排球、足球、羽毛球、武术、自行车、爬山、旅行等 21 个项目"。1962 年达到的要求是：全国 3000 万职工要建立 93 万个运动队，拥有队员 930 万人。约有 80% 的基层单位推行劳卫制，279 万人达到标准。等级运动员 27.9 万人，三级裁判员 2.8 万人，初级指导员、裁判员 93 万人。基层运动会每年召开约 20 万到 26 万次。到 1967 年，开展体育运动的基层增加 7 万个，即达到 27 万个基层单位。除继续开展 21 个重点项目外，再增加棒球、垒球、冰球、国际象棋、划船、摩托 6 个项目。10 年累计，要使"全国 4000 万职工中有运动队 172 万个，参加运动锻炼的人数为 1720 万，劳卫制将在 95% 的基层单位中推行，及格者为 714 万人。等级运动员 71.4 万人，运动健将 200 人，三级裁判员 71400 人，初级指导或裁判员 172 万人。青少年业余体育学校、职工业余体育学校各 50 所，少年业余体育学校 150 所，基层运动会每年约 54 万次"②。

（4）关于农村体育。

农村体育以农业生产合作社为单位，主要是"开展劳动前操或工间操、手榴弹、中（长）距离跑、跳高、跳远、举重、单杠和双杠、摔跤、爬竿（绳）、游泳 10 个近代体育项目，以及各地民间固有的体育活动"。1962 年实现的指标是："在全国农村中有 132 万个各种运动队，队员 1320 万人；基层体育协会 45 万个，会员约 1181 万人；经过业余训练的初级指导员或裁判员 132 万人，约有 67500 个基层推行劳卫制，40 万人达到一级标准（占参加锻炼人数的 10%）；基层运动会每年约 40 万次。"到 1967 年，"要求开展体育活动的基层增加 15 万个，即达到 60 万个社开展活动，占总社数的

---

① 国家体委档案：《基层单位体育运动的十年规划》1958 年 2 月 9 日。
② 国家体委档案：《基层单位体育运动的十年规划》1958 年 2 月 9 日。

80%"。活动内容除原有 10 项外，再增加标枪、铅球、自行车、手球 4 项。10 年累计，要使"全国农村中有各种运动队 300 万个，队员 3000 万人；基层体育协会 60 万个，会员 2790 万人；经过业余训练的初级指导员或裁判员 300 万人；30 万个基层推行劳卫制，372 万人达到一级标准，50 万人达到二级标准；等级运动员 42 万人；基层运动会每年约 129 万至 277 万次"①。

（5）关于军队体育。

对军队体育的要求是："除国防前线、边防地区和身体有病的官兵以外，要求在 10 年内所有的复员官兵，均应在现役期内达到劳卫制标准，其中20% 达到等级运动员标准。"②

（6）关于体育场地。

规划要求："从 1958 年起，到 1967 年为止，全国省辖市以上公共性体育场地将由 1957 年预计达 434 个，发展到 1023 个。省辖市以上城市均将具有可供竞赛用的体育场地一个以上。"③

（7）关于体育科研。

规划提出了 10 年内需要研究的主要课题 10 个，即体育理论与体育制度、运动技术与训练问题、体育运动的卫生学和生理学论证、体育运动的医学与医务监督问题、体育运动的心理学、中国体育史、组织领导与工作制度之研究、培养体育干部与学校体育问题、关于体育场地和运动器材的科学研究、外国体育运动。④ 此外，在《全国科学技术发展远景规划第 55 项任务第九中心问题说明书》中，提出了关于体育的 1956—1967 年的 5 个研究题目，分别是"中国民间体育经验的研究、运动生理和运动训练方法和生理基础的研究、某些兴奋药物（如人参、五味子）对体育活动的影响、中国运动员的适宜营养问题、各种疾病及外伤在运动员中的发病率的调查统计和分析研究"⑤。

---

① 国家体委档案：《基层单位体育运动的十年规划》，《职工体育十年规划（草案）》1958 年 2 月 9 日。
② 国家体委档案：《基层单位体育运动的十年规划》，《职工体育十年规划（草案）》1958 年 2 月 9 日。
③ 国家体委档案：《关于体育场地十年规划的建议（草稿）》1958 年 2 月 10 日。
④ 国家体委档案：《关于体育科学研究工作十年规划的初步建议》。
⑤ 国家体委档案：《关于体育科学研究工作十年规划的初步建议：附件（一）》。

3.《体育运动十年规划》的影响

由于《体育运动十年规划》是全国"大跃进"形势背景下的产物，所以它有明显的脱离实际的浮夸的特征，打上了那个时代特征的烙印。体育界自身也在体育事业取得的辉煌成绩面前不冷静，过分夸大了人的主动性和创造性，严重违背了体育运动发展的规律，脱离了国家民族的实际。《体育运动十年规划》的制定给体育界造成了一些消极的影响。

首先，在思想方法上，对是和非的判断形成误导。凡实事求是、讲求实际的人和事往往被视为"右倾保守"，而脱离实际、浮夸虚假的人和事则常常受到肯定和表扬。如1958年的全国体育工作会议，安徽省就被批评为"规划太保守了"。上海也被批评为"总的思想落后于实际情况"。而河北省提出的竞技体育规划明显脱离实际：10年内田径、自行车、篮球、足球、举重、体操"6个项目赶上世界水平"；毕业生达到劳卫制标准的数字是97%，比国家体委规划中的95%还高出两个百分点；在农村体育设施上，提出了"乡乡有运动场，社社有篮球场"。竞技体育部门提出的国际比赛指标是："19届奥运会要求重点项目达到前三名、前六名，就是意味着这些项目已经达到世界水平了。举重1960年赶上美国，体操1964年赶上日本，居第二位。篮、排球前三名，足球前六名。""进入前三名、前六名，就是说甲级队都达到世界水平了"[①]。这些明显的浮夸倾向却受到了表扬和宣传，从而破坏了党所倡导的实事求是、一切从实际出发的思想作风。

其次，在工作上误导弄虚作假和形式主义。在浮夸的影响下，为了完成那些不切实际的高指标，只能是弄虚作假。所以，学生为了达到劳卫制标准，可以在跑步的时候"抄近路"；下级为了完成上级任务，可以根据"需要"修改统计数据。弄虚作假的另一表现就是制造假典型，人为地树立体育"样板"、"红旗"单位，大搞形式主义。出现了群众体育"白天千军万马，晚上灯笼火把""体操城里万人做操"、"劳卫制县里全达标"的虚假现象。

最后，认识上的盲目蛮干和不要科学。如在运动员培养上完全依靠自然淘汰和广种薄收，不仅浪费了大量的人力资源，而且还造成了许多的运动伤

---

① 国家体委档案：《1958年2月全国体育工会会议记录稿》。

害事故。在学校体育方面也出现了高指标、瞎指挥和浮夸风等"左"的错误。比较突出的是大搞"四红"运动，即所有的学生（除病残者外）都要达到劳卫制一级、二级和等级运动员、普通射手的标准。有的体育教师怀疑这样做能不能保证质量，是否合乎科学，结果被看成是"保守思想、干劲不足"。为了达到"四红"，有的搞突击夜战，学生白天上课打瞌睡，影响了学习；有的追求数字，限期通过，用各种办法使体育基础差的学生在短时间内勉强达到标准，违背了体育锻炼的客观规律。

1958 年的 5 月 12—15 日和 8 月 11—16 日，国家体委分别在山东高唐和辽宁北票召开了全国农村体育工作现场会和经验交流会，想通过树立"红旗"掀起比学、赶、超运动，推广农村体育和生产拧成一股绳的经验。但是，随着后来"体育大跃进"口号的越喊越响，农村体育受到了不良影响。如关于农村体育场馆建设，提出在 5 年内每乡要有两个体育场、1 个体育馆和 1 个游泳池的标准。这种不切实际的高指标，必然导致一些地方体育浮夸风的蔓延，从而影响了农村体育的健康发展。加之接下来的三年经济困难，不仅使不少农村地区一度停止了体育活动，而且有些县甚至撤销了体育运动委员会。

进入 20 世纪 60 年代，体育界仍然对 1958 年以后的"大跃进"持肯定的态度，如在《国家体委党组关于 1960 年全国体育工作会议情况的报告》中，就有这样一段阐述："1958 年和 1959 年，我国体育运动在党的总路线和八届八中全会精神的鼓舞下，以开好全运会为中心，大搞群众运动，加强优秀队伍的训练工作，使体育运动的普及和提高，都有了飞跃的发展。"[1]基于这种认识，仍然坚持"在社会主义建设进入高速度持续跃进的 1960 年，体育工作也面临着空前未有的大好形势"[2]，即"大跃进"态势。这与当时国内政治形势是相适应的。1959 年在全国开展的反右倾运动使许多干部对国民经济中存在的严重问题和困难三缄其口，明知不可为而强为之。1960 年 1 月，

---

① 国家体委政策研究室：《国家体委党组关于 1960 年全国体育工作会议情况的报告》，《体育运动文件选编，1949—1981》，人民体育出版社 1982 年版，第 48 页。

② 《培养身体康强朝气蓬勃的建设者》，《新体育》1960 年第 8 期。

中华全国总工会确定要在本年度继续"反右倾、鼓干劲、把职工体育运动推向新的更高阶段","掀起体育锻炼的热潮"[1]。并再次提出了1958年"体育大跃进"的模式，开展以普及广播操、长跑和冰上运动为中心的"冬季体育锻炼运动"，以普及乒乓球为中心的"万人乒乓球赛"，要使锻炼的热潮"一浪推一浪，波浪式前进"。共青团中央也提出要求："让青少年们用更健壮的体魄迎接60年代"，要求共青团和少先队积极推动青少年体育锻炼活动，配合体委、教育部门广泛组织比赛。[2]《新体育》杂志在1960年第1期的首题栏目《本刊专论》的《迎接新跃进》一文中，更是强调了"1960年将是体育运动继续跃进的一年"。

在1960年1月12日至22日的全国体工会议上，国家体委确定了"1960年的体育工作，应继续贯彻党的总路线，加强党的领导，坚持政治挂帅，贯彻执行两条腿走路的方针，围绕和结合生产大搞群众运动，迅速提高运动技术水平，使体育运动更好地为增强人民体质，为劳动生产和国防建设服务"的指导思想。提出了1960年要"大力开展群众体育运动"、"大抓训练工作、迅速提高体育运动水平"的工作任务。[3]

1960年4月，毛泽东主席在亲拟的《中共中央卫生工作的指示》中提道"凡能做到的，都要提倡，做体操，打球类，跑跑步，爬山，游水，打太极拳及各种各色的体育运动。把卫生工作看做孤立的一项工作是不对的"。4月25日，国家体委下达了《关于贯彻中共中央关于卫生工作的指示精神，大力开展群众体育活动的意见》，要求各级体委认真学习并坚决贯彻这一指示，掀起一个轰轰烈烈的体育运动高潮，以更大的成果向全国文教战线群英会献礼。要求广泛地向群众宣传，"务求家喻户晓，深入人心"，"扩大影响，造成声势"。对工厂、农村、学校提出要求，"促使群众体育运动的热潮一浪高一浪地发展下去"。此前，4月20日，国家体委、教育部、共青团中央还发布了关于在青少年中广泛开展田径运动竞赛的联合通知，期望出现全国

---

[1] 栗树彬：《反右倾，鼓干劲，把职工体育运动推向新的更高阶段》，《新体育》1960年第3期。

[2] 鲁钊：《让少年用更健壮的体魄迎接60年代》，《新体育》1960年第3期。

[3] 国家体委政策研究室：《国家体委党组关于1960年全国体育工作会议情况的报告》，《体育运动文件选编，1949—1981》，人民体育出版社1982年版，第51、52页。

更好的体育跃进形势。

　　然而，截至1960年，城乡人民的生活实际上已非常艰苦。虽然在各级体委拟定的工作方针指导下，在全国"反右倾、鼓干劲"宣传舆论氛围的迫使下，克服了很多困难，开展群众体育活动，抓运动训练，但是，在当时国家的经济状况下，事实上已根本无法普及性地开展群体活动和继续进行大运动量训练，故形式主义和浮夸虚报的不良现象人民再次抬头。其典型表现就是在城市和农村自上而下地插红旗、树标兵。上海市评选了各项体育先进单位30多个，其中上海肉联厂为全市榜样；湖南湘潭县乌石人民公社全社"4万多社员中，除少数外，基本上都参加了体育锻炼"；有的人民公社"在每个生产大队和公共食堂门口，放些体育运动器材，社员在吃早饭前，先集合做套广播操，再根据各人爱好搞些体育活动"。为显现一个"声势浩大、速度更快、内容更丰富的体育运动高潮正在席卷全国"的局面，山西、安徽、陕西都有800万人参加各种各样的体育活动。山东各地广泛组织了"体育运动宣传日"、"体育电影宣传周"、"全民体育活动竞赛月"等活动，有1000多万人参加了四球（篮、排、足、乒乓球）一短（短跑）一射（射击）运动，并涌现出5万多个"体育之社"、"体育之乡"、"体育之家"。河北、湖南出现了1000万人踊跃做操的动人场面。另外，还出现了北京的万队篮球赛、广西的万人田径赛、南京的万队排球赛、旅大的万队足球赛、大同的万人射击团体赛等，①形式主义泛滥成灾。根据国家体委群体司《1960年前9个月群众体育工作总结》中的有关资料，1960年仅广东、上海、山东、黑龙江、广西等16个省、市、自治区，参加春季体育锻炼的人数达1.2542亿，比1959年冬季体育锻炼人数增加了63%。

　　以上数据，显然是层层虚报的结果。还有一些地区，在反右倾运动的政治压力下，为了完成上级下达的任务，为了凑数字不得不靠一平二调的方法，集中人力搞突击、搞形式主义。尤其是农村，为造声势抽调青壮年开展所谓的体育活动，在当时十分困难的生活条件下，影响了农业生产，也极不利于参加者的身体健康。

---

① 　晓明：《突飞猛进，绮丽多采》，《新体育》1960年第10期。

4. "大跃进"使体育事业受到严重损失

"大跃进"和反右倾运动中的错误，使经济建设受到了严重破坏。从1959年起，我国农业又连续几年遭受大面积自然灾害的袭击，加之前苏联政府背信弃义、撤走专家、停止经济援助、催逼还贷的影响，致使我国的国民经济在1959年至1962年间，陷入了极其困难的境地。实际上，在号称大丰收的1958年冬季，全国粮食紧张的状况已初露端倪。从1959年开始，国民经济的严重困难，最明显地表现在人民生活必需品上，特别是食品严重短缺，吃不饱饭的现象随处可见。1960年，人均消费量比1957年减少35.3%，猪肉人均消费量下降64.9%。在粮食和副食品极为缺乏的情况下，中共中央号召采取多种办法，包括大搞瓜菜、大搞代食品和代用品，即实行所谓"低标准"、"瓜菜代"，并于1960年9月，区别不同地区降低城乡居民口粮和食油的定量。在农村，很多地方用玉米棒粉、玉米秆粉、橡子面粉、蕨根粉等各种代食品补充口粮不足，克服困难，度过灾荒。尽管全国人民千方百计艰苦奋斗，咬紧牙关与经济衰退进行艰苦卓绝的斗争，但由于连续自然灾害，尤其"左"的错误政策不能放手使群众生产自救，所以，1960年经济状况极度恶化，粮食大幅度减产，许多人饥饿瘦弱，不能正常出勤，疾病流行，人口非正常死亡剧增，据正式统计，1960年全国总人口比上年减少1000万。①。

人民的生活状况与体育有着非常直接的联系。普及性群众体育活动的开展，高水平大强度的专业竞技运动训练，必须有物质作保障，"一日无粮千军散"，精神支撑是有限度的，这个最根本的条件绝不可能用形式主义来替代。在全国性经济状况严重恶化的情况下，体育事业也必然地受到很严重的制约和影响。专业运动队伍由于粮食不足和营养不良，不得不减小运动量，缩短训练时间。在"反右倾、鼓干劲"的口号下，有的运动队因违背科学规律训练，造成了运动员伤病人员增加；城市职工、居民，因粮食、食油定量降低，副食品严重缺乏，除开展工间操和消耗体力很小以调节精神的活动外，体育比赛自行消失。在农村，除少数没有受到自然灾害侵袭的地区还

---

① 中共中央党史研究室著：《中国共产党历史 1949—1978》，中共党史出版社 2011 年版，第 563 页。

继续开展群众体育活动，部分在"大跃进"期间树立的典型社、队，为迎合"反右倾、鼓干劲"的需要，为了批判"体育大跃进影响生产，生产大跃进不能搞体育"，证明"开展体育，人寿年丰"、"体育上开了花，生产上结了果"，而搞一些临时性形式主义的表演外，绝大多数农村社队，事实上已不可能再组织体育活动。很多学校也因在校学生营养严重不够，甚至停了体育课。严酷的现实使更多的人头脑清醒下来，自觉或不自觉地进行了事实上的调整。

5. 竞技体育第一次高潮的形成

从1956年到1959年，竞技体育形成了新中国成立后的第一次高潮

1956年6月7日，我国著名举重运动员陈镜开，在上海陕西路体育馆举行的"中、苏举重友谊赛"中，以133公斤的成绩，打破了美国运动员C.温奇保持的最轻量级挺举132.5公斤的世界纪录，成为新中国创造的第一个世界纪录。同年11月11日和29日，陈镜开又分别在广州和上海，以135公斤和135.5公斤的成绩，两次刷新他自己保持的这项世界纪录。

1959年，陈镜开又创造了3次轻量级挺举的世界纪录。陈镜开共9次打破世界纪录，以后改任中国举重队教练员，又指导训练了包括陈满林、陈伟强在内的一批打破世界纪录的选手，为新中国举重事业作出了重大贡献，受到了人民解放军总政治部的奖励，荣立一等功。国家体委也为他记了一等功和特等功。陈镜开5次获体育运动荣誉奖章，是第二、三、四、五届全国人大代表。国际举重联合会和亚洲举重联合会为表彰他对世界举重事业的贡献，也分别授予他金质奖章。

陈镜开的成功，像打开了创纪录的闸门。1957年5月1日，我国著名游泳运动员戚烈云在广州"庆祝五一国际劳动节游泳表演赛"中以1分11.6秒的成绩，打破了由捷克斯洛伐克运动员V.斯沃齐尔保持的100米蛙泳1分11.7秒的世界纪录。这是新中国创造的第一个游泳世界纪录。戚烈云生于1934年，广东台山人，自幼喜爱游泳。1955年考入广州体育学院，次年转入北京体育学院，并入选国家游泳队。戚烈云在1957年5月创造了100米蛙泳世界纪录以后，又曾于同年8月在莫斯科第3届国际青年友谊运动会上获得男子200米蛙泳的亚军。他曾任全国青年联合会的副主席。

1957 年 11 月 17 日上午，我国著名田径运动员郑凤荣在北京市田径运动会上跳过了当时世界上女子从未跳过的高度 1.77 米，从而打破了美国运动员 M.麦克丹尼尔在 1956 年墨尔本第 16 届奥运会上创造的 1.76 米的世界纪录。这是新中国第一次打破女子世界纪录，也是继陈镜开、戚烈云之后所创造的第 3 项世界纪录。这不仅给全国体育工作者和人民以极大的振奋，而且也引起世界体育界和舆论界的高度重视和注意。

1959 年 4 月 5 日，我国著名乒乓球运动员容国团在联邦德国多特蒙德举行的"第 25 届世界乒乓球锦标赛"上，过关斩将，包括 1 位世界冠军、1 位欧洲冠军、两位国家冠军，最终在有 38 个国家和地区的 240 多位优秀选手参加的单打比赛中获得冠军。这是新中国获得的第一个世界冠军。

1959 年 9 月 13 日，中华人民共和国第 1 届全国运动会开幕式在北京工人体育场举行，党和国家领导人毛泽东、刘少奇、朱德、周恩来等出席了开幕式。副总理、国家体委主任贺龙致开幕词。8 万名观众出席了开幕式。

第 1 届全国运动会，"是在全国人民热烈响应党的八届八中全会号召，反右倾，鼓干劲，掀起增产节约运动新高潮，为提前在今年内完成第二个五年计划的主要指标，以辉煌的成就迎接伟大的国庆十周年的欢腾气氛中"，是在"我国的体育事业，由于坚决执行了党中央和毛主席关于开展群众性体育运动为生产和国防服务的方针，十年来也取得了巨大成就，特别是 1958 年以来，在党的社会主义建设总路线的光辉照耀下，在全国人民大跃进、人民公社化、全民皆兵运动的鼓舞和推动下，无论是群众体育的普及，或是运动技术水平的提高，都获得了飞跃的发展和显著的成绩"的背景下召开的。第 1 届全运会共设有比赛项目 36 项（足球、篮球、排球、乒乓球、网球、羽毛球、毛球、棒球、女子垒球、水球、马球、田径、公路自行车、体操、技巧运动、举重、游泳、跳水、赛艇、武术、中国式摔跤、射箭、中国象棋、围棋、赛马、障碍赛马、射击、摩托车越野、摩托车环行公路、无线电收发报、航海多项、航海模型、滑翔、飞机跳伞、伞塔跳伞、航空模型），表演项目 6 项（赛车场自行车、击剑、自由式摔跤、古典式摔跤、国际象棋、水上摩托艇）。共有各省、市、自治区和人民解放军 30 个单位的 10658 名运动员参加了各项比赛。

四、体育事业收缩、调整中的指导思想

面对 1957 年以后出现的失误和挫折，党中央及时地确定了调整、巩固、充实、提高的"八字方针"进行全面调整。体育事业经过调整，很快走入了发展的轨道。

（一）体育界对"八字方针"的认识与理解

1960 年冬，针对人民生活极其困难的严峻形势，党中央决定对国民经济实行"调整、巩固、充实、提高"的"八字方针"。在毛泽东、刘少奇、周恩来、陈云、邓小平的主持下，果断地制定和执行了一系列正确的政策和措施，使国家经济建设发生了重大转变。

1961 年 1 月，中共中央在北京召开了八届九中全会。全会正式通过了国家计委主任李富春在全会上作的《关于 1960 年国民经济计划执行情况和 1961 年国民经济计划主要指标的报告》，批准对国民经济实行"调整、巩固、充实、提高"的"八字方针"。"八字方针"是中共中央为战胜困难而采取的重大改革，它表明国民经济的指导方针已经由"全面大跃进"转变成一个全新的方针。各个部门、各个方面开始了以调整为重点、贯彻执行"八字方针"的工作。

八届九中全会以后，各行各业为了制定贯彻"八字方针"的具体政策，在毛泽东的倡导下，全党大兴调查研究之风，中央领导人和各中央局、各省、市主要领导人纷纷深入基层，如实了解和反映工作中存在的问题，以提出进行调整的办法。在调查研究的基础上，以调整农业为基点的同时，在其他各条战线上，也认真总结了正反两方面的经验，制定了一系列工作条例和规章，这是中国共产党恢复实事求是、一切从实际出发、理论联系实际的正确思想路线的重要标志，对纠正各条战线的"左"倾错误、贯彻"八字方针"、战胜困难、恢复和发展国民经济，都起到了积极作用。

1962 年 1 月，为了总结"大跃进"以来的经验教训，统一全党思想，坚决执行"八字方针"，战胜经济困难，党中央在北京召开了扩大的中央

工作会议，史称"七千人大会"。会议贯彻了发扬党内民主、开展批评和自我批评的精神，整个会议过程充满了浓厚的民主气氛，对当时的经济形势、经济困难和工作上的错误作了比较实事求是的分析确认，基本上统一了对1958年以来所犯错误的认识。这次会议对统一全党认识，加强党的团结，坚持贯彻执行"八字方针"，促进经济的恢复和发展起了重要作用。"七千人大会"后，"八字方针"得到全面贯彻，各行各业进行了全面深入的调整。

实事求是地对过去的工作进行总结，认真吸取正反两方面的经验教训，是体育战线能全面贯彻"八字方针"、顺利地进行调整的前提和关键。

1962年"七千人大会"后，"八字方针"得到了坚决、全面、有力的贯彻执行。一个重要的原因，就是经过1961年的调整工作，加深了对"八字方针"精神的领会，同时，在"七千人大会"后，党内民主气氛的增强，使其对1958年以来，体育工作的失误进行了客观的总结，有了比较深刻的认识：第一认识到体育属于上层建筑范畴，为经济基础所决定，体育事业发展的规模和速度必须与经济建设相适应，不能超越生产力水平所许可的限度，必须根据人民生产和生活状况不断加以调整。第二，在贯彻体育为政治、为劳动生产服务的方针中，曾经一度有某些主观片面的、错误的提法和1958年以后的一些错误做法。第三，认识到国家体委1958年提出的十年规划，指标高、要求急，与经济基础不相适应。第四，对训练工作客观规律认识和掌握不够，把一些必要的、科学的制度当做迷信破除了，造成了严重的伤害事故，影响了运动成绩的提高。1962年，调整工作取得了很大的成绩，效果非常明显。

1961年初，体育战线随着全国整个国民经济指导方针的转变，在调查研究的基础上，按照"八字方针"开始了调整工作，收到了较好的效果。1962年，体育战线继续贯彻并加大了调整的力度和步伐，达到了预期的目的，为1963年以后，体育战线形成新的体育高潮打下了良好的基础。

（二）体育发展规模的收缩和重点的调整

尽管1960年体育界还是摆出"跃进"的姿态，全国体育工作者也在为实现"跃进"的目标努力工作，但是，从1959年下半年以来，因国家经济出现困难而给竞技体育的训练和群众体育、学校体育带来的严重影响，国家体委和各省、市、自治区及各级体委、各部门体育管理干部、学校教师都有着直接的了解和深切的体会。虽然由于时代的局限，体育工作不可能摆脱"左"倾错误思想的影响，做到实事求是，确定完全切合实际的工作方针和目标，但是，迫于形势，在实际工作中作了相应的收缩。比如1960年1月11—22日，在全国体育工作会议上，到会代表在肯定了1958年、1959年"体育运动的普及和提高，都有了飞跃发展"的成绩的同时，也正视了体育工作由于国民经济困难而受到严重影响的现实，提出应从实际出发，客观地对原有的体育工作目标、任务，作相应的收缩。在呈报中央的《国家体委党组关于1960年全国体育工作会议情况的报告》中，从对竞技体育、群众体育、学校体育等方面的任务看，表现出全面收缩的态势。1960年上半年，由于全国反右倾运动政治氛围的进一步强化，体育界不得不动辄组织万人、百万人参加体育活动、比赛，以摆出继续"跃进"的架势。在当时的情况下，也可说是大势所趋的无奈行为。但实际工作中对体育事业发展速度与目标，已开始进行局部的收缩和调整，这在一定程度上减缓了体育事业由于缺乏经济保障和高指标而形成两头牵扯的困难程度，更重要的是为1961年贯彻"调整、巩固、充实、提高"的方针，打下了基础。

根据《国家体委关于1961年体育工作的意见》，为了"坚决贯彻执行中央关于各项工作进行调整、巩固、充实、提高的方针"，"确定了对现有事业进行调整、充实，巩固已有成就，着重提高质量"。根据全国一盘棋的精神，确定对优秀运动队的整顿工作，以缩短战线、保证重点、积极休整为中心进行。

各省、市、自治区体委按照有关整顿的精神和部署，结合各地的实际情况，对现有优秀运动队进行了精简、调整，尽可能地做到少而精，省一级撤销了国防体育项目的优秀运动队；射箭、马术等具有区域性和民族性特色的项目，由于器材和条件的限制，国家体委指定少数地方负责，保留优秀运动队。专区、县以下和基层，坚决执行不成立优秀运动队的规定，一律取消了那些以业余为名，实际上脱产或变相脱产的运动队。经过整顿，全国的优秀运动队伍从整体规模上大大缩减，以10个主要项目为重点进行了部署和调

整，保留的优秀运动队在物质条件方面有了相对较好的保障。

在训练上，采取循序渐进、分别对待，身体全面发展和运动量大中小结合的原则，为了优秀运动员训练工作的需要，适当地举办了一些单项的运动竞赛，以提高竞赛的质量，为节约人力、财力、物力，全国和省一级只举办专业运动员参加的运动会。专、县以下，在1961年上半年都未举办运动会。

1962年，国家体委在总结了1961年调整工作成绩和不足的基础上，加大力度继续贯彻中央的"八字方针"政策，使调整工作基本到位。优秀运动队人数再次进行了精简，除解放军、各产业系统由各有关部门批准建立外，只限在国家体委和省（市、自治区）体委两级设立优秀运动队，省一级可以委托市一级承担一部分训练任务。

在调整运动队伍时，贯彻了缩短战线、确保重点、猛攻尖端的原则。全国继续以田径、体操、游泳、足球、篮球、排球、乒乓球、射击、举重、速度滑冰10个运动项目为重点。各地根据国家需要、地区传统以及必须保存的特色等因素确定保留项目，报国家体委综合平衡。如速度滑冰是国家重点项目，由于没有国家队，东北几省就必须保留；考虑到田径人数只占优秀运动队人数的1/10，田径基础差，对其他项目水平的提高会产生不利的影响，对田径队采取充实的方针政策。

1962年，确定了运动队"积极进行休整"的原则。针对运动队伍中伤病问题严重，确实需要一定时间进行休整的现实，利用国际国内重大竞赛活动较少，为积极休整提供了可能的条件和机会，"要求在一年内伤病情况基本好转，新的伤病率要减到最低限度。"根据运动员的具体情况，采取"伤病较重的，必须全休治疗；较轻的以治疗为主，适当进行少量训练；身体健康的进行正常训练"[1]。

1962年，训练工作的调整效果最为明显。1962年训练工作的转变，主要体现在比较注重从实际出发，一些假、空、浮夸的东西少了。整个以思想教育、技术训练、战术训练、身体训练相结合的全面训练方针，比较正确地

---

[1] 《1961年全国体育工作会议纪要》（1962年3月9日下发），引自国家体委政策研究室：《体育运动文件选编，1949—1981》，人民体育出版社1982年版，第61页。

处理了政治与技术的关系，技术训练与战术训练、身体训练的关系，使训练按比例有节奏地进行，使训练与比赛相结合，并围绕训练统一安排文化教育和其他各项工作。

1962年，在训练中开始重新提倡"百花齐放，百家争鸣"的方针，培养不同流派、风格，提倡不同技术观点的自由辩论，以促进运动技术的发展和训练方法的不断改进，鼓励大胆创造新技术。要求"各级体委不要用行政力量推广或禁止某一种流派、风格的训练方法，也不要用行政命令去解决不同技术观点的争论"[①]。这样，使我国的竞技运动训练从50年代主要学习苏联、仿效苏联，转变为学习和吸收世界上主要的技术类型和优秀的技术、战术、训练方法，同时认真总结自己的经验，大胆进行技术革新和风格独创，以形成更先进的技术、更高的风格和一套科学的训练方法。这是在摆脱了1957年反右派斗争扩大化、1958年的"大跃进"和1959年反右倾运动等"左"的错误思想指导，在整个社会政治氛围相对宽松、思想相对解放的环境条件下，训练指导思想和方法的明显转变，中央的"八字方针"在训练中得到了很好的贯彻和落实。

加强领导，协调好领队与教练员、运动员，教练与运动员的关系，也是调整工作的重要内容。

专业运动队设置的班主任（领队）与教练员的团结，是带好运动队的关键所在。由于"左"的思想的指导，在工作中不协调的情况很普遍，有的甚至比较严重。为了调动一切积极因素，完成训练和比赛任务，1961年体育工作会议后，国家体委提出了在运动队中必须加强党员与非党员的团结，正确处理领导与被领导、集体与个人的关系，并明确班主任（领队）全面负责班（队）工作，教练员在班主任领导下，主要任务是负责运动员的训练工作和比赛的指导工作。班主任要很好地团结教练员，树立他们的威信，培养他们独立工作的能力，帮助他们提高政治觉悟，鼓励他们钻研业务，要求他们成为精通本行业务的专家。同时，要求班主任努力钻研业务，变外行为内

---

① 《1961年全国体育工作会议纪要》（1962年3月9日下发），引自国家体委政策研究室：《体育运动文件选编，1949—1981》，人民体育出版社1982年版，第76页。

行，在工作中不要包办代替教练员的技术指导作用，要尽可能地把发挥教练员在训练中的主导作用和调动运动员的自觉性、创造性结合起来。

1. 调整国防体育

1960年，国防俱乐部从1957年的174所增加到1408所，很多专区、县也建立了国防俱乐部。1961年，国家体委对国防俱乐部的状况进行了调查后，充分肯定了国防体育活动在向人民群众，特别是广大青少年进行国防教育、增进科学知识、培养国防后备力量方面的重要作用。根据中央"八字方针"精神，针对当时全国的经济形势对国防俱乐部条件的限制，以及由于上得急、摊子大、浪费大、效果受到影响的具体情况，确定国防体育活动主要放在城市开展。在有条件的中等城市，可以有单项或综合性的国防体育俱乐部，专区、县以下不建国防俱乐部。到1962年初，又根据国防体育比赛项目中以滑翔、射击、无线电为重点的特点，有针对性地将国防俱乐部调整为500所。这样，既保证了国防体育的普及面，又保障了重点项目和训练设施条件的改善。

2. 减少国内国际赛事

1961年，国家体委决定，为了检查和保持优秀运动队的训练水平，举办一些单项运动竞赛。由于物质条件的限制，1961年和1962年，国内和国际赛事大为减少，全国和省一级比赛大都围绕10个重点项目，并在一定规模的限度和范围内进行。

根据国家体委公布的材料，1960年创造了197项全国纪录，其中有16项世界纪录（游泳1项、跳伞7项、航空模型8项）；1961年创造了107项全国纪录，其中有9项世界纪录（射箭和举重各1项、跳伞两项、航空模型5项）；1962年创造了79项全国纪录，有1项（男子4×100米自由泳接力）是世界纪录。破全国和世界纪录情况呈逐年下降的趋势。

虽然整个竞技体育成绩处于低谷中，但也应该看到，在经济困难时期，我国竞技运动员发扬了艰苦奋斗的精神，取得了一定的成绩。最突出的有：1960年5月25日，刚刚组建5年的中国登山队，在苏联队撕毁协议，缺乏经验和必要设备资料的情况下，取道北坡，超越外国登山运动员不敢问津的"第二台阶"，攀登上了海拔8882米（当时的高度）的世界最高峰——珠穆朗玛峰，创造了人类历史上从未有过的奇迹！

1961年4月9日和14日中国乒乓球队在北京举行的第26届世界乒乓球锦标赛上，继1959年在联邦德国多特蒙德举行的第25届世界乒乓球锦标赛上，容国团夺得男子单项世界冠军后，又夺得男子团体和男子单打（庄则栋）、女子单打（邱钟惠）三项世界冠军，中国健儿从此"走向世界"，揭开了中国运动员称雄世界乒坛的辉煌一页。中国乒乓球队被誉为"人民功臣"、"祖国之光"，在国际上引起了广泛关注和强烈反响，称中国"乒乓球长城难以攻破"。

3．从实际出发，稳妥地开展群体活动

从1961年初开始，国家体委群体司响应中央的号召，深入基层进行调查研究：一二月份，主要以天津、唐山等地为点，了解工厂、学校体育活动情况，通过调查、分析，总结怎样有针对性地在职工中开展小型多样、简便易行的体育活动；大、中、小学面对当前经济困难的情况在不搞大运动量活动的原则下，怎样有节奏地安排教学、课外体育活动和业余体育活动。二三月份以河北为主，了解农村体育活动情况。在调查方法上，采取了有点有面的方法，既注重过去的典型单位，也注意了对普遍性情况的掌握，为在群体工作中贯彻调整、巩固、充实、提高的方针找到了可靠的依据。[①]

1961年2月11日，国家体委下发了关于下达1961年体育工作意见的通知，正视了在全国开展群体工作面临的困难，根据中央"八字方针"的精神，确定了1961年群体工作的原则是："应根据为生产劳动服务的方针和因地、因时、因人制宜的原则，继续贯彻执行党中央关于'凡能做到的，都要提倡，做体操、打球类、跑跑步、爬山、游水、打太极拳及各种各色的体育运动'的指示，使群众体育活动的内容和形式更加切合生产劳动、工作、学习的需要，更加有助于劳逸结合，更加有利于逐步增强人民体质。"

在1962年"七千人大会"以前，其他行业仍然存在着高指标和浮夸风的影响。体育战线在1961年贯彻"八字方针"是比较迅速和及时的，尤其群众体育工作，很快就摆脱了"继续跃进"的"左"倾思潮，使1961年的

---

① 国家体委档案:《群体司全年调查研究活动的初步计划》(1961年)。

群众体育的调整工作，收到了明显的成效。

城市职工体育：1960年下半年，职工粮食标准降低，加之副食品供应匮乏，很多职工出现了浮肿病和营养不良引起的并发症。针对这种状况，群体活动从数量和强度上进行了严格的控制，根据群众的需要，本着自愿的原则，开展了一些运动量小、简便易行、为广大群众所熟悉的活动，如广播操、生产操、武术、乒乓球、象棋等活动，以达到锻炼身体、丰富文化生活、活跃气氛、焕发精神的目的，在有条件的单位，组织一些小型比赛活动。当时，根据行业特点，由各单位组织做生产操是职工体育的主要活动形式，如天津市，各单位普遍坚持开展了两操（广播操、生产操）、一拳（太极拳）、一球（乒乓球）、一棋（中国象棋）等消耗体力不大、有益健康的活动。有的厂矿、企业、单位还结合卫生保健工作，组织了慢性病人进行体育疗法。

学校体育活动：1961年，由于营养不良影响，部分学校的体育课减为每周一节，有的停上体育课。城市学校基本上坚持了早操和课间操，有少量的课外体育活动。乡镇农村学校的课外活动基本取消，采取了由学生自发进行课外活动的方法。

农村群体活动：1961年，农村粮食继续减产，大面积的灾害，使农村因食品匮乏而浮肿生病的现象比较普遍。在农民体力不支的情况下，农村"除个别生活极好的地区有活动外，基本上暂停活动"[①]。

1962年"七千人大会"后，全国各行各业更加深入地贯彻执行了"八字方针"。国家体委在对1958年以来造成的工作偏差进行反思前提下，以更大的力度对工作进行了全面的调整。针对连续三年自然灾害和人为的错误已经造成的经济困难，针对群众身体状况，继续贯彻了中央的"八字方针"。确定开展适度的群众体育活动，作为贯彻劳逸结合、组织群众、振奋精神、增进健康的一项措施。

1962年，国民经济状况比1961年稍有好转，人民生活困苦程度有所缓解，但仍然不具备普遍开展群体活动的条件，因此，群体工作坚持了尊重群

---

① 国家体委档案：国家体委群体司《1961年群众体育工作总结和1962年群体工作意见》。

众的意愿和爱好，因时、因地、因人制宜地开展活动，使活动内容更加切合生产、工作、学习的需要。在具体工作中，为使群体活动同卫生工作密切结合，研究、提倡和推广群众中行之有效的健身方法，收到恢复体力和防病治病的效果。

在厂矿、企业、机关中，结合生产和工作，除了坚持工间操、劳动前后操，开展一些小型多样的体育活动，活跃群众业余生活外，仍然不搞规模较大的运动会，不组织运动量大的体育锻炼，如长跑、劳卫制，不进行等级运动员测试，不组织单位间体育活动开展情况的评比。

在农村，除在生活条件较好的社队组织体育活动外，由群众自发地开展一些娱乐性活动，总的原则是"少搞或不搞体育活动"。

学校群体活动主要抓早操和课间操。对课外活动，贯彻完全自愿的原则，根据城市、乡村以及各个学校的不同情况，适当地安排和组织一些小型运动竞赛，仍然不举行全校性的运动会。

从现在各省、市、自治区及地区、市、县所编纂的地方志中可以证实，1961年、1962年的群体活动整个处于低潮状态，其主要原因就是"国民经济暂时困难"。因此，在客观条件不允许开展群体活动的情况下，坚决地进行调整，采取"少搞或不搞"的措施，是切合实际而且有积极效果的，使群众能得以"休养生息"，为经济形势好转后群众体育的全面复兴积蓄了潜力。

4. 精简体育院校、重点提高质量

在1958年的"大跃进"和1960年初的"反右倾"、体育"继续跃进"的潮流中，全国体育院校发展迅猛。1957年，全国共有体育院校6所；到1960年，发展到29所，中等体育学校发展到79所。1958年还成立了近百个业余体育大学、系科。在辽宁北票县龙潭社，建起了"龙潭体育大学"。特别在1959年、1960年，经济状况已十分困难，有的省、市还在新建体育专业院校。这实际上是不顾经济基础，不考虑国家和地方财力、人力，急于兑现1958年提出的10年规划中培养人才的高指标而产生的现象。由于很多新建院校师资、设施、场地、器材等严重不足，学生来源、校舍、设备较差，不可能达到预期的培养目标。到1960年，实际上很多体育院校因不具备起码的办学条件和受到种种限制而处于难以为继的窘况。

1961年，根据《国家体委关于1961年工作意见》，决定按中央"八字方针"的精神，在当年暂不新建体育学院和体育学校，也不升格，有计划地按一定条件，按一省一所的原则进行调整。对领导力量弱，师资差，生源不好，基建、设备落后的进行降格。对中等体育学校分别情况进行整顿。从整体上根据领导力量、师资、学生来源、校舍、设备等条件，保留一些骨干和条件好的院校，通过合并撤销一些学校。确定县以下不办体育学校。加强保留院校的领导力量，充实教师队伍，努力提高教学质量。

经过1961年的调整，到1962年初，全国体育院校缩减为20所，中等体育学校数量也大大压缩。保留的体育院校在1961年开始缩减人员，减少招生人数。如北京体院，1960年招收本科生258人、研究生53人、预科生110人。1962年招收本科生215人①；西安体育学院1960年招生662人，1961年招收本科生40人，1962年则停止招生一年，并精简了教职工共303人②。

经过调整后，国家体委加强了对体育院校的领导，有专人分管体院。体委党组每年至少讨论两次体育学院的工作。

1958年到1960年，体育学院为迎合"体育跃进"，片面强调提高技术，强调通过等级创造纪录，忽视基础理论的学习，忽视教学能力的培养，使学生专业技术面太狭窄，偏离了体院的培养目标。1961年，明确了体育院系以培养中等以上学校的体育师资为目标，以提高质量为侧重点，严格执行教学计划。强调了在教学中必须既要重视专业知识，又要重视基础理论；既要重视运动技能，又要提高教学工作能力。在全面完成教学计划所规定的各门主要专业课程的基础上，有所专长，改变以往那种重技术、轻理论，重训练、轻教学，重专修、轻普修的状况。各体院根据培养目标，调整了专业设置和系科体制。

在调整中，国家体委提出"体育院校应该努力培养理论与实际统一、高度的革命性与严格的科学性统一的学生，集中力量抓好教学"。并要求"每

---

① 北京体育学院校史编写组：《北京体育学院校史》，北京体育学院出版社1993年版，第39页。
② 西安体育学院校史编写组：《西安体育学院校史（1954—1976年学生、教职工统计表）》，西安体育学院1994年版，第190页。

年必须保证 8 个月以上时间用于教学，学生参加劳动的时间一般在 1 个月至 1 个半月"。正确地处理了教学工作与生产劳动、社会活动和科学研究之间的关系，坚持以教学为主。纠正了过去生产劳动、社会活动占用时间过多和学生学习时间得不到保障的现象。

　　5. 竞技体育"缩短战线，确保重点"

　　针对 1958 年以后，竞技体育"大跃进"造成的战线过长、摊子过大，造成人力、物力、财力极大的分散和浪费，又不利于提高运动技术水平的状况，从 1961 年开始，在贯彻中央"八字方针"中，提出缩短战线、确保重点、猛攻尖端的原则，对运动队进行了精简、调整，以 10 个主要项目为重点进行了部署，使保留的优秀运动队在物质条件方面有了相对较好的保障。1962 年，全国继续在保持 10 个运动项目的前提下对优秀运动队人数再次进行了精简。1963 年至 1966 年初，很多在调整时期停止训练的运动项目，又开始重新恢复训练。但仍然以 10 个重点项目为中心，以此来带动其他运动项目技术成绩的提高。全国性的竞赛项目，主要还是根据重点项目的优秀运动员提高运动技术的需要来安排，适当照顾多年来举行全国比赛的一般项目。特别加强了足球、田径等重点项目中的相对弱项。1964 年、1965 年的全国体育工作会议，继续强调调整优秀运动队伍，集中优势兵力攻尖端。在首先服从国家需要，同时调动地方积极性的原则下，由国家和省、市、自治区两级设置优秀运动队，统一规划，合理布局，保证重点。要求省一级的优秀运动队，要集中精力主攻在 3 年到 5 年内可能攀上世界高峰的项目，兼顾几个在一定时期内确实能够赶上世界水平的项目。在统一部署和规划下确定的重点项目，都是基础比较好、接近或达到世界水平的强项，有的是运动基础性项目和在国际上影响比较大的项目。保证重点，有利于集中人力、物力、财力进攻尖端，防止了战线长、摊子大带来的很多漏洞和弊端。实践证明，这对我国竞技体育的发展，起到了积极的作用。

　　（三）"迅速提高运动水平，扩大政治影响"

　　1. 竞技体育规章制度的建立与完善

　　1963 年以后，经过对整个运动队伍的调整，为了适应体育事业的发展

需要，国家体委建立和完善了一批有关竞技体育的规章制度，对恢复训练后的优秀运动队伍迅速提高技术水平，同时加强对优秀运动队的管理起到了重要的作用。

1963 年 3 月 31 日，国家体委下发了《关于试行运动队伍工作条例（草案）的通知》，明确规定了优秀运动员的基本任务；运动员的培养目标；以政治为统帅，以训练为中心，技术、战术、身体训练相结合的方针；以及运动队统一规划、两级（国家和省一级）管理、全面安排、保证重点，以保证运动队迅速提高运动技术水平。1963 年 5 月 30 日，经国务院批准，国家体委下发了《各项运动全国最高纪录审查及奖励制度》，以使对全国最高纪录的审查能规范化、科学化，奖励有章可循，起到了鼓励运动员不断提高运动技术水平、创造新纪录、推动竞技体育发展的作用。

1963 年 10 月 10 日，国家体委在 1958 年公布的《中华人民共和国运动员、裁判员等级制度条例（修订草案）》的基础上，经过修改和补充，重新公布了《中华人民共和国运动员等级制度》和《中华人民共和国裁判员等级制度》。以上规章制度的建立和完善，对国家体委对竞技体育的完全行政性、计划性管理，起到了很重要的保证作用。

2．强化对优秀运动队的政治思想管理

1963 年，在总结新中国成立以来对优秀运动队的管理经验的基础上，为了进一步提高训练质量和运动水平，国家体委下发了《关于试行运动队伍工作条例（草案）的通知》（以下简称《条例》），这个《条例》的初稿，曾于 1961 年 11 月下发征求意见，是经过 1961 年和 1962 年两次全国体育工作会议讨论和在运动队干部、教练员、运动员中广泛讨论，并在少数运动队中试行，以及征求了很多意见和建议的基础上形成的。《条例》除总则外，分10 章，共 60 条，包括优秀运动队的训练、比赛、思想政治工作、文化教育、教练员、运动员、后备力量的培养、医务监督、行政管理、组织和领导 10 个方面。《条例》确定"以政治为统帅，以训练为中心，思想教育和技术训练、战术训练、身体训练相结合"作为运动训练工作的方针；把"一切从实际出发"作为必须遵循的一个根本原则；强调了贯彻"百花齐放、百家争鸣"，提倡尊重科学、解放思想、革新技术，切忌用行政命令的办法来解决技术、学术上的争论；要求把训练和比赛有机地结合起来，运动员要划清力争胜利和锦标主义的界线，在比赛中表现出良好的风格，充分发挥技术水平。《条例》对运动队的组织领导、医务监督、运动员工资待遇和出路等作了明确的规定。特别强调了在运动队伍中必须保证党的绝对领导，贯彻民主集中制，加强党的组织建设和思想建设，发挥党组织的战斗堡垒作用。各地体委根据要求，在认真传达、贯彻《条例》的基础上，结合本地区的情况和各个运动项目的特点，作了补充规定或制定了细则规定。1964年8月，经中央批准，国家体委颁布了《运动队思想政治工作条例（试行草案）》，决定在体委系统建立政治工作机构。

3．"从难、从严、从实战出发"的训练原则

1963年，随着国家经济形势的好转，国家体委提出了由休整性训练转入正常的全面训练和必须严格保证训练质量的要求。在下发的全国体工会议纪要中指出："1963年，应要求凡能坚持正常训练的运动员奋发图强，勤学苦练，努力提高运动成绩。"全国各优秀运动队根据会议纪要精神，在贯彻全面训练方针的基础上，狠抓技术训练和身体训练。按要求"细致地研究技术训练、身体训练的措施和手段，精雕细刻地改进技术动作和方法"，使技术训练和身体训练有机地结合起来。提高运动员在快速运动中和困难复杂情况下运用技术的能力，使运动员的体力适应连续的激烈比赛的需要。1964年1月28日，中共中央同意国家体委党组关于召开第2届全国运动会的请示报告，并做了批复："为了更广泛地开展群众运动，培养大批有才能的新生力量，迅速提高运动技术水平，争取在新运会和其他国际比赛中创造更好的成绩，获得更大的胜利，以加强国际体育斗争，扩大我国的政治影响。"实际上，是对优秀运动队的训练提出了新的要求。在全国掀起学习解放军和大庆油田精神的热潮中，3月19日，国家体委发出了《关于组织阅读向解放军学习的文章的通知》。为了加强对优秀运动队的思想政治工作，制定了《运动队政治思想工作条例》，并很快在运动队中掀起了学习解放军"一不怕苦、二不怕死"、大庆油田艰苦创业的"铁人"精神和郭兴福教学法的热潮。在学习毛主席著作中，结合专业运动队的训练，开展了对"骄娇"二气的批判。对某些运动员在取得一点成绩就骄傲自满、遇到困难就灰心丧气、

怕吃苦等现象进行了尖锐的批评。这对于培养运动员具有艰苦朴素的作风，在困难的环境下坚持训练和比赛，像解放军那样能吃大苦、耐大劳，掌握过硬本领，使之成为思想红、作风硬、技术精、战术活的又红又专的运动员，起了很大作用。当然，也由于大讲阶级斗争的影响，出现了将一些运动员在训练中正常的情绪反复，也上纲上线地进行批评，甚至联系家庭出身进行分析的现象[①]。但从总体上来讲，结合学习解放军，学习大庆油田精神，学习中国乒乓球队勤学苦练的精神，正确对待荣誉，培养不怕困难的思想作风，效果是明显的。

1964 年 12 月 4—15 日，国家体委在上海召开了全国训练工作现场会议，共有 320 人出席。会议学习了周恩来总理和贺龙副总理关于训练工作的指示，看了日本女排的训练、比赛，研究了当时我国训练中的问题。要求各地进一步反对训练工作中的保守思想、教条主义和骄娇二气；坚决贯彻"三从一大"（从难、从严、从实战出发，进行大运动量训练）的训练原则；在运动队中树立"三不怕"（不怕苦、不怕累、不怕难）和"五过硬"（思想过硬、身体过硬、技术过硬、训练过硬、比赛过硬）的作风；改进训练工作的领导，做到领导、教练员、运动员三结合，实现训练工作的革命化。被誉为体育战线典型和旗帜的中国乒乓球队，为总结出"三从一大"训练原则和"三不怕"、"五过硬"作风的形成，提供了重要的范例。"三从一大"训练原则和"三不怕"、"五过硬"的思想作风，是我国优秀运动队对多年训练实践进行摸索和总结的结果；是针对我国竞技运动的实际状况，结合专业项目特点，吸取国外先进训练经验，迅速提高运动技术水平，彻底改变我国体育运动的落后面貌，向世界先进水平大踏步前进的需要；是在全国掀起学习解放军热潮的直接促进下形成和提出来的。"三从一大"训练原则和"三不怕"、"五过硬"作风，成为我国运动员长期克敌制胜的法宝。

4. "国内练兵，一致对外"

1961 年，为贯彻中央的"八字方针"，在全国体育工作会议上，强调了要抓好优秀运动队伍的整顿工作，根据全国一盘棋的精神，缩短战线，保证

---

① 本刊评论员：《坚决扫除娇骄二气》，《新体育》1964 年第 11 期。

重点。为了适应优秀运动员训练工作的需要，应适当举办一些单项的运动竞赛，提高竞赛的质量。比较明确地提出了运动竞赛是为了提高运动技术水平，以达到取得和保持较好的运动成绩的目的。1963 年，全国性的竞赛，主要根据重点项目的优秀运动员提高运动技术的需要来安排，以检查和提高训练效果。1965 年 1 月，在全国体育工作会议上，提出了要力争在 3 年到 5 年内实现由 1958 年提出的，10 年左右在 10 个主要项目上赶上和超过世界水平的奋斗目标。为迎接第 2 届全国运动会的召开，争取实现在本届全运会上打破一批全国纪录和一些项目的世界纪录，达到促进训练的目的，要求各优秀运动队要树立"国内练兵，一致对外"的思想，加强团结，交流经验，互相学习，共同提高。从 1961 年至 1965 年，实际上所有的竞赛都是围绕"国内练兵，提高运动技术水平；一致对外，猛攻尖端"来组织安排的。根据"国内练兵，一致对外"的思想，形成和建立了一套适合我国情况的竞赛制度。

5. 形成三级人才培养训练体系

1960 年—1962 年间，对青少年业余体校从数量上进行了压缩。1963 年，青少年业余体校在调整的基础上，着重巩固提高并略有发展。根据全国体工会议的要求，将全国青少年业余体校的数量控制在 350 所以内。实际上，全国绝大多数省、市、自治区体委，都根据专项优势特点，扩大了业余体校办学规模。1964 年，全国体工会议上要求各地"要充分运用各种业余训练形式进行训练，尤其要办好青少年业余体育学校，为优秀运动队伍培养后备力量"。

为了使业余体校走入规范化轨道，为提高业余训练质量提供可靠的保证，1964 年 9 月 14 日，国家体委颁发了《青少年业余体育学校试行工作条例（草案）》。1965 年 6 月 28 日至 7 月 10 日在北京召开的全国群众体育工作会议上，再次提出了"各地都应集中力量办好重点青少年业余体校，一定要源源不断地培养出一些优秀运动员，向专业队输送。有条件的省、市、自治区可以建一所半天读书、半天训练的中心青少年业余体校，作为专业队的预备队"。从 1963 年至 1965 年，逐渐形成了一个从基层单位业余体校，到重点业余体校、中心业余体校和专业运动队的，有广泛的普及面、层层衔接

的业余训练三级人才培养网络和体系。

（四）新中国第二个体育高潮的形成

随着中央"八字方针"的全面贯彻和国民经济状况的好转，竞技体育经过短暂调整，得到了全面恢复。我国优秀运动员抱着为国争光的志向和决心，在思想作风建设和技术上都有了很大的进步和变化，他们敢于探索，勇于探索，走出了一条取得优异成绩、赶上和超过世界水平的道路。在全国群众体育取得大发展、形成热潮的基础上，竞技体育成绩大幅度、大面积上升，第2届全运会的召开，标志着新中国成立后第二个体育高潮的形成。以备战第2届全国运动会为动力，在全国掀起了新中国成立后竞技体育发展的第二个高潮。同时，带动了整个体育事业的发展。学校体育，尤其课外体育活动，以及职工体育、农村体育、军队体育都开展得热火朝天。

1965年9月11日，第2届全运会在北京工人体育场开幕。毛泽东、刘少奇、周恩来、朱德、邓小平等党和国家领导人出席了开幕式，并检阅了体育队伍。贺龙致开幕词。开幕式上，首都几十个单位1.6万多人表演了历时70分钟的《革命赞歌》大型团体操。9月12日，第2届全运会各项比赛和表演正式开始，28个民族的5922名运动员参加比赛（包括参加足、篮、排3项球类分区预赛的人数），其中女运动员2011人。比赛的项目共有22个：田径、游泳、举重、自行车、射箭、乒乓球、篮球、排球、足球、网球、羽毛球、水球、体操、击剑、摔跤、跳水、射击、无线电收发报、摩托车、飞机跳伞、航空模型、航海模型。武术作为表演项目。9月28日，第2届全运会闭幕。刘少奇、周恩来、朱德、邓小平等党和国家领导人出席了闭幕式。陆定一副总理致闭幕词。西哈努克亲王、刘少奇主席、周恩来总理分别向举重、射击、射箭、飞机跳伞、航空模型运动世界纪录创造者颁奖，向团体操《革命赞歌》的编导、音乐和美术设计人员颁发了体育运动荣誉奖章，向团体操《革命赞歌》的演出单位颁发了银制团体操纪念奖杯。部分优秀运动员和团体操部分编导人员，接受了西哈努克亲王赠送的柬埔寨王国纪念章。在第2届全国运动会期间，有24人10次打破9项（举重两项、射箭两项、射击3项、飞机跳伞两项）世界纪录；有331人469次，打破130项全国纪录；数以千计的运动员打破了大批的省、自治区、直辖市的各项运动最高纪录。有250万人参观了第2届全国运动会。本届运动会，显示了自贯彻"八字方针"以来体育战线取得的突出成就，标志着新中国成立后第二次体育高潮的形成。第2届全运会与第1届全运会所设相同项目的成绩比较，除田径的男子跳远、手榴弹等极少数项目第1届全运会的成绩较好些外，其余项目的成绩全部刷新。田径、射击、射箭、举重等项目的成绩有了较大幅度的提高，并创造了一批世界纪录。

第2届全运会的召开，是我国体育事业前进道路上的一个里程碑，是向世界水平进军的一个新的起点。

（五）群众体育"以学校为重点"、"小型多样"

随着中央"八字方针"的贯彻和国民经济状况的好转，在1962年召开的全国体工会议上，确定了从1963年起加强群体工作，以学校为工作重点，兼顾厂矿、企业、机关以及农村，以点带面，逐步恢复的方针。至1966年，学校、职工、农村群体活动得到了很快的发展，并逐渐形成热潮，国防体育活动得到加强，部队的体育活动配合大练兵呈现出轰轰烈烈的状况。1962年至1963年根据全国体工会议的精神和确定的工作重点，群众体育从点到面，逐渐得到了恢复，为群体活动高潮的形成，打下了良好的基础。

1. 以学校为重点恢复群众体育活动

随着整个国民经济状况的好转，有计划、有步骤地恢复群众体育的问题，自然地提到了国家体委的议事日程上。1962年12月5—12日，在北京举行的全国体育工作会议上，分析了自1961年贯彻中央"八字方针"、群众体育工作调整以来的状况，认为1963年要加强对群众体育工作的领导，并确定在1963年从国家体委起，各级体委都要抓群众体育工作，使群众体育运动积极切实地开展起来，根据生产（工作、学习）的需要与客观可能，因时、因地、因人制宜，坚持业余、自愿、开展类型多样的活动。在这次会议上经过讨论，选定先将群众体育的工作重点放在学校，同时兼顾厂矿、企业、机关以及农村体育，采取由点到面、逐步恢复、扩散性发展的方法。确定了在厂矿和机关中，配合工会和基层体协开展职工群体活动，以城镇为重

点逐步恢复农村群众体育活动的方针。

把群众体育工作恢复开展的重点放在学校，主要考虑到以下几个因素：第一，1962年，我国的经济状况只是有所好转，群众整体生活还处于艰难的困境之中。1963年，只可能有所改善。而整个社会生活条件相对较好的是学校，从家庭乃至社会，都很重视青少年儿童的健康，学生的物质生活条件相对比一般职工和农民要好。第二，入学的儿童、少年、青年占全国总人口的五分之一，是群众体育工作对象的多数。他们的身体健康，关系到社会主义事业建设和国防后备力量后继者的培养。第三，学生在学校掌握体育知识、技能，养成锻炼习惯，实际是为社会各行各业培养了大批体育骨干，可以推动社会群众体育活动。第四，学校有许多有利条件：体育课、早操、课间操、课外活动时间，有体育教师指导，有场地、器材和经费。后来的事实证明，这样确定的重点是实事求是、有依据和符合客观条件的，因而效果很好。

根据国家体委全国体育工作会议精神，各级体委在当地党委的领导下，加强了对群众体育工作的领导，工作中贯彻了以学校作为开展群众体育活动的重点，体委牵头与教育、工会、共青团等有关部门在工作中互相配合。首先是体委的群众体育工作有专人负责，领导和工作人员落实，很多学校由校领导专人主管体育。如陕西省，学校大都由校长、教导主任分管体育。1963年，全国大中城市和城镇的大部分大、中学校，把体育工作列入了教育计划，体育课由一节改为两节。课外活动列入课程表，每周一到两次。有的学校达到每周3次。保证了大多数学生每天都有1个小时左右的体育活动时间。全校自愿组织起来的运动队有60多个，600多人参加，占学生总人数的43%。①

1963年，在召开全国少年田径运动会的推动下，北京、上海、江苏、广东、浙江、陕西、黑龙江、山西、河北、辽宁等许多省市先后举行了全省、市的中学生运动会，有的省召开重点省辖市和县级的学生运动会，如武汉市有90多所中学，其中70多所开了运动会。

---

① 国家体委档案：《李达副主任在1963年全国群众工作座谈会的讲话》。

在学校恢复体育课和课外体育活动开展起来的前提下，部分学校开始试行"体育锻炼标准"。有的学校试行自己订立的项目标准，青岛、广州、唐山等市试行全市学生的体育锻炼标准。有个别学校又开始推行劳卫制。

1963 年 5 月 20 日—30 日国家体委在北京召开了 15 省、市、自治区群众体育工作座谈会。会议根据各地深入学校进行调查研究后送交的材料，认为虽然由于国家经济形势的逐步好转，生活有所改善，学生的健康状况好于前两年，但总的来看，体质仍然较差，会议认为确定学校作为群众体育工作的重点是正确的。

会议以后，全国各级各类学校都加强了宣传教育，启发学生积极自觉地参加课外体育活动，同时，学校也尽可能地保证学生进行锻炼的时间和提供必要的物质条件，开展了多种多样形式和内容的课外活动。学校根据学生的体质状况，区别对待，对少数体弱和有慢性病的学生，配合医疗，开展了一些保健性的体育活动。一些有场地、设备和技术指导的学校或原来的传统项目学校，在体委的重点协助下组建和恢复了运动队。大多数学校恢复了一年或一个学期开一次全校性运动会的传统。小学课外体育活动的各种形式也得到了恢复。

2．职工、农村体育"小型多样"

20 世纪 50 年代，在开展群众体育工作的实践中，就提出和采用了在自愿的基础上，引导群众因人、因地、因时制宜开展小型多样活动的方法。但在 1958 年，为了突出规模大、人数多的"跃进"景象，常常利用行政手段来组织群众参加体育活动。1959 年下半年，国民经济困难已从各个方面表现出来，事实上已不可能组织大规模的群体活动。因此，在 1960 年 1 月召开的全国体育工作会议上，就群众体育提出了围绕生产、结合生产、贯彻需要和自愿、因时、因地制宜，充分利用业余时间，开展各种各样体育活动的原则。由于 1960 年初全国处于"继续跃进"的氛围之中，全国体工会上仍然要求"充分利用工前、工后、工间、节日、假日和深入车间、田间、工地开展活动"。"采取把技术送上门（送到工厂、生产队）的办法，在组织竞赛上按照生产班次、相同休假日来进行"。

1961 年初，体育战线开始贯彻中央提出的"八字方针"。在《国家体委

关于 1961 年体育工作的意见》中提出，"今年的群众体育工作应根据为生产劳动服务的方针和因地、因时、因人制宜的原则"，"使群众体育活动的内容和形式更加切合生产劳动、工作、学习的需要，更加有助于劳逸结合，更加有利于逐步增强人民的体质"。经过两年的调整，将随着整个国民经济状况的好转，有计划、有步骤地恢复群众体育的问题，自然地提上了体委的议事日程。1963 年，国家体委根据 1962 年全国体育工作会议上确定的工作安排，要求"各级体委，从国家体委起，要加强群众体育工作的领导，使群众体育活动积极切实地开展起来，根据生产（工作、学习）的需要与客观可能，因时、因地、因人制宜，坚持业余、自愿，开展小型多样的活动"。所以，从 1963 年以后，体委加强了对群众体育的行政性领导，"业余、自愿、因时因地因人制宜，小型多样"成为指导开展群众体育活动的方针，这是从 1960 年以来在对群众体育工作进行总结的基础上，逐步完善而形成的。根据这个方针，城市、农村、学校、军队又形成了各自开展群体活动的模式和特色。

（1）城市职工体育与备战、生产相结合。

在整个调整的过程中，城市职工的社会性群众体育团体的组织管理功能逐渐消失，职工群众体育活动在行政性管理下开展。1960 年至 1963 年间，国防体育的重点放在大、中城市，强调了开展业余国防体育活动，"应很好地配合民兵训练"。1964 年全国大力提倡游泳、射击、通讯、登山 4 项活动与"备战"有很紧密的联系。城市职工结合民兵训练，在各单位的行政性管理和组织下，经常性地组织开展 4 项活动。同时，各行业部门还根据生产的特点，推行各种徒手操，并组织开展丰富多彩的体育活动和小型比赛。行政管理对城市职工群体活动和民兵训练的开展，起到了积极的组织作用。

（2）农村体育与民兵训练相结合。

早在 20 世纪 50 年代，农村体育活动与民兵训练就有了联系。1961 年全国体育工作会议上提出了开展群众体育活动应结合民兵工作的要求。1963 年，随着"社会主义教育运动"在农村展开，阶级斗争这根弦逐渐绷紧，"占领农村青年业余阵地"成为当时农村的一项政治性工作。同时，也由于

"备战"工作的加强，全国很多公社团委配备了专职军体委员抓民兵训练和体育活动。农村民兵组织体系的完善，为组织农民开展群众性体育活动提供了重要的条件。在1964年国家体委号召开展的游泳、通讯、射击、登山4项活动中，农村结合民兵训练，开展游泳、登山活动。在春节、假日进行的很多体育活动和竞赛中，民兵组织常常是组织和参与的基本单位。农村群体活动与民兵训练相结合，是人民公社化条件下开展农村群众体育活动的普遍形式。

（3）部队体育与练兵相结合。

军队练兵与体育活动相结合，这在我军体育史上可追溯到红军时期。新中国成立以后，体育的很多项目、训练手段和内容被大量用于军事训练中，它活跃了部队的气氛，丰富了战士的业余文化生活。部队中广泛开展了多项目的体育活动。在连以上单位组织运动队，参加军队的各级比赛，并经常与驻地的地方运动队开展竞赛。为使战士在体育活动中达到提高身体素质、提高军事技能的目的，必须使军队练兵和体育活动很好地结合起来。周恩来总理对军队体育活动紧密结合军事训练的问题明确提出了要求。他说："要向老红军学习，经常打球、跑步、爬山，过去老一辈爬雪山，今天我们爬高山，锻炼身体，锻炼意志，一个人就是要全面锻炼。"20世纪60年代初，在全国备战的氛围中，部队加强了军事训练，增加了训练科目。1963年，国家体委根据军队体育活动开展的情况提出："军队体育活动应积极、深入开展。"1964年和1965年，结合国家体委要求，基于全民备战需要提出在全国开展登山、游泳、射击、通讯4项活动。为配合练兵，积极开展了军队内、军队和地方民兵间进行的全副武装登山、泅渡、射击、通讯等训练和比赛。体育活动结合练兵，成为促进军队中军事训练和官兵身体素质提高的一种可行模式。

开展群众性体育活动，是我军的光荣传统，是增强战士体质、提高部队战斗力所不可缺少和重要的方法与途径。尤其在军队机械化程度不高，在立足于防御性常规战的准备中，许多体育项目的开展，结合军事训练，有利于迅速提高战士的军事技术。1960年至1963年的经济困难时期，体育战线各个方面在调整中都进行了收缩，大大减缓了发展的势头。由于军队肩负特殊

任务，这一时期国际形势的变化，整个军队在积极的备战中，群众性体育活动得到了进一步的加强。在全军掀起"大比武"的热潮中，各军、兵种为了迅速提高战士的身体素质，广泛组织开展了球类、跳障碍、单杠、双杠、长跑、拔河、登山、游泳等活动。凡地方驻军，都根据不同的条件建有体育活动场地，备有体育器械。以班以上为单位的体育竞赛是练兵的组成部分，也是战士闲暇休息时间的重要娱乐活动。部队驻军还和当地厂矿、企事业、机关单位经常进行比赛，参加地方民兵的一些训练和体育竞赛活动。各大军区、省军区的专业运动队伍，尤其中国人民解放军直属运动队，在军内和国内大赛、国际友军的军事专项、竞技体育比赛中，都取得过很优秀的成绩，从而也推动了群众性体育活动的开展。

（六）"加强战备"强化国防体育

1963年以后，随着整个国民经济状况的好转，国防体育得到了迅速的恢复和强化，究其原因，有其特殊的国际、国内背景。

1960年以后，中苏关系的破裂逐渐公开化。苏联政府背信弃义地撤走其全部在华专家，撕毁了数百个合同，停止了供应我国急需的设备，使250多个建设项目处于停顿、半停顿状态。1961年苏共22大以后，苏联在报刊和书籍上，连篇累牍地攻击中国的内政外交，使两国关系进一步恶化。当年，苏联公然制造了伊犁暴乱事件。1962年，印度军队以10个旅的兵力在中印边境的东段、西段同时发动大规模的武装进攻，我边防部队在忍无可忍的情况下，英勇反击，击退了入侵的印军。中印发生边境冲突，苏联却支持和援助印度，并在国际范围内鼓动兄弟党掀起反华浪潮，企图孤立中国，强迫中国听其指使。在我国的西部和西南部形成了紧张对峙的局面。

20世纪60年代初，盘踞在台湾的蒋帮也鼓噪要"反攻大陆"，并频频派遣小股武装部队和特务对我国东南沿海进行骚扰和破坏，遭到我边防军民的沉重打击。1963年，美国悍然入侵越南，我国南方面临战火的威胁。国际形势和环境，造成了战争迫在眉睫的势态。

中央在分析了国际形势后，作出了立足于早打、大打的准备，并布置了三线国防建设。因此，在"加强战备"、"准备打仗"的口号下，为反击侵略者，全国掀起了"全民皆兵"的练兵热潮，国防体育的军事性特点，使其必然地受到特别的重视和强化。

1962年，在贯彻中央"八字方针"，对国防俱乐部进行整顿的过程中，国防体育重点俱乐部得到充实，队伍比以前精干，技术水平和训练能力都有了提高。

1963年国防体育活动无论从开展的规模、训练水平和成绩上，都有了明显的提高。专业的射击、摩托车、无线电、航海多项、航海模型、航空模型、跳伞、滑翔等优秀运动队相继得到了恢复和发展。1963年以后，由于省、市级国防体育俱乐部连续贯彻以开展国防体育活动为主的方针，积极地、切实地开展了群众性的业余训练活动，形成了国防体育融入民兵训练、与群众体育紧密相结合的特色。国防体育活动从以大中城市为主，以青少年为主逐渐扩大范围。1964年，全国大力提倡游泳、射击、通讯、登山4项活动，各省、市、自治区的职工以此为中心组织了经常性的大规模活动。尤其是沿海、沿边的地区，国防体育活动结合民兵训练、备战训练，开展得很有声势。在江河湖海畔的城市，以军事航海、航海多项、船用机电、摩托艇等项目为主要开展活动；在具备条件的城市，则分别开展了摩托、汽车、军事工程、航海模型、航空模型、跳伞等项目。城市职工和大、中学校学生大多以游泳、射击、登山、无线电作为活动的主要内容，组织了武装泅渡、登山、军事野营、射击训练等活动。1965年，全国大力提倡开展游泳活动，使群众性游泳和民兵军事水上训练在城乡普遍地开展起来。以山东为例，1965年5月至9月，全省参加军事野营活动的人数达250余万人，仅泰安地区参加野营活动的就有40万人。在国家体委、解放军总参谋部和团中央联合发出的《大力开展群众性游泳活动的通知》下达后，烟台、青岛、济南等地市掀起了以游泳为中心的夏季锻炼热潮。

在广大农村，从1963年以后，由于备战的需要，民兵组织得到了进一步加强，各级武装部组织领导民兵训练射击、登山、武装泅渡等活动。至"文化大革命"开始前，无论城市还是乡村，国防体育活动得到了普及性的开展。

省级以上的国防体育优秀运动队的训练水平和成绩也都有了较大幅度

的提高。1964 年，新公布的 8 项全国纪录中，射击、飞机跳伞、滑翔、航空模型各占 1 项。在打破世界纪录的成绩中，射击、飞机跳伞也各占 1 项。在第 2 届全国运动会和新兴力量运动会上，国防体育项目的成绩有了较大幅度的提高；在第 2 届全运会上射击有 3 项、飞机跳伞有两项打破世界纪录。

第三章

极左肆虐，浩劫中体育遭扭曲
(*1966—1976* 年)

　　"文化大革命"(1966 年 5 月至 1976 年 10 月，以下简称"文革")是新中国成立后一个特殊的历史时期。"文革"给党、国家和各族人民带来了深重的灾难，"使党、国家和人民遭到了新中国成立以来最严重的损失"。在这场以文化首当其冲的浩劫中，体育遭到了极其严重的破坏，使体育整个跌入新中国成立以后的最低谷。

　　"文革"中有两股重要的力量在起作用，一股是党和人民的正义力量，一股是林彪、江青反革命集团的力量。"文革"中老一辈无产阶级革命家和全国人民，与林彪、江青反革命集团进行了坚决的斗争，最终取得了胜利。我国的社会主义体育事业从此越过的低谷，进入了逐步走向辉煌的发展时期。

　　关于"文革"的起因，邓小平同志曾这样总结："从 1957 年开始我们的主要错误是'左'，'文化大革命'是极左。"①"文革"是"左"倾思想发展到极致而发生的，"文革"中，"以阶级斗争为纲"和"在无产阶级专政下继续革命"的理论始终居于主导地位，社会各个行业，各个领域的工作，所有人的思想，都是在极左思想的控制下；而反对极左的思想在"文革"也促成

---

① 《邓小平文选》第三卷，人民出版社 1993 年版，第 237 页。

了社会政治形势发生变化，在一定的时期和范围内表现出来。社会主义体育事业从几于湮没消失到逐渐复苏，在有的方面甚至表现出一度畸形兴盛的状况。在极左思想肆虐的时间里，老一辈无产阶级革命家和体育工作者对极左思想进行了抵制和批判，通过对社会主义体育事业的竭诚工作来努力弥补"文革"造成的损失。随着体育工作者对极左思想的认识和抵制力量的增强，使体育工作的指导思想，随着社会政治形势的变化，呈现出阶段性的特点，使"文革"的体育，出现了起伏落涨的境况。

一、"文革"时期极左思想的肆虐

1966年5月中央政治局扩大会议和8月八届十一中全会的召开，是"文化大革命"全面发动的标志。两个会议先后通过的《五·一六通知》和《关于无产阶级文化大革命的决定》，对党中央领导机构进行了错误的改组，使"左"倾错误方针占据了统治地位，肆虐全党全国。从1966年"文革"发动开始，至1968年底，全国处于一片混乱的状况。体育整个处于几于湮灭消失的状态。

（一）对体育领域"修正主义思想"的批判

"文革"与新中国成立后的历次政治运动最大的不同与区别是，其主要目标是解决包括中共中央在内的党和国家高层领导中的所谓"两条路线"问题。由于《通知》对我国阶级形势以及党和国家的政治状况做了违反实际的错误估计，认为在党里、政府里，军队里和各种文化界混进了一批资产阶级代表人物，是一批反革命修正主义分子，一旦时机成熟，他们就会夺取政权。"文革"的目的，就是要清洗这些"走资本主义道路的当权派"，夺取他们手中掌握的权力。

1966年5月开始的红卫兵运动，通过随后全国性的大串联，煽动起全国性各行各业的"造反"风潮，各级各层的领导干部相继被作为"走资本主义道路的当权派"遭到揪斗。全国的整个体委系统的各级各层领导干部，在这样的社会政治背景条件下，无一例外地遭到了冲击和揪斗。

　　"文革"开始以后，由于各级各层体委领导干部遭到冲击，无法再进行正常的组织领导工作，大部分一般体育工作者受到这场史无前例的政治运动洪流裹胁而卷入其中。体委系统组织管理机构的全面瘫痪。据近些年各省、市、地、县各级修撰的地方志记载，在1966年的八九月份，体委机关就停止了正常的工作。继而各级工会、青年团、妇联组织中与体育工作有关的机构、企事业单位中专、兼职体育工作人员，由于体委工作的停顿，也相应失去了管理和组织的具体工作职能。

　　在体委系统，首先受到冲击的是体委副主任荣高棠，其罪行是"搞技术挂帅，锦标主义"；他蹲点抓起来的中国乒乓球队是"修正主义大染缸"；为国家争得巨大荣誉的优秀运动员是"资产阶级苗子"，世界冠军是"修正主义苗子"。[①]从1966年8月以后，荣高棠就开始反复检查自己的"错误思想"，住处被无故查抄。1966年国庆节，毛泽东在天安门城楼上问贺龙，体委的文化大革命搞得怎么样？很关心地问到荣高棠的情况后说："荣高棠蹲点乒乓球队有功，要保！"[②]毛泽东在"文革"中具有绝对的个人威望，他说要保的理由是"蹲点乒乓球队有功"，说明毛泽东肯定了中国乒乓球队，不存在"错误思想"的问题。但在"文革"那种特定的氛围和环境下，荣高棠等各级体委领导都因为具有"修正主义思想"而犯有的"罪行"而遭到越来越升级的批判。10月31日，在北京体育馆召开的批斗荣高棠的大会上，"技术挂帅、锦标主义、成绩第一、技术第一、尖子第一、物质刺激、名利思想、等级制度"等上纲上线为"修正主义思想"。12月24日体委系统和体育学院的造反派在北京体育馆召开《批判斗争荣高棠大会》后，荣高棠被打倒并失去自由。

　　在"造反有理"、"打倒一切"的社会政治大背景下，体委系统遭到了巨大的冲击。各级体育领导干部被揪斗批判，失去了开展工作的权力，行政机构已不能正常开展工作。在当时，搞业务抓工作被视为"资产阶级反动路线"出力而会遭到批判。因此，现实使业务管理工作无人问津而唯恐避之不

---

① 李修玲主编：《体育之子荣高棠》，新华出版社2002年版，第203页。

② 李修玲主编：《体育之子荣高棠》，新华出版社2002年版，第205页。

及；再者，在人们盲目和扭曲的政治热情的大潮中，人们将体育活动与追求玩乐共同视做资产阶级享乐思想和行为；将竞技运动必然地与锦标主义、修正主义联系在一起。人们避祸免灾的最好办法只能是采取不参与的态度。专业运动员停止了正常的训练，群体活动几乎消失。因"文革"前形成的一整套群众体育组织管理系统、工会、妇联、共青团，各企业、机关、学校的体育活动管理机构和专兼职管理人员，在"文革"中同样受到了冲击，由于体委系统的瘫痪以及本身失去了组织管理的工作对象，整个体育管理组织系统形同解散。

（二）"五·一二"命令

1967 年初，首先在上海刮起的所谓"一月风暴"，又煽起了全国性的夺权风潮。各级党委和行政机构被搞乱了，完全不能正常工作。面对极左思想肆虐和全国一片混乱的状况，老一辈无产阶级革命家发起了对"文革"极左思想的抵制。1967 年 2 月前后，中共中央政治局和中央军委的一些领导人谭震林、陈毅、叶剑英、李富春、李先念、徐向前、聂荣臻等，面对全国日益形成的"打倒一切"、"全面夺权"的严重局势，挺身而出，在军委碰头会和政治局常委碰头会上，对"文革"的错误作法，提出了强烈批评，对林彪、江青等人的倒行逆施进行了针锋相对的斗争。这次正义的抗争最后被定为"二月逆流"而受挫。

1967 年 3 月 29 日，中国人民解放军奉中央军委发布的命令，开始执行"三支两军"任务（即支左、支农、支工、军管、军训），"军宣队"（中国人民解放军毛泽东思想宣传队）很快进驻各级体委。1968 年在各地相继成立"革委会"的过程中，很多省、自治区和直辖市成立了体育系统的"革命委员会"，作为临时性的体育权力机构，地市级成立了体育运动领导小组。

贺龙同志是中国共产党老一辈无产阶级革命家，卓越的军事家。在中国革命的各个时期，都为党和人民作出了很大贡献，建立了卓越的功勋。1966 年，"文革"开始以后，面对林彪、江青一伙对干部搞无限上纲的政治迫害，他愤慨地表示："现在这种搞法，有点像在党内搞清理队伍，难道这些干部为革命工作多半辈子，他们是什么阶级还是清楚吗?!"指示国家体委要"抓革命、促生产"，要求继续抓紧出国比赛运动员的训练工作，《体育报》要坚持办下去。1967年1月，贺龙家被抄。由于林彪、江青一伙的蓄意政治迫害，1967年9月9日，中央专案小组起草了对贺龙的立案审查报告。11月中旬，当贺龙看到报纸上的一篇针对体委系统的"大批判"文章后，气愤地表示："这不是我一个人的问题，而是关系到全国体育战线一大批干部和群众的事。"并非常担忧地认为："这样，不知道又要有多少体育战线的好干部、教练员、运动员挨整了。"

在贺龙遭到冲击的情况下，他仍然要运动员继续训练，坚持抵制极左思想。1966年9月，快要出征参加第1届亚洲新兴力量运动会的体操运动员，因为"一场史无前例的运动把体操馆全搞乱了，大字报贴满了墙，连体操器械上也用墨水刷上了大标语，"体操运动员向他们反映工作人员忙于参加运动，而使他们无法训练的问题时，贺龙"脸色苍白，两眼浮肿，行走蹒跚"，仍鼓励运动员"不要着急，一切都会好起来，要克服眼前的困难，继续苦练，为国争光"。[①] 当贺龙在参加体育的批判会后得知"训练完全停止了"的情况时，叮嘱运动员"要不间断训练，应尽快恢复。"尽管以贺龙为代表的体育工作者进行了尽力地抗争，但终究抗御不了"文革"极左思想肆虐下的凶险浪头。

1968年，林彪、江青、康生出于他们的政治目的，炮制"五·一二"命令，诋毁国家体委系统"长期脱离党的领导，脱离了无产阶级专政，钻进了不少坏人，成了独立王国"。"决定对全国体育系统实行军事管制。""五·一二"命令，是对新中国成立以来新中体育事业的彻底否定，是对体育战线工作者取得所有成绩的否定。将新中国成立以来的体育工作的指导思想认定为"修正主义"的思想。随后，一大批体委领导干部被强行管制、下放、转业。"五·一二"命令下达后，贺龙成为中央专案第二办公室的审查对象。此后，贺龙完全失去人身自由，身患重病也得不到正常的医疗护理，1969年6月9日，贺龙因遭受种种迫害致死。

在这一时期，各级体育领导干部和有关体育工作的负责人，都受到了

---

① 伍绍祖主编：《新中国体育事业的奠基人》，人民体育出版社1996年版，第165页。

不同程度的冲击，有的遭到了揪斗批判；有的被勒令反复检查交代"罪行"。很多领导干部遭受了"坐喷气式"、画花脸、罚跪、戴高帽、挂黑牌和毒打的非人折磨和凌辱。如上海市体委系统共1800余人，就有306人受到迫害和批斗，702人被"下放"去"接受再教育"。

林彪、江青一伙炮制的"五·一二"命令下达后，国家体委及各省、市、自治区体委被军队接管。地方各级体委都由军队派出的人员主持工作。整个体委系统实际处于完全瘫痪的状态。

二、学校以"阶级斗争和路线斗争为主课"

在"文革"这场浩劫中，教育领域是"重灾区"，教育事业在"文革"中所遭受的破坏，在教育史上是罕见的。学校体育在"文革"初期，由于遭到严重破坏而一度停止上课，随后则变成被扭曲的畸形状态。

1966年5月16日，中共中央召开的政治局扩大会议通过了由毛泽东主持起草的《中国共产党中央委员会通知》，即《五·一六》通知。《五·一六通知》提出了一整套"左"的理论、路线、方针、政策，极其错误地估计了当时的国内形势，认为教育界、学术界、文化界是资产阶级专了无产阶级的政，都是"黑线统治"，错误地规定了"文革"的目的、对象及方针。提出"文革"的性质是"一场你死我活的阶级斗争"，"彻底揭露那些反党反社会主义"的所谓"学术权威"的资产阶级反动立场，彻底批判学术界、教育界、新闻界、文艺界、出版界的资产阶级反动思想，夺去其在文化领域的领导权。把党内的大批干部和学有专长的知识分子都错误地当做"革命对象"。

1966年5月7日，毛泽东看到中国人民解放军总后勤部《关于进一步搞好部队农副业生产的报告》后，给林彪写了一封信，信中提道："学生也是这样，以学为主、兼学别样，即不但学文，也要学工、学农、学军，也要批判资产阶级。学制要缩短、教育要革命、资产阶级知识分子统治我们学校的现象，再也不能继续下去了。"这即是《五·七指示》。《五·七指示》后来成为结束"资产阶级知识分子统治学校的现象"、"夺取教育领域领导权"、"批判、打倒资产阶级学者、权威"的最重要的依据。

1966年5月，在北京大学聂元梓等7人贴了所谓"第一张马列主义大字报"后，在新闻舆论的煽动下，全国的学生哄然而起，学校首先处于混乱状态。8月8日，中国共产党八届十一中全会上通过的《关于无产阶级文化大革命的决定》（即十六条）中明确规定："改革旧的教育制度，改革旧的教学方针和方法，是这场无产阶级文化大革命的一个极其重要任务。"单纯、好奇、冲动的青年学生，首先在全国掀起一场"破四旧"的运动，大量文物古迹、文化遗产遭到破坏。9月，开始了全国性的大串连，毛泽东先后8次接见了1300万师生和红卫兵。很多红卫兵和青年学生在林彪、江青的煽动下，走向社会大搞打、砸、抢、抓、抄等非法活动。到1966年底，各级教育行政领导部门和学校党、团组织相继瘫痪。各学校领导和部分教师遭到揪斗、批判，有的被体罚、殴打。全国大中小学全部"停课闹革命"，学校教学秩序荡然无序。新中国成立后，我国的体育教育思想、制度、课程设置、教学内容、教学方法受苏联的影响很大。"文革"开始后，在批判"修正主义"的浪潮中，体育课未能幸免而停课。

1967年2月，鉴于学校的严重混乱状况，中共中央分别发出了《关于小学无产阶级文化大革命的通知（草案）》、《关于中学无产阶级文化大革命的意见》，《关于大专院校当前无产阶级文化大革命的规定（草案）》，要求停止外出串连，"复课闹革命"。要求对中学生、大学生分期分批进行军政训练。

1967年3月8日，中共中央转发了毛泽东对《天津延安中学以教学班为基础实现全校大联合和整顿巩固发展红卫兵的体会材料指示》及天津延安中学的有关材料。在这个指示中，毛泽东提出，军队应分期分批对大学、中学和小学中高年级实行军训。并且参与关于办学、整顿组织，建立三结合领导机关和实行斗、批、改的工作。自此以后，军训工作在全国大、中、小学陆续展开，师生陆续返校。学校取消了班级建制，将师生统一按班、排、连、营建制编队，设连队委员会、政治指导员等，实行军事化。由于大串连和派别间武斗的影响，"复课闹革命"无人响应，进展缓慢。由于军训与体育课的常规、队列队形、跑、跳、投、攀援技术技能、体能训练等内容和形

式上有很多相同和相近之处，为恢复体育课打下了基础；同时也对日后体育课恢复正常状态造成了不利的影响，使体育课畸形扭曲。

1967年10月14日，中共中央、国务院、中央军委、中央文革联合发出《关于大、中、小学校复课闹革命的通知》，要求全国各地大、中、小学一律立即开学，一边进行教学，一边进行改革。规定的课程是："小学1至4年级学生学习毛主席语录、兼学识字，学唱革命歌曲，学习算术，科学常识；5至6年级学生学习毛主席语录、老三篇、三大纪律八项注意，十六条，学唱革命歌曲。中学生学习毛主席著作，批判旧教材和教学制度，复习数、理、化、外语和各种必要常识，在农忙期间师生下乡劳动"。体育课完全被取消。当时，各级学校实际上没有也不可能复课，学校中"以阶级斗争和路线斗争为主课"，用政治学习冲击教学活动，体育活动陷于停顿状态。以后，中小学和大专院校开始复课。各地开始出现了形形色色的"教育革命方案"。由于毛泽东多次在有关教育工作的谈话和指示中都强调了体育，解放军在"文革"中仍是学校师生学习的榜样，以及在学校开展军训工作等因素，各级各类学校在开设有限的几门课程中，都设置了体育课，但都更名为"军体课"。原班级体育委员，更名为"军体委员"，以至影响传沿至"文革"结束后的一段时间。很多中小学开设的课程是：毛泽东思想、工业基础知识（城市学校）、农业基础知识（农村学校），军体课、革命文艺、劳动课。军体课的教学内容主要是学习解放军的常规、队列、投弹、刺杀等简单动作。以往体育教学的内容因属于"资产阶级教育"的范畴，教师只能以种种与军训有关的名目，开展少量的球类、游泳等活动，指导和组织学生锻炼身体。很多学校则常常把军体课和劳动课连在一起，或者干脆以劳动替代军体课教学。1969年，中苏发生边界冲突后，国内处于紧张的"备战"状态中，学军成为中、小学生在校学习的主要内容，很多学校增加了军训时间，进行大规模的野营拉练活动，体育课完全变成了军训课。

1968年以后，不少地方提出"上小学不出村，上初中不出队，上高中不出公社"的口号，不顾客观条件，一味追求数量，以至中小学盲目发展。在县级以下农村，小学下放入队，中学下放公社成风。由于"文革"开始以后，高师、中师停办，师资来源中断，其中中小学体育教师在"文革"前就大量缺编，加之新办学校体育场地，器材严重不足，因此，这一类学校的军体课多由其他学科的教师兼任或聘请当地复员退伍军人代课。结果，军体课的内容或"下操"、或"放羊"、或劳动，根本不可能达到体育课的目的和要求。

全国非体育专业的大专院校在中央要求复课以后，学生才陆续返校。1968年，工人宣传队和解放军宣传队进驻学校后，秩序有所好转，除进行一些军训活动以外，不可能恢复正常的教学状态。

文化大革命中，体育卫生教师队伍遭受到了严重的摧残。受"两个估计"的影响，那些从旧社会过来，学有专长和教学有成就的老教师，除了被批判斗争外，大多数被剥夺了教学的权力，长期下放锻炼与改造，并强制进行种种繁重的体力劳动。一些中、青年骨干教师作为"黑线专政的代表人数"，接受所谓政治上的再教育，使他们荒疏了业务，有的人还遭受了迫害。学校卫生工作更是困难，机构被撤销，队伍被冲散。在当时情况下，许多体育教师出于对体育事业的热爱，也采取各种力所能及的方法和手段，仍在坚持工作。

"文革"开始以后，各体育院校与全国其他高校一样，教学秩序被完全破坏。北京体育大学（原北京体院），自1967年春夏开始，领导干部和一些教师被批斗、关押，曾一度把游泳馆变成"牛棚"，对领导干部和部分教师进行迫害。1968年，"五·一二命令"下达后，不少干部、教师又一次遭到了严酷的迫害。1968年10月以后，大批干部、教师被下放到山西屯留和北京市郊顺义县"五·七干校"、"接受贫下中农的再教育"，后因周总理指示"北京体院要办，还要办好"，下放人员才陆续返校。其他体院，恢复招生的时间稍晚于北京体院，因此，从1966年至1970年，体育学院的教学工作完全处于停顿状态。

1969年"九大"召开后，毛泽东主席提出了"团结起来，争取更大的胜利"，全国的局势从混乱逐渐好转，在工宣队贫管会进入学校以后，开展了对所谓"修正主义教育路线的批判"，把"文革"前新中国的教育制度、课程设置、教学内容、教学方法、考试方法，都说成是"封、资、修的大杂

烩"，开展了颠倒是非的"大批判"，在以"阶级斗争为纲"的指导思想下，为了进行"教育革命"的需要，各地开始编写符合"毛泽东教育革命思想"的教材。1970年全国先后有天津、陕西、甘肃、北京、辽宁、浙江、河北、青海、河南、山西、江西等省、市编的军体课教材出版。如1970年6月北京出版的北京市中学军体课教材（北京市教育局革命领导小组中小学教材编写组编），教学目的任务是：高举毛泽东思想伟大红旗，突出无产阶级政治，培养学生成为坚强的无产阶级革命事业的接班人；以阶级斗争、两条路线斗争为纲，彻底批判反革命修正主义路线，提高学生阶级斗争和两条路线斗争的觉悟；向解放军学习，培养学生"一不怕苦、二不怕死"的革命精神，加强组织纪律性，掌握一定的军事体育的基本知识和技能，增强体质，为参加三大革命运动服务。

教学建议为：突出无产阶级政治，紧密结合战备，带着敌情观念；抓紧革命大批判，以阶级斗争和两条路线斗争为纲；贯彻毛主席十大教授法，启发学生学习的自觉性；从实际出发，走抗大的道路，积极创造教学条件；发扬教学民主，互帮互学，提高教学质量，贯彻"少而精"、"精讲多练"的原则；军体课请解放军、民兵骨干担任专职或兼职教师。体育教师必须自觉接受工农兵再教育，掌握一定的军事基本知识和技能，积极完成军体课的教学任务；军体课应和军训、课外军体活动相结合；教师应配合校医对学生定期进行身体检盘，了解学生的健康状况，根据男女生的不同特点和学生体质状况合理安排教学工作；注意安全，严防伤害事故。

军体课教材内容是：队列练习，射击、刺杀、投弹、防空基本知识、过障碍、行军和爬山、游泳、爬绳（爬杆）、徒手体操、技巧、单杠、双杠、支撑跳跃、篮球、足球、排球、乒乓球（其中足、排、乒乓球为选用项目）、跑、跳跃、铅球、武术（军体拳）、体育锻炼卫生常识。以军事项目为主要内容的体育教学朝着军事化方向发展。

全书从第1页到第33页都是摘录政治论述，并且各项目内容中穿插语录，表示以政治为统帅。此期间各地出版的军体课教材，几乎大同小异，受"左"的思想路线影响，一些教材都牵强附会，穿靴戴帽地贴上同体育知识、技术毫无关系的政治标签；同时增加了不少军事动作，削弱减少了体育基本教材的内容。[1]

（一）对极左思想的有限度抵制

1971 年，国家体委召开了"文化大革命"以来的第一次全国体育工作会议。7 月，周恩来总理在关于这次全国体育工作会议的请示报告中明确批示："总的来说，毛主席的革命路线在广大群众和多数干部中，还是占主导地位的，成绩是主要的。"这对于充分肯定了"文革"前体育工作的成绩，等于把体育战线包括体育教育领域的广大干部、群众、教师，从所谓"修正主义黑线"中划了出来，使教育战线的体育工作者倍受鼓舞。[2]

同年 9 月，林彪反党集团自我毁灭。随着各个领域开始出现转机，全国各级学校中的教学秩序也开始恢复正常。随着体委系统各级体育机构和体育活动的恢复，国际间体育往来的重新开展，特别是 1971 年我国乒乓健儿在第 31 届"世乒赛"上取得好成绩，促成了中美两国乒乓球队的互访，"小球转动了地球"，打开了中美两国外交的渠道。这对体育教师和学生也起到了鼓舞和激励作用。

1971 年以后，各级各类学校的教学秩序逐渐走上正轨。虽然整个"文革"中由于极左思潮泛滥，对青少年学生造成了思想混乱。"造反有理"、"无政府主义"、"读书无用"等在青少年学生中产生了很坏的影响。但相对而言。学校基本上恢复了课堂教学，体育课以"军体"课的名义正式排入课程表中。1972 年，全国的政治形势朝好的方面有了转机；虽然压在知识分子身上的"两个估计"没有被推翻，但极左思想的危害越来越被更多的人所认识。体育教师同其他学科的教师一样，承受巨大的政治压力，竭诚地为培养下一代努力地工作。

1973 年前后，随着政治形势的变化，各地开始重新编写体育教材。与1970 年编写的教材比较，强调了从增强学生体质出发，根据学生的年龄、性别、体质状况、师资状况和设备条件，设置项目和教学内容。小学教材有

---

① 李晋裕主编：《学校体育史》，海南出版社 2000 年版，第 12 页。

② 李秀梅主编：《新中国中后期学校体育改革回顾》，《体育文化导刊》2003 年第 8 期。

田径、体操、小球类、武术、游泳；中学教材有田径、体操、球类、武术、军体项目。军事项目居于次要的地位。但体育和卫生的基本知识仍介绍得很少。这套教材从教学指导思想和教材内容的安排上尽管存在极左的倾向，但对当时纠正"文革"初期体育教学的不正常状态起了一定的作用。

1973年6月，国家体委、国务院科教组还公布《第五套儿童广播体操》，并发出通知，要求在全国小学中推行。这套广播体操根据儿童年龄差别，分成两组：7—8岁和9—12岁的儿童各有一套体操。

由于"造反有理"和"无政府主义"思潮的影响，"文革"中教学秩序松弛，很多教师无法组织教学。有的只好随学生的意愿开展活动。很多学校由于条件的限制，"军体课"上成自由活动课、球类课，"放羊式"教学现象较为普遍。尤其是1972年以后，全国农村公社大办中学，大队大办小学，使学校数量猛然增长，一些县级中小学和区级小学还能勉强教授球类、田径、体操、游泳和当时流行的"红卫兵拳"、"军体拳"，而农村中小学体育课由于师资和器材的限制，上课徒有其名，有的利用"军体课"时间进行劳动，城镇中学则用"军体课"来"学工"、"学农"。

1973年，邓小平同志任国务院副总理兼管教育和体育工作，提出了一系列"调整"措施，使学校体育工作出现了转机，1974年1月，邓小平在接见国家体委负责同志时，强调："就是要加强学校的体育嘛！要把学校的体育工作搞好，要发展少年儿童业余训练。"[1]1975年1月，全国四届人大一次会议决定撤销国务院科教组，恢复中华人民共和国教育部，并任命周荣鑫为教育部部长。根据体育卫生工作需要，1975年11月3日周荣鑫部长签发了上报国务院《关于增设体育司的请示报告》，经国务院批准，教育部建立体育司，负责人杜英。体育司主管大、中、小学的体育、学生的军事体育和学军等活动。教育部的恢复和体育司的建立，使学校体育卫生工作有了一定转机。

（二）"读书无用"和"学一技之长"的思潮

"文革"中，很多青年学生受裹挟参加了"造反"组织，亲眼目睹了知

---

[1] 《小平同志体育工作指示录》，《体育报》1997年3月3日。

识分子的悲惨遭遇，在批判"修正主义教育"中，一切科学文化知识都属于"封、资、修"，"文革"前抓文化课学习被批为培养"修正主义苗子"。"文革"中"读书无用"成为整个社会的主流思潮。

"复课闹革命"后，学校的文化课以"学习《毛主席语录》、政治思想课为主，数学、物理、化学等自然科学课程内容以"三大革命实践"的需要为主，小学、初中、高中数学的应用课以计算三大革命成绩、清算地主资本家的剥削账为主要模式编写题目，学校取消了考试，老师不敢教，学生不愿学，也不敢学。

在"读书无用论"的影响下，由于体育课能部分地满足青少年好动玩耍的需要，因此，在总体上学生对上"军体课"表现出比其他门类的课程更大的兴趣。

1971年，"乒乓外交"为体育的复苏带来了契机，为培养体育后备人才，一些地、市级业余体校开始恢复训练，一些中、小学建立了与业余体校相联系的训练点。

1972年，全国业余体校工作座谈会在西安举行。会议认为，要办好青少年业余体校，首先是要"深入进行思想和政治路线方面的教育，提高执行毛主席革命路线的自觉性"。在这次座谈会上，明确了"以宣传毛主席的革命体育路线和教育方针"为指导思想，提出了业余体校办学的任务与要求："不断提高青少年运动技术水平，为优秀运动队和各级业余代表队培养新生力量，同时为基层培养专项运动技术骨干；推动群众性体育运动的普及与提高。"会议根据全国中小学校和业余体校的实际状况，提出了"青少年业余体校的办学形式，提倡因地制宜，多种多样。"对办业余体校的条件提出："应逐步做到有组织领导机构，有专、兼职干部，有专、兼教练，有场地、器材，有固定的训练时间。"为了培养技术骨干和优秀选手，提出"有条件的省、市、自治区、体委可会同教育部门合办1所或数所重点青少年业余体育学校（或称体育学校）。这种学校仍以政治文化学习为主，在保证学习任务完成的前提下，使学生得到较多的体育训练时"。

青少年业余体校招生的条件是"思想进步、学习努力、在体育上有培养条件的少年、儿童"。

全国业余体校工作会议是在"深入进行思想和政治路线方面的教育"，提高执行毛主席革命路线的自觉性的主导下召开的，所有的内容都必须贴上"文革"中特有的政治标签。能把"不断提高青少年运动技术水平，为优秀运动队和各级业余代表队培养新生力量"，培养"专项技术骨干"列入业余体校的任务，反映了1970年开始的"批陈整风"，特别是1972年后"批林批孔"运动开始，周恩来总理抓住有利时机，逐步有限地扭转"文革""极左"思想，在全国出现相对宽松的大环境下，体育界局部突破极左思想的篱樊。

这次"认真抓好教学训练工作"的座谈纪要，特别强调了"应做到从小训练、多年训练、打好基础"。在训练工作上有所创新，要根据"少年、儿童的特点，采取区别对待、循序渐进"，"逐步建立学制，使教学训练有计划、有系统、有步骤地进行"。特别突出的是要求"加强科学研究工作。有条件的地方，可逐步建立科学研究小组"，"探索适合少年、儿童特点的训练手段、方法、规律，提高训练水平。"为了检查训练质量，应组织体校学生"参加各种竞赛"。

针对"文革"初期各级业余体校遭到冲击后的状况，纪要要求"加强党的领导，搞好青少年业余体校的组织建设"，尤其提出了"要认真落实党的干部政策和知识分子政策"。座谈会后，全国业余体校得到很快的恢复并且得到迅速的发展。

"读书无用"论使"军体课"得到更多少年儿童的偏爱，业余体校的恢复为大量学生得以进入体育活动集体提供了条件。1968年，大批初高中学生响应毛主席的号召"上山下乡"后，在1970年开始及以后的招工、招兵、招生、招干中，不少有文艺特长和有体育特长的青年因此而捷足返城，于是在中小学生中，为进入业余体校"学得一技之长，将来必有用场"的认识，一度使各级业余体校的生源火暴。

由于学校"军体课"的开设，业余体校的兴办，使一部分中小学从1972年起开始定期举办以球类、田径为主要项目的学校运动会，校际间的三小球、田径、游泳等项目的比赛也逐渐增多，学生课外活动也开展得很有声势。从全国来看，积极参加体育活动和业余训练的人数从1972年起，增加很快。但另一方面，占很大比例的农村中、小学的学生由于条件限制，"军体课"仍然有名无实，根本谈不上开展课外活动和业余训练。就是开设了"军体课"，建立了业余体校的中小学，仍然有相当数量的学生因无纪律的约束，自行其是，而与体育教学毫不相干。这也是在"文革"特定背景条件下所形成的状态。这种扭曲式的学校体育教育一直到"文革"结束后，才得以真正改变。

"文革"这场运动中，非常"自然"地把恢复业余训练变成轰轰烈烈的运动，很大程度上导致业余体校也流于形式。此后的几年中除一部分"文革"前的业余体校得到恢复而转入正规的训练，能达到为竞技运动培养后备人才和群体活动的骨干外，很多本来连"军体课"都不能正常进行，场地、器材设施严重缺乏的集镇中小学，多是因为"批林批孔"、"反回潮"的政治需要，也办起了业余体校。这些一哄而起的学校，由于条件简陋，教练员水平低等原因，不可能收到满意的训练效果。但确实对组织中小学生利用早晚和课余时间开展活动、锻炼身体起到了一定的作用。

1973年，第一届全国中小学生运动会召开了。这对全国的体育老师，尤其中小学体育教师的工作给予了充分的肯定，也对中小学体育提出了新的要求。全国各地中小学不同规模的单项和综合性运动会很快兴起。带有"文革"中政治色彩，以各种名目和固定的纪念日，如"六一"、"七一"、"五四"、"十一"、"七·一六"、"十二·二六"而召开的运动会，使一些学校的学生课余锻炼和体育活动在1973年至1975年间，出现了一个兴盛的局面。

（三）贯彻"三好"和进行"教育革命"

20世纪60年代初，中苏关系完全破裂了，在学校废止了《劳卫制》。"文革"前，在全国开始试行"青少年体育锻炼标准"。1973年，在国务院批转的全国体育工作会议纪要中，要求各级体委要密切配合教育部门"认真贯彻执行党的教育方针和毛主席'身体好、学习好、工作好'的指示，使学生在德育、智育、体育几方面都得到发展"，积极试行《体育标准》。

6月1日，国家体委和国务院科教组公布了第五套儿童广播操，并联合

发出了《关于在全国中小学中推行第五套儿童广播操的通知》。8月，国家体委在烟台召开了全国青少年儿童体育工作座谈会，讨论了在全国建立健全业余训练网、试行《国家体育锻炼标准》，建立少年儿童竞赛制度等问题。

1973年，由于《国家体育锻炼标准》的试行和儿童广播操的推广，使学校的"军体课"教学参加达标确定内容，军训式的教学内容逐渐减少，促进了学校体育教学内容的科学性、计划性，使教学趋向规范化。此后，学校课外活动也围绕《国家体育锻炼标准》来组织进行。

1973—1975年《国家体育锻炼标准》达标人数

（单位：人）

年份\组别	合计	青年组	少年一组	少年二组	儿童组
1973	1568457	263254	555748	426050	323405
1974	1801894	188410	539924	490134	583426
1975	4733971	515967	1600305	1347690	1270009

以上数据，系"文革"中的统计，可以看出达标人数增加的趋势。其间，"批林批孔"、"反回潮"对学校教育有很大的影响，尤其对数、理、化、外语课的影响较大，"不学 ABCD，照样干革命"；对业余体校的训练和比赛因批判"锦标主义"，也受到干扰，"军体课"的教学秩序受到很大影响。但中小学生达标活动和工作还是在继续进行着。1974年下半年至1975年，教育界整个形势经过整顿好转后，学校体育教学和达标活动又转入正常。

"文革"中普通大专院校从1973年恢复招生后，公共"军体课"的整个教学状况与中学相似。一部分大专院校集中进行了野营拉练活动。1973年入学的工农兵学员，开始试行《国家体育锻炼标准》。由于大专院校的条件相对于中小学要好，"军体课"基本上能正常进行，课余活动和运动会逐渐兴起。因"文革"前的教学大纲、教材不能使用，各大专院校公共体育课按照达标的要求授课，有很大的随意性。

1975年4月，《国家体育锻炼标准》颁布后，在全国大、中、小学体育工作中，作为检验效果和成绩的重要标准，得到全面地启动和实施。

（四）"教育革命"、"开门办学"

1971年以后，在周恩来的关怀下，部分中等师范学校招收体育班，部分体育院校、高等师范院校体育系、科陆续开始招收工农兵学员。

1971年，北京体育学院根据国务院、中央军委联合发出的1970年第109号文件，关于对北京体育学院恢复招生的批示精神，派出52名教师，于1月至4月，分赴全国28个省市招收了相当于中专学籍的青训队员372名，于5月进校上课。这是1966年全国体育学院停课后，北京体育学院首先重新招生和恢复上课。

1972年，随着大批干部重返工作岗位，全国恢复和准备恢复招生的高校都组成了新的领导班子。北京体院由原学院领导钟师统和赵斌任主要领导成立"党的核心小组"，由工宣队、军宣队领导体育学院的非正常时期宣告结束。在新的院领导的集体领导下，重新建立健全和调整了组织机构，基本恢复了学校的教学建制系统。原来的连、排、大队等军事建制解体。

1973年1月召开的全国体育工作会议的纪要中，提出："努力办好体育学院，深入进行教育革命，培养以体育师资为主的专业人才。"1973年5月8日，国家体委下发《关于高等学校体育专业1973年招生工作的意见》，1973年在全国高校恢复招生，师范院校、综合性大学体育系也同时招收二年制的工农兵学员。限于当时的历史条件，推荐进体育院系的学生体育基础参差不齐，文化基础普遍较差，很多学生没有接受过运动训练，有的甚至连中学阶段所接受的体育教育，内容既不规范且时间也少。进校后，他们还肩负着"上大学、管大学、用毛泽东思想改造大学"的"责任"，每年用三四个月的时间"学工、学农、学军"，搞"大批判"，加之教学、训练不甚系统，使这些学员业务学习的质量和技术水平的提高受到很大的影响，但绝大多数学员都很珍惜来之不易的学习机会，勤学苦练，进步很快。一些曾受过专业训练且文化基础较好的学员，技术水平提高很大。如北京体院青训队的杨茜、陈招娣等，后来成了著名的国手。绝大多数学员毕业后，都成了各级体委、体院的业务骨干。

1974年，在"批林批孔"运动、"反回潮"、"学大寨"、"学小靳庄"等接二连三的运动中，教学和训练不断遭受冲击。

体育院系学生长期离开学校搞"开门办学"，也是"批林批孔"中在体育中树立的"新生事物"。"开门办学还是关门办学，是举什么旗，走什么路，坚持什么方向的大问题。"西安体院从1974年7月至1976年2月，长期分批到工厂、农村、部队、各地县去学工、学农、学军，培训小学教师、体育骨干。每次时间从一个月到四个月不等。成都体院也从1974年以后，到少数民族地区和工厂、部队、各地县、区开门办学。客观上，"开门办学"为地方、工厂、部队、农村培养了一批体育骨干，但这种违背教育规律的"革命"使体育教育事业造成了很大损失。

在极左思想的支配下"教育革命"的内容主要是"肩负上大学、管大学，用毛泽东思想改造大学"的任务；在思想上积极开展对各种"修正主义"、"资产阶级"、"刘少奇、林彪一类政治骗子"的批判；以"学习"毛泽东思想、"毛主席的教育革命理论"为学习的主要内容；以结合"三大革命实践"的"开门办学"为学习的主要形式。

除了"开门办学"外，在校的各种批判会，各种学习班，占用了大量的专业基础知识学习和专业训练的时间。各体育院系都搞"开门办学"，到工厂、农村去一边学工学农，一边教学训练。在学校则举行不同规模的批判会，举办各种学习班。据西安体院统计，就"批林批孔"运动，全院共举办各类学习班134期，召开各种批判会346次，大小批判会发言达1799人次，出批判专栏79期，板报70块，写批判文章1500余篇，大字报7189份，漫画150幅。这种劳民伤财的形式主义，严重冲击了正常的教学秩序，破坏了教育的规律，严重影响了教学质量。

1975年邓小平同志主持中央工作后，在进行全面整顿中，各体育院系结合开展了以批判资产阶级派性、加强领导班子团结为中心内容的运动，同时整顿了学校的教学秩序，取得了比较好的效果。但为时不久，一场"反击右倾翻案风"的运动在全国展开，刚有好转并开始步入正轨的形势再度逆转，各体育院系再度处于混乱状态。

从1971年至1976年，由于周恩来总理、邓小平副总理对体育领域的特别关怀下，在各体育院校领导干部、教师、工作人员和广大工农兵学员的共同努力下，体育院校顶住了各种干扰，培养了大批体育教学、管理、训练的骨干。同时，使体育专业教育在艰难的环境中，能得以保存和缓慢地发展，为粉碎"四人帮"后，我国体育专业教育事业的迅速发展，打下了坚实的基础。

三、群众体育"突出政治"和"占领业余文化阵地"

1970年，随着整个社会政治形势和秩序的相对稳定，群众体育开始以非组织、自发性的个体和群众性活动出现。1970年春节，很多地方召开了区域性的体育比赛。1971年以"乒乓外交"为契机，在竞技体育得以启动恢复的同时，也带动了群体活动全面普及性恢复。1972年至1975年底，全国的群众性体育活动从复苏而蓬勃开展，以至出现畸形兴盛的状况。

1972年至1975年，群众体育能从复苏而兴盛，有两个主要的原因：第一，1972年至1973年，由于政治局势出现了转机，社会秩序趋于稳定，工农业生产得以逐渐恢复，人民的生活状况较混乱时期有了改善和提高。尤其是1975年全国各行各业经过整顿后，工农业生产在稳定的基础上有了提高和发展，为群众体育活动的复苏和兴盛营造了良好的环境和提供了必备的物质条件。第二，"批林批孔"运动，"反回潮"等造成社会混乱，对体育领域再次冲击，以及"学大寨"、"学小靳庄经验"，大搞形式主义的同时，把开展群众体育活动纳入作为批判"锦标主义"、"为工农兵服务"、"突出无产阶级政治"、"占领业余文化阵地"、搞"体育革命"的具体表现，使群众体育活动成为"突出政治"、体育战线中"路线斗争"的内容和工具。这样，在很大程度上恰恰刺激和促成了群众体育活动的畸形兴盛。当时，城市乡村体育轰轰烈烈的景况，与"文革"中整个社会大环境、社会和群众个体的经济状况、文化环境氛围极不和谐。这也正是引起了我们联系当时众多的社会条件和因素，进行深层次历史透视、分析、研究的原因。

由于群众体育活动涉及城市、农村、学校各行各业的人员，而主要又可以分为城市职工、农村农民两大部分。群体活动能得以在城市和农村普遍性的得到恢复和逐渐兴盛，有其共同点，也有不同的背景条件。

（一）"体育必须为工农兵服务"

1969 年，"九大"以后，全国的政治局势相对平稳，各地在成立"革委会"的期间，又开始把体育表演和群众性的体育比赛作为庆祝活动的重要内容。地、县级和个别区、镇级的"革委会"在筹建和成立的过程中，都纷纷修建或扩建体育场地。地、县级建露天的灯光球场在 1969 年至 1970 年曾风靡一时。

1970 年 9 月，党的九届二中全会在庐山结束。之后在全党开展的"批陈整风"运动，使林彪反党集团在"文革"中肆意破坏的嚣张气焰受到一定的遏制。由于"文革"初期，全国笼罩在盲目狂热的政治激情之中，人们对"文革"的"虔诚"，把很多正常的文化娱乐需求归为"资产阶级生活享受"而大加抨击，压抑了人们对娱乐的需求。整个"文革"中，城市文化生活都处于极度贫乏的状态。

文学、戏剧、电影、音乐、舞蹈、美术、曲艺等文艺形式，基本上销声匿迹，出现了一派"百花凋零"的局面。到处只有清一色的"红宝书"、"样板戏"，广大人民群众的精神生活极度贫乏。单从体育图书的出版，便可知"文革"对文化的摧残程度。据统计，1949 年至 1988 年，先出版初版或改版体育图书 (不包括重印书)3276 种，1949 年至 1965 年，出版图书 1283 种，1977 年至 1988 年，出版图书 1744 种，而在 1966 年至 1976 年间，才出版图书 249 种。"文革"开始后，继《新体育》、《体育报》先后停刊之后，当时我国唯一的体育专业图书出版社——人民体育出版社，也从 1966 年 11 月起停止出书，至 1972 年 6 月 1 日才恢复出书；一些曾经出版过体育书籍的中国青年、人民卫生、科学普及等出版社和一些省属的人民出版社，因只能出版毛泽东的著作和配合"文革"的政治读物，从 1966 年 11 月至 1971 年底，全国没有一家出版社正式出版过一种体育书。[①] 从而出现了新中国体育图书出版的"绝迹"现象。体育文化遭到了摧毁性的破坏和损失。据统计，"1965 年全国图书出版共 20143 种，杂志出版 790 种，报纸出版共 343 种，到 1968 年，图书下降到了 3694 种，杂志降到 22 种，报纸降到

---

① 林思桐：《从体育图书的出版状况看新中国体育发展的轨迹》，《体育文史》1989 年第 6 期。

42种"。①

　　当全国的政治局势趋于平稳，人们从狂热的政治激情中逐渐清醒，开始审视社会，追求自我生活的正常和完善时，面对一片文化废墟，终于感受到了文化需求的极度饥渴。在当时，体育活动无疑就成了众多人为满足和弥补文化生活内容的必然选择。"文革"初期，文学作品和文艺作品除了"样板"性的应制之作的之外，专业作家和专业文艺工作者，因为有"反党、反社会主义"，宣扬"修正主义思想"，宣扬"资产阶级思想"。表现"才子佳人、帝王将相"而遭到无情的打击和迫害。人们除了"红宝书"外，无书可读，无书敢读，更谈不上有电影、戏剧可看。而体育活动的行为本身不会触犯政治性错误，最主要的是有毛主席的"发展体育运动，增强人民体质"，"体育是关系六亿人民健康的大事"，作为进行体育活动的依据。特别在各级"革命委员会"成立庆典的活动中，大都安排了体育比赛，体育活动，实际是对开展体育活动作了"放行"的标示。加之绝大多数职工对"大批判"由厌倦到抵制的情绪益增，且由派系争斗之后组合成的各级各部门领导班子，不可能真正行使管理职能，职工空闲时间较多。这些都在客观上为职工群众参加体育活动提供了条件。1970年国庆、元旦和1971年春节期间，全国很多地、市、县革委会都组织了较大规模的群众体育大会。当时由于条件的限制，一般都以篮球比赛为主，个别地方举行了田径、乒乓球、排球比赛。

　　在"文革"特定的政治环境下，职工体育活动也带有浓厚的政治色彩。这一时期的体育比赛有一套很特别的程序：运动员入场后集体向毛泽东像三鞠躬，然后手持"红宝书"齐呼"敬祝毛主席万寿无疆"，"敬祝林副统帅身体健康"，在跳完"忠字舞"后才开始比赛。很多运动员把显示"突出政治"、"无限忠于"的形式带进了运动场，这些"创造"花样翻新，以致影响了正常的活动和比赛。如篮球运动员有犯规行为时，立即立正面对主席台，高声背诵毛主席语录"要斗私批修"，比赛不得不中断停顿。

　　在1971年以前，尽管城市职工体育活动已经有了复苏的迹象，但在当时的社会政治大背景下，群众体育活动终归没有系统的管理和组织，多以自

---

① 《"文化大革命"时期的国民经济》，黑龙江人民出版社1986年版，第32页。

发性为主。更由于条件的限制，能开展的项目不多，内容也非常单调，与"文革"前比较，是大大的萎缩了。所以，城市职工体育的复苏，还必须有待于整个社会政治、经济、文化大背景的变化所提供的机遇。

自"文革"开始后，《新体育》和《体育报》相继停刊，国内尚存的几份报纸除了时事消息就是大批判文章，几乎没有体育消息的报道。1970年，自发性的群众体育活动从零星逐渐呈发展的势头。1971年，从我国乒乓球队参加第31届世乒赛的消息刊载《人民日报》后，国际间体育代表团体往来的消息开始逐渐增多。在当时，给铺天盖地的大批判和说教性文章搞得近乎窒息的读者送来了一股清新的空气。在对文化活动有限的报道中，体育消息不仅引起了人们的广泛关注，启动了人们的需求，也给各级体委和主管体育工作的领导，恢复开展群众体育活动，打开了信号灯。1971年"乒乓外交"成功后，地、市级以上的专业体育队伍重新组建，业余体校开始恢复训练，竞技体育比赛和体育专业运动队的活动成为城镇职工关注和谈论的热门话题，对群众体育活动的恢复起到了启动性的影响。但在"文革"的特殊年代，要使群众活动"合法化"，就得遵守"文革"时期的"规则"。1971年7月8日，《人民日报》以较大的篇幅，在《高举毛泽东思想伟大红旗，深入开展革命大批判》的通栏大标题下，刊载了署名北京市体委大批判组撰写的《体育必须为工农兵服务》，署名山东省革命委员会体育局大批判小组撰写的《坚持体育的工农兵方向》等文章，文章首先对1960年至1962年调整时期体育的指导工作方针和原则断章取义、歪曲事实的手法进行了批判。

文章说："长期以来，叛徒、内奸、工贼刘少奇及其在体育界的代理人，竭力推行反革命修正主义体育路线，干扰破坏毛主席亲自制定的发展体育运动，增强人民体质这条无产阶级体育路线。"1960年至1962年期间，他们"利用我国经济上的暂时困难，强令群众体育活动赶紧刹车"。实质是"要扼杀工农兵体育，反对体育为工农兵服务"。①

文章还强调："为什么人的问题，是一个根本的问题，原则的问题。"坚持体育的工农兵方向，还是反对工农兵体育运动，这是走社会主义道路，还

---

① 北京市体委大批判组：《体育必须为工农兵服务》，《人民日报》1971年7月8日。

是走资本主义道路的根本问题，是体育战线上区别真假马克思主义的重要标志，是毛主席的革命体育路线同刘少奇反革命修正主义体育路线斗争的焦点。叛徒、内奸、工贼刘少奇及其在体育界的代理人，疯狂反对毛主席的无产阶级革命体育路线，公然抛出了扼杀工农兵体育运动的三把刀子，必须彻底批判。

一曰所谓"体育无用论"。刘少奇一类假马克思主义的政治骗子，从唯心论的先验论和反动的唯生产力论出发，极力鼓吹"体育无用论"，提出什么"群众不需要体育"，"体育影响生产"，"球场上打不出粮食"，"双杠上完不成生产指标"等反动谬论。这是扼杀群众体育的第一把刀子。

二曰所谓开展群众体育"不现实论"。刘少奇一伙竭力叫嚷什么：在我国社会生产没有达到很高水平的时期，开展群众体育"是不现实的"，"千万不要提体育下农村"等。这是老修正主义者伯恩施坦的"唯生产力论"的借尸还魂。这是扼杀群众体育的第二把刀子。斗争的实践，使我们深深体会到：只有深入到工农兵群众中去，才能促进思想革命化，把立足点移到无产阶级这方面来；只有深入到工农兵群众中去，才能有成效地贯彻落实毛主席"发展体育运动，增强人民体质"的伟大方针；只有深入到工农兵群众中去，推动群众体育的普及，才能更有效地促进提高；也只有使体育运动有广泛的群众基础，才能使体育事业具有无限的生命力。

三曰所谓"提高普及分工论"。反革命修正主义分子刘少奇和他在体育界的代理人，直接扼杀工农兵体育的阴谋破产后，又变换手法，提出所谓"提高普及分工论"。说什么"我们上面管提高，你们下边管普及"。十几年来，他们是这样喊的，也是这样干的。他们打着"分工"的幌子，只要关门"提高"，不管开门"普及"，"抓其一尖，丢掉一片"。工农兵群众愤愤地说："比赛只为给人看，广大群众靠边站，夺得锦标一两面，丢下工农千百万。"他们以"分工"为名，行扼杀之实。这是扼杀群众体育的第三把刀子。

显然，在极左思想主导和当时的社会背景条件下无中生有制造的"三把刀子"，是无中生有为强加罪行而打制的；另一方面，这是在"文革"以来，在《人民日报》首次提到了要全面地开展群众体育，以满足群众对体育的需要，在"大批判"的名义下，行抓体育工作之实，在行动上贴上政治标签作

为护身符，也是当时的必然要求和无奈之举。

1971年以后，城市职工体育活动增多，在不长的时间里陡然兴盛。

1971年9月1日，《人民日报》公布了第4套广播体操图解。这套图解中尽管掺入"样板戏"英雄形象的动作，但这是"文革"以来，为开展群众体育活动"放行"的具体显示。

在1972年召开的全国体育工作会议上，强调体委要把抓群众体育作为首要工作任务；1973年，国家体委召开了全国职工体育工作座谈会；在邓小平恢复出任副总理后，曾兼管体育工作，使整个体育领域的局面大为改观，小平同志对群体工作作了很具体的指导。

1973年10月9日，邓小平会见墨西哥体联主席塞万提斯时说："过去西方有人称中国是'东亚病夫'。旧中国的体育很差，是在中华人民共和国建立以后才开始的，现在的体育，可以说完全是开始，开始搞群众性的体育运动。毛主席发出了'发展体育运动，增强人民体质'的号召，也可以说是个群众运动，体育是个群众性的东西。"①1974年8月8日，小平同志在接见我国参加亚运会的队伍时，强调："毛主席向来主张，体育方面主要是群众运动……体委应该主要在这方面搞好。"②

由于"左"的思潮的压力，强调批判"锦标主义"，也是体育工作会议的必讲内容，这是在体育领域大讲"路线斗争"、"突出无产阶级政治"的体现，是落实毛主席关于"体育是关系六亿人民健康的大事"这一指示的体现。当时，尽管社会环境有所改变，"文革"初期的批"锦标主义"、"技术第一"与"资产阶级体育路线"挂钩，还是使很多身受其害的领导同志、教练员和管理干部心有余悸，怕犯方向性错误。而抓群体活动，搞普及工作符合"文革"以来一贯的宣传舆论导向。因此在整个体育界处于恢复的初期，各级体委都非常重视群体工作。因为地、市级以上的专业运动队在"文革"初期已经解散，重新组建需要一个过程。体委领导和管理人员、教练员除一部分人去投入这项工作外，剩余的专职教练和工作人员，有精力和时间

---

① 《小平同志体育工作指示录》，《中国体育报》1992年3月3日。
② 伍绍祖：《缅怀小平同志，做好体育工作》，《中国体育报》1987年2月2日。

去指导职工群众的活动。尤其他们得到重新工作的机会，对"文革"造成的破坏和损失非常心痛，都希望能为复苏和发展体育事业作出自己的贡献。鉴于"文革"的特殊环境限制，只可能在条件允许的范围内去尽可能地发挥自己的作用。再一个原因是，各机关、企事业单位职工开展群体活动的需求非常强烈，大都新修或扩建了运动场地，购置了必要的设施。尤其露天灯光球场，在1972年以后，几乎成为城市各机关、工厂、企事业单位普及性的体育活动场地。这为开展群体活动提供了物质条件。

1972年元旦、春节期间，全国县级以上城镇，各级各部门的体育比赛、冬季、春季长跑等活动的开展，使沉寂了多年的城市文化生活气氛骤然活跃起来。单位间和社区内的一些小型比赛，职工群众自发组织的一些活动，成为休闲时间主要观赏和自娱性的活动内容。"文革"中最盛行的球类运动，是当时人们最喜欢的观赏项目，球场也是人们自娱的最好去处。据河北唐山钢厂、机车车辆厂等9个厂矿企业机关的统计，1972年、1973年，职工参加篮球比赛的就有两万多人次。内蒙古自治区体委、总工会在1973年召开了全区职工"那达慕"体育活动座谈会。会后，全区大部分机关、企事业单位重修和扩建了运动场，购置了必要的体育器材，组建了脱产和半脱产的运动队，组织了规模和形式不同的体育活动和体育竞赛，使自治区职工体育活动很快升温。[①]

凡重要节日，都会在一个政治性很强的名目下组织和开展大规模的体育活动。"迎接战斗的新一年"、"过一个革命化的春节"、"三·八"、"五·一"、"五·四"、"七·一"、"八·一"、"国庆"等节日和"七·一六"、"一二·二六"等纪念日以及各种"重要讲话"、"指示"发表周年纪念日，各单位"革委会"成立纪念日，都成为组织体育活动的堂皇的名目。

如西藏自治区在1973年"为纪念毛主席'发展体育运动，增强人民体质'光辉题词发表21周年，拉萨市组织了十五个单位的篮、足球比赛，共

---

① 袁伟民、李志坚主编:《中华人民共和国体育史·地方卷》，中国书籍出版社2002年版，第113页。

进行 120 多场，观众达十万人次"。①其他城市的盛况由此可见。

"文革"时期，要求职工离岗去搞大批判司空见惯，管理松散无序，机关不讲效率，企业不重效益。上班不按时、在岗不出力是较普遍的现象，很多职工无所事事，空闲时间很多。广大职工对搞"大批判"已非常厌倦，占用上班时间，找一个"突出政治"的名义组织体育活动的现象相当普遍。这也可谓是"文革"中职工躲避政治运动，又可自娱自乐的一个创造。

从 1971 年开始，各机关单位、厂矿企业在招干招工时，为了满足职工观赏娱乐的需要，都很重视招收体育基础好，尤其是球类技术水平较高的人才。当时，从几百人到上万人的单位，都组织有脱产或半脱产的球队。很多工厂的科室、车间便于脱岗的工作，一般都由有体育特长的人担任。这批人经常离岗训练、参加比赛，满足职工对文化生活的需要。这些人也是单位内职工群体活动的组织者和骨干。因此，一年中职工可参加或观赏的运动会基本上不间断。这些规模不同的活动和比赛，就是当时职工可参与和聊以自娱的主要形式和内容，所以很受欢迎。

这一期间，群众体育活动，使体育最本质的特征得到了恢复显示，注入活动中的政治性口号、形式越来越少，倒是借用政治性标签行娱乐之实的内容在不断增加。

（二）抓"路线斗争""为无产阶级政治服务"

1974 年的"批林批孔"运动、1975 年"学习小靳庄经验"，使职工体育活动为强化突出政治意义、为讲究造声势而在形式上显得轰轰烈烈。据《体育报》1974 年元旦、春节期间的报道："在这辽阔的大地上，亿万群众结合爱国卫生运动，参加各种各色的体育活动……北京市省七十多万各条战线的青年踊跃参加二万五千里象征性长跑。"②"上海市群众性长跑活动十分活跃，有近百万人投入了冬季体育锻炼热潮。""天津市参加春节长跑比赛的近一万人，全市已有四十多万人参加男子八万米、二十多万人参加了女子

---

① 《西藏群体活动蓬勃开展》，《体育报》1974 年 4 月 2 日。
② 《无产阶级文化大革命促进体育事业蓬勃开展》，《体育报》1974 年 1 月 1 日。

五万米的通讯积累长跑。""沈阳市组织的迎春长跑共一万五千余人。""南宁市每天都有成百上千的人坚持冬泳。今年春节期间举办横渡邕江冬泳周，参加的有三万名工农兵和学生"。①尤其每年"七·一六"的全国游泳活动和"一二·二六"越野长跑活动最具声势。全国凡靠江、河、湖、海的大中小城镇都举行声势浩大的横渡和游泳比赛，举行象征性的至北京、井冈山、延安、遵义等"革命圣地"的长跑。如1974年7月16日，据《体育报》报道："在伟大的批林批孔运动深入开展的大好形势下"，"武汉市五千军民今天举行横渡长江的游泳活动"。"首都九万多名工农兵群众，今天分别在全市各主要水域举行游泳、跳水、水球等丰富多彩的水上表演和比赛活动"。"长沙市军民，举行了规模盛大的万人横渡湘江活动"。②1975年7月16日，"与敌金门岛一水之隔的厦门市七千多名军民，举行了厦门——鼓浪屿海峡游泳活动"。③江苏无锡市"每年夏天参加游泳的有八十多万人次，冬季参加长跑的有二十多万人"。④

随之"千人操"等纯为形式主义的表演也逐渐增多。如上海市为显现"批林批孔推动群众体育活动"，由上海市总工会、上海市体委举行了职工广播操、生产操、太极拳会操大会。⑤此类报道，随处可见。

由于"开展社会主义文化和体育活动是关系到人民群众身体健康，在意识形态领域向资产阶级进攻，用社会主义占领思想文化阵地的大事"。⑥"文革"中城市群众体育活动是作为"使体育更好地为无产阶级政治服务"⑦的具体体现。所以，出于"路线斗争"的需要，形式主义更为严重。很多群众乐于参与的活动，如养生、气功、交谊舞和传统民俗活动，舞龙、舞狮、龙舟竞渡等，均被冠以"封资修"的罪名而不能开展。在活动项目的选择上，

---

① 《过一个革命化的春节》，《体育报》1974年1月25日。

② 《在大风大浪中奋勇前进》，《体育报》1974年7月17日。

③ 《跟着毛主席在大风大浪中奋勇前进》，《体育报》1975年7月18日。

④ 《我国群众体育出现崭新面貌》，《体育报》1974年1月5日。

⑤ 《批林批孔推动群众体育活动》，《体育报》1975年2月4日。

⑥ 《全国群众性体育活动蓬勃开展》，《体育报》1975年2月1日。

⑦ 《无产阶级文化大革命促进体育事业蓬勃发展》，《体育报》1974年1月1日。

也必须在"语录"中去寻找依据。因此，城市职工群众体育活动多以球类为主，内容较单调。一方面群众有参与的需要和积极性；另一方面在职工体育活动被赋予其政治意义后，是否参加体育活动被视为政治态度和表现，这在"文革"年代既有鼓动性，又带有强制性。所以，"文革"中城市群众体育陡然升温，是各种复杂的因素促成的畸形状态，不是在具备良好的社会政治环境和物质、文化基础条件下正常发展的结果，不可能持久地保持下去。

1976年初，"反击右倾翻案风"运动，使城市再度陷入了混乱。工作、生产秩序遭到破坏，稍有好转的城市物质供应又趋紧张，群众体育轰轰烈烈的形式也维持不下去了，体育活动再次全面滑向低谷。

（三）"占领农村业余文化阵地"

早在"四清"的时期，由于"左"倾思想的指导，农村中一些群众自娱性体育活动如气功、养生、舞龙、舞狮等，就被列入"四旧"、"封建迷信"，在很多地方被禁止。"文革"开始以后，各级农村工作干部以及公社、大队基层领导都被打成"走资派"而遭到批斗，农村群体活动因无人组织，民兵训练也相应受到影响，传统民俗节令性活动被完全禁止。如广东省，素负盛名的"排球之乡"、"游泳之乡"、"足球之乡"被诬为"黑样板"而被迫停止了活动。

但是，农村群众体育活动的恢复比城市早。第一，这场史无前例的"大革命"的矛头所指，是最能体现城市优势的政治、文化、意识形态，因而城市受到很大的冲击。而农村的生活条件长期低于城市，农民受教育的机会不多，这反倒使农村的社会环境相对平稳，没有城市那种盲目、狂热的政治激情氛围。农村虽然受到了"文革"的冲击，但却没有像城市那样动荡；第二，"文革"的斗争主要指向不在农村，"文革"的政治目的丝毫不代表农民的利益和愿望，因此，农民不可能从思想上产生共鸣，因而没有那股政治热情，在大讲"阶级"和"路线"的年代里，农村阶级成分较"纯洁"，受到冲击的人较少。在以生产队为基础的记工制度下，人们必须劳动才能获得生活资料，一般说来，农民不可能脱产"闹革命"。统一的劳动和闲暇时间使农民很自然地产生娱乐的需要，且这种热情在当时比城市人群要高。尤其是从中央到地方一部分坚持工作的领导同志，一直对农业生产抓得很紧。这对保证农村的相对稳定起到了极其重要的作用。以上的因素，就为"文革"中农村体育活动在短暂消失后很快地得到恢复提供了最基本的条件。

因此，在1967年仍然有不间断的小范围体育活动，如"文革"期间的农村体育先进社、队，仍然有少数社员坚持锻炼。而且，从普遍的角度看，全国农村体育活动一直没有完全中断过。从1968年初开始，农村的群众体育活动从零星的自发自娱性活动，逐渐出现了社队内的比赛活动，如拔河、举重（石担、石锁等）、球类、游戏，等等。在居住集中的村庄和农场，农民利用所在地学校的场地和生产队的晒粮场，开展球类、拔河、举石锁石担等活动。

在城市职工、学生卷入派性争斗最激烈的时段，相对平静的农村，由于传统文化的惯性作用，除了与"四旧"瓜葛的活动外，农村的自娱性自发体育活动仍在一定范围内存在。但是，在1969年、1970年城市群体活动恢复以后，农村由于文化传播上的闭塞和条件的限制，相对显得比较冷清。农村体育活动并没有普遍性开展起来。

1969年，城市大批青年学生以"知识青年"的身份下放农村，到"广阔天地""练红心"。这对农村体育的开展，客观上起到很大的带动和促进作用。

知识青年上山下乡出现在20世纪50年代，在"文革"的特殊历史条件下，"知识青年"上山下乡变成了史无前例的政治运动中的一个组成部分，其内涵和外延都发生了很大的变化。由于"文化大革命"给全国造成的大动乱，国民经济急剧恶化，三届毕业生积压在学校"闹革命"，大量地转化为城镇剩余劳动力，终于在1968年爆发了数以千万计的中学毕业生需要就业的严重问题。这种不正常的社会现象与"文革"的动乱局面混合在一起，其性质远远超出了劳动就业的范畴。因此，知识青年上山下乡成为解决大量中学毕业生出路问题的一项应急措施；同时，在"继续革命"理论指导下，知识青年上山下乡成为改造青年、"反帝反修"的政治运动。从1968年至1978年，全国上山下乡知识青年共达一千六百二十三万人。这些人在思想、文化、个人生活等方面都经历了许多不幸，但上山下乡实践也给他们一些有

益的锻炼，他们在同农民同甘共苦、艰苦创业的过程中，为文化的传播和卫生的普及等方面作出了贡献，尤其是在文艺、体育等活动中，无疑起到了骨干的作用。

从1969年开始，农村社队已将安置知识青年作为一项重要任务。为了完成对他们进行"再教育"的政治任务，社队为他们"开辟篮球场、砌乒乓球台、编织排球网、用小车轴作单杠"，满足他们开展体育活动的需求。而城市知识青年相对于农村青年，体育基础较好，在知识青年所在的队，闲暇时因地制宜开展一些体育活动，也是除唱样板戏外的唯一正当消遣娱乐。每逢赶集和节假日，知青在一起打球就成了主要的娱乐内容。随着农村组织开展的体育活动逐渐增多，很多社队以知青为骨干，经常组织球类比赛。在精神生活和文化生活十分单调贫乏的状况下，与翻来覆去观看自己排练的"样板戏"相比，体育活动的开展显然更能寄托人的情趣，满足观赏和娱乐的需要。而知识青年对体育活动也表现出异常的热情，其原因有：一是在群众中宣传毛主席的革命体育路线，带动当地青年一起参加体育活动。这与大演"样板戏"同被视为"宣传毛泽东思想"的政治行为，是衡量知青政治表现好与坏的重要标准。二是参与体育活动是知青充实生活和娱乐消遣不可缺少的内容。三是凡知青参加社、队的文体活动，生产队照样评工计分，这点使得很多知青"在学校不会打球，在这里才学会的"。①

下乡知识青年对体育活动的热情，也吸引和带动了大量农村青年。我国农村从解放以后，中小学生的比例增加很快，这部分人有体育基础。其中很多青壮年都经历过"体育大跃进"或之后的体育高潮，对参与体育活动同样具有强烈的愿望。通过生产劳动、民兵训练，知识青年很快就与他们融合成一体。共同的志趣爱好，使体育活动在农村得到普遍的恢复。

下乡知识青年在技术上的指导和传授，也大大提高了农村群体活动的水平。如重庆市部分"文革"前在业余体校训练过的初高中生，在秀山土家族苗族自治县落户后，经常在区社学校球场为社员表演，组织体育活动，参加各级组织的比赛，让人们大开眼界。上海知识青年在云南边陲落户，经常开

---

① 李坤：《一封下乡知青的来信》，《新体育》1973年第8期。

展球类比赛活动，还成为十里八乡群众喜好的一大景观。在一些农村群众体育基础相对较差的地区，知青的带动作用非常明显。内蒙古自治区在1968年，随着上山下乡知识青年插队自治区各地，全区农村、牧区逐渐出现了社、队范围内有组织的拔河、球类、跳远、跳高等比赛，"带动了广大农村、牧区青年参加体育活动的积极性，提高了全区农村、牧区群众体育活动的水平"。[①]

从20世纪70年代初开始的招工、招干中，由于城市职工体育活动的需要，使一大批有体育特长的人捷足返城，很多学生看到了"学得一技之长，将来必有用场"，从而放弃了文化学习，选定了"球打好，有人找"的路，这使各类业余体校有了充裕的生源。很多城市学校为了"面向农村"而重视了培养体育骨干的工作。如沈阳市的105中学，四川温江县中学，就是加强了体育工作为学生适应上山下乡需要做准备，当时作为典型经验加以报道。这些中学生毕业后下到农村的确是"很受欢迎"。

毛主席说过："要充分兼顾青年的工作、学习和娱乐、体育、休息两个方面。"这是知识青年在农村能合理合法地开展体育活动和以开展体育活动作为关心知识青年生活，进行再教育的依据。湖南株洲市、株洲县在安置知识青年时，遵照毛主席的指示，对全部257个知青点的开展体育活动做了统筹安排。《体育报》在头版头条的位置以《农村体育工作的新经验》为题，报道了情况调查，归结的经验是："抓好上山下乡知识青年的体育活动，不仅有利于知识青年的健康成长，使他们更好地坚持乡村，走与工农相结合的道路，而且对发展农村体育运动，活跃农村文化生活，用社会主义思想占领农村业余文化阵地，加速社会主义新农村的建设，具有积极意义。"1974年，《体育报》报道了各地举办知识青年球类运动会，开展体育活动的情况，更进一步推动了各地对农村知识青年开展体育活动问题的重视，从而也带动了农村体育活动的开展，借以批判"刘少奇一类政治骗子"、"体育不能下农村"的谬论。

---

① 袁伟民、李志坚主编：《中华人民共和国体育史·地方卷》，中国书籍出版社2002年版，第113页。

1971 年，全国的政治形势好转，农村更趋于平稳。尽管由于极左思潮地控制，农村在当时的生产下劳动积极性不能充分发挥，经济状况普遍较差。但是，广大农民源于对生活的热爱，在"文革"特定历史条件所允许的范围内，利用劳动之余的闲暇时间，普遍地在青壮年社员中恢复了娱乐性的体育活动。1971 年 7 月 8 日，《人民日报》刊登了《我们贫下中农需要体育》一文，同时刊登的还有《体育必须为工农兵服务》、《坚持体育为工农兵方向》，这实际是开始抓农村体育的导向的宣传。

这篇文章开宗明义，强调一个重要的观点，也可是当时一条标准。"毛主席关于'发展体育运动，增强人民体质'的光辉指示，是无产阶级体育路线的精辟概括，是发展我国社会主义体育事业的根本方针。我国农民占人口的绝大多数，体育运动不为广大贫下中农服务，就不可能全面落实毛主席这一光辉指示。"文章借批判'千万不要提体育下农村'，'农民不要搞体育'，'农民不会搞体育'，'农村不能搞体育'，来强调："要不要搞农村体育，这是两条路线的斗争，是体育要不要为工农兵服务的根本方向问题。"我们伟大领袖毛主席十分关怀人民的健康，十分关怀体育工作，并为此作了一系列重要指示。农村搞不搞体育，是关系到毛主席革命体育路线能不能、要不要贯彻落实的大是大非问题。刘少奇及其在体育界的代理人拼命宣扬"农村不能搞体育"，就是企图从根本上否定毛主席的革命体育路线，反对和破坏毛主席革命体育路线的落实。文章实际上把是否恢复开展农村体育提升到阶级斗争两条路线斗争的高度上，来强调了开展农村体育的重要性，从思想上解除政治包袱，使抓农村体育工作合理合法。1972 年，国家体委召开了全国农村体育工作座谈会，针对农村体育活动的现状，对积极推进和引导农村体育活动的开展，提出了具体的要求并树立了一批典型。

《新体育》杂志有选择地报道了青藏高原牧民在草原上比赛拔河、跳远、短跑、爬山、赛马活动的盛况；黑龙江松嫩平原上"体育室"的热闹景象；贵州苗家姑娘冲破旧习俗锻炼身体的新风尚。安徽省南陵县奎湖公社是当时比较突出的"样板"。"全公社经常参加体育活动的约占总人数的百分之七十，七个大队、六十七个生产队都有男、女篮球队，五十七个自然村有六十四个球场，同时开展了广播操、游泳、乒乓球、田径、拔河等活动。"

由于广大社员群众开展体育活动的积极性空前高涨，有的利用村头一棵树，钉上几块木板，就成了篮球架；有的生产队利用土坯石块拌一层水泥就成了乒乓台。他们因陋就简，制成了双杠、山羊、篮球架、手榴弹、拔河绳等十几种体育器材。有不少村还搞了简易的灯光球场。①

1973年，《新体育》杂志以本刊评论员署名发表了《积极有步骤地开展农村体育活动》一文，这是在周恩来总理着手纠正"左"倾思想危害的有利形势下一篇导向性文章。指出了在恢复和开展农村群众体育活动中要"广泛宣传毛主席的革命体育路线，但在工作上，要从农村实际情况出发。我国的农村幅员广阔，情况千差万别，开展体育活动就应当根据客观条件，因地制宜，有的发展快一些，有的地方可能发展慢一些，不能强求一律。我们要积极地深入下去，调查研究，抓好典型，取得经验，逐步推广，逐步开展"。这实际上就是60年代初开展农村体育的指导思想和工作方法在当时环境下的肯定和运用。当然，"以路线斗争为纲，革命大批判开路"也是必然要强调的，轰轰烈烈搞形式主义的现象也在那些"典型"社队存在。但从总体形势看，在1972年至1974年夏天，农村群众体育活动基本在正常的状态下得到恢复和发展。很多社、队尤其是知识青年集中的农场、兵团，闲时有经常性活动，年节和纪念日通过民兵建制展开比赛已逐渐形成惯例。

自娱和观赏，是农村社员投身体育实践的主要目的和动因，是农村体育活动得以广泛开展的主要因素。"文革"时期流行于农村的节令性民间娱乐活动，诸如舞龙、竞渡、庙会等被作为"四旧"而扫光，在精神生活和文化生活十分单调贫乏的状况下，体育活动更能满足人的需求，寄托人的情趣。在经济贫困、居住分散、劳动工具原始落后的生产和生活状况下，本来组织体育比赛是比较困难的，涉及时间、精力、场地和必要的器材费用。但由于广大社员群众的热心支持和积极参与，"大寨式"吃大锅饭的劳动方式形成的作息时间统一，众人潜在的劳动能力足以帮替极少数人的劳动等条件的促成下，农村群体活动得到了逐步的普及性恢复和发展。

在政治、文化环境条件允许的情况下，少数民族的传统体育活动也得以

---

① 《红太阳照亮了农村体育阵地》，《新体育》1972年第10期。

复苏。"文革"初期，内蒙古自治区历史悠久的"那达慕"、"祭敖包"等体育活动被取缔，各民族群众喜爱的博克、赛马、射箭、布鲁、赛骆驼等体育活动遭到禁锢。民族传统体育在内蒙古草原上处于消失和禁绝的状态。1971年以后，随着全国政治局势的转机，民族传统体育活动因举办各种庆祝活动的需要而逐步得以恢复，新疆富有民族特色的赛马、摔跤等体育活动，也在农牧区逐渐形成赛事。这些活动虽然在内容上、形式上必然地受到当时极左思潮的影响而不可能完全复原，但对民族传统体育活动的延续和继承，无疑是很有作用和意义的。

"体育是关系六亿人民健康的大事"，而六亿人民绝大多数在农村。各省、市、自治区体委主管群体工作的负责人和有关机构，都很重视农村的群体工作，地区、县级体委与"文革"前一样，把主要精力都放在群众体育上，而工作的重点就是面向农村。各级体委与县、区、公社武装部、共青团、妇联密切配合，基本恢复了农村体育工作组织管理体系。以生产队民兵班排为单位，结合医疗卫生工作，以青年为骨干，利用工前、工间、工余休息时间。根据农村状况开展简便易行的体育活动，利用节日组织比赛，对于活跃农民业余文化生活，提高社员的健康，尤其对体育项目普及健康状况取得了一定的效果。

"文革"中，由于极左思想泛滥，农村生产遭到了极大的破坏，很多地方不具备"轰轰烈烈"开展体育活动的条件，但恰恰是"路线斗争"的需要，使农村体育活动在极左的思想指导下，为"在意识形态领域的阶级斗争中夺得一个又一个的新胜利"，在整个农村生活条件很低、经济状况很差的条件下，出现了畸形兴盛的境况。

1974年，"批林批孔"运动开始以后，农村"意识形态领域里开辟了破旧立新的战场"。贫下中农"用社会主义体育占领农村业余文化阵地，是他们要夺取的重要目标之一"。"对于农村的体育阵地，无产阶级不去占领，资产阶级就必然会去占领；发展社会主义体育运动，不仅是提高人民健康水平的需要，而且对移风易俗，改造世界具有积极的意义"。

由于"批孔"必然地联系到"四旧"，对"文革"前后，比较偏僻的农村，由于经济条件的限制能参与体育活动较少等原因归结为"一小撮阶级敌人，常常利用玩龙灯、划龙船等活动，散布剥削阶级的旧思想、旧文化、旧风俗、旧习惯，同无产阶级争夺业余阵地"。出于在"批林批孔"运动中"勇于破旧，善于立新"和"占领农村业余文化阵地"的需要，将体育活动的开展作为一项政治任务，作为检查在农村开展文化活动中是姓"无"，还是姓"资"的重要标尺。

当时树立的典型，安徽省南陵县奎湖公社是在"文革"中"在九名干部的带领下，竖立起了全公社第一副篮球架"，以后"相继开展了篮球、乒乓球、游泳、广播操等10多个项目的体育活动，每到工余时间，人们汇聚到体育活动场所，欢快地进行体育锻炼和比赛，使整个村庄呈现一派生机勃勃的景象"。"文革"前连一副篮球架都竖不起来，几乎不开展体育活动的公社，在"文革"中能迅速达到开展十多项活动的"盛况"，显然是"占领农村业余文化阵地"需要的结果，是为了反击因为"轰轰烈烈"的斗争，造成了"因灾略微减产的情况"出现后，对一小撮阶级敌人乘机蠢动起来，于是"恶毒攻击社会主义新体育，妄图夺回他们已经失掉的这块阵地"的阶级敌人。为了解决"对社会主义体育的目的、意义认识不清"问题，还举办了学习班，"认真学习毛主席关于体育工作的指示，并联系实际深入批判修正主义体育路线，使大家分清两条体育路线的界线"，并广泛向人民群众进行毛主席革命体育路线的教育。① 因为"体育阵地上两个阶级、两条路线的斗争不但尖锐地存在，而且还得长期斗下去"。②

从1974年"批林批孔"开始，农村体育活动开始走向畸形。1974年"批林批孔"运动中，"四人帮"散布的"不为错误路线生产"、"宁要社会主义的草，不要资本主义的苗"，对农村正常的生产造成干扰冲击。他们出于政治需要，加强了在农村的"意识形态领域里的革命"。为了"不让资产阶级从业余阵地上打开缺口"，将农村体育活动作为"用马克思主义去占领农村业余文化阵地"的政治武器，歪曲毛主席的关于体育工作的一系列讲话的精神，散布社会主义体育的根本任务和方向就是"体育必须面向我国大多数农

---

① 《乘风破浪向前进》，《体育报》1974年第11期。

② 《乘风破浪向前进》，《体育报》1974年第11期。

民群众"，"百分之九十以上的人在农村，如果不抓农村体育就不能全面贯彻毛主席的革命路线，体育为工农兵服务就成了一句空话"。这一阶段农村体育活动的开展，是为了达到占领"农村阵地"的目的，带有相当大的强制性。很多社队日工分值仅在二角钱左右，而往往这类社队自然条件都很差，劳动强度大，开展体育活动有很多困难，但在棍子到处打的年代，农村基层领导为了不离"纲"离"线"，也组织部分人成立宣传队演唱"样板戏"，利用晒粮场作活动场地，以应付各种检查。特别突出的是，为了批判"孔孟之道"，"解除封建枷锁"，以体现"时代不同了，男女都一样"，把农村妇女是否参加体育活动，是否下河游泳，作为开展"批林批孔"运动的重要内容和标准。当时宣传各地农村体育活动开展的"盛况"时，有不少这方面的报道。如河北省南宫县小范庄70%以上的妇女参加体育活动；福建省长泰县大兴大队女社员"打破了妇女不能下河游泳的风俗，都学会了游泳"。

1975年以后，又将农村体育活动的开展，作为衡量是否全面、真正地"学大寨"、推广"小靳庄经验"的"大是大非"问题。当时大寨大队和小靳庄为迎接四面八方"取经"的需要，为突出"占领农村业余文化阵地"而组织了专门的体育和文艺队伍。"四人帮"为了达到目的，采取断章取义的方法，将20世纪60年代初调整时期关于开展农村群众体育活动的指导方针的有关内容，罗列成"体育不能下农村"，"体育影响生产"的所谓"谬论"加以批判。

山西省体委在《扎扎实实开展农村体育活动，为农业学大寨服务》一文中，把农村各级领导、每个社员是否积极组织或参与体育活动同政治表现紧密地联系起来。这可说明当时农村群众体育工作的导向和状况。"文革"中"学大寨"，做表面文章非常盛行。"公路两边层层石头墙，检查好看不打粮"的顺口溜就是搞形式主义的写照。尤其是"四人帮"树立的"小靳庄经验"强化了农村体育与"路线斗争"的联系，各社队也纷纷仿效建立宣传队、球队、游泳队。由于各级文艺调演、运动会不断，很多大队、公社、区至县采取层层训练、层层选拔的办法，组成各级农民代表队参加比赛，不少青年从农村生产队劳动中抽出来唱戏、打球，仍由生产队评工记分。被各地树立成"宣传毛泽东思想"，执行"毛主席革命体育路线"典型的社队为了"场地新建数"、"参加体育活动人口比例数"的增加，层层虚报参加体育活动的人数和开展的项目，不顾社员的经济承受能力，搞形式主义。为了显示轰轰烈烈的声势，到处组织农村"万人体育大军"、"千人操"表演，广建球场以凑数。重庆市秀山土家族苗族自治县出现了山区几口之家建有球场的"事迹"。陕西户县玉蝉公社21个生产大队，队队有篮球队，村村有体育活动。有的大队参加活动的成年人达70%以上。根据《陕西省志·体育志》记载：在学习"小靳庄经验"时，曾出现了形式主义、强迫命令现象。陕西有的县、社体育代表队脱产训练，社员不参加体育活动要扣工分。1976年，全省农村普遍举行盛大的游泳活动，各地农民也参加横渡江河、水库、池塘活动。据全省普查，西安市所辖郊县会游泳的农民有17万人、安康12万人、榆林7万人、渭南23万人、汉中24万人。在开展农村体育活动中，户县尤为突出，全县有男女篮球队525个，各类篮球场424个，其中灯光球场88个；余下公社一年内组织篮球赛有200多场。定边县堡子湾公社相继举行了5届农民运动会。四川温江县158个大队有球场200多个，湖北省广济解垴大队参加体育活动的人占总人口的62%。尤其山西和天津，农村体育搞得更有声势。昔阳县大寨大队组建的田径、武术、乒乓球三小队的做法在全省农村得到推广，全省农村的篮球、乒乓球发展较快，全省百户以上的村，村村有球场，球类赛事不断；天津市农村在推广"小靳庄经验"的政治催化和行政命令下，各社、队纷纷建立宣传队、球队、游泳队，农村文体活动曾热闹一时。这其中很大成分是搞形式主义的结果。

农村群众体育的开展，必须以经济为基础，应与整个生产和经济的发展水平同步而行。"文革"中农村受到的冲击虽然比城市小，但在极左思潮占统治地位的年代里，农民生活普遍非常困苦，很多地方的农民尚未解决温饱，搞所谓"用穷棒子精神办体育"，采用政治压力，搞一平二调，用意在为"路线斗争服务"，严重偏离了在农民完全自愿的原则下，开展体育活动以达到强身健体，丰富文化生活，愉悦性情的目的。因此而形成的畸形"兴盛"，在很大程度上是虚故事，流于形式的结果。

在"文革"中，认为这是"贫下中农意气风发，蓬蓬勃勃地开展了社会主义体育运动"。在业余文化阵地上发扬社会主义风尚，"在意识形态领域

的阶级斗争中夺取了一个又一个的胜利。"

在农村体育的组织管理体系，早在1964年的全国体育工作会议中，就确定了由农村青年团组织领导，结合民兵训练，开展体育活动。"文革"开始后，党、团组织均遭到冲击。1969年以后，农村党、团组织开始恢复，但随着农村体育活动为"路线斗争"和"占领业余文化阵地"的需要而轰轰烈烈展开后，共青团的作用又一直未能完全恢复的情况下，民兵组织成为了农村体育组织管理，形成体系的依托，毛主席说过："民兵师的组织很好，应当推广，这是军事组织，又是劳动组织，又是教育组织，又是体育组织。把民兵作为开展体育活动的基本队伍，由公社武装部长和大队生产队民兵干部，层层负责组织活动。使农村体育活动带有很强民兵结合，把体育活动与军事训练结合进行的特色。""文革"中，农村体育活动的开展，都是以民兵以"备战""训练"批判"刘少奇一类骗子"、"批林批孔"、"反击右倾翻案风"名义开展活动。在形式上，"打球之前，适当搞些队列、刺杀等训练。游泳，不仅要求民兵游得快，而且能负重"。"公社训练体育活动骨干时，既训练体育活动的规则和要领，又训练队列、口令，指挥等基本军事知识"。①

在这种组织管理形式，反映了"文革"中的特点。对推动农村体育活动的开展，有积极的效果和作用。同时也反映出在极左思想主导下，农村体育活动中形式化的一面。

（四）"友谊第一，比赛第二"

1970年九届二中全会以后，"文革"初期，竞技体育领域是受到极左思想肆虐，遭到极其严重破坏的重灾区。随着政治局势变化，尤其"乒乓外交"的成功，为竞技体育的复苏和发展提供了一个绝好的契机。在极左思想居于主导地位的"文革"中，竞技体育的指导思想，既受极左思想的支配，又在以维护社会主义体育事业的前提下，形成了"文革"时期特有的体育工作指导思想。

---

① 《红太阳照亮了农村体育阵地》，《新体育》1972年第10期。

1. "友谊第一，比赛第二"的提出

1971年1月25日至2月3日，日本乒协会长后藤钾二先生率代表团访问我国，并邀请中国派团参加在名古屋举行的第三十一届世界乒乓球锦标赛。当时，党中央主席毛泽东同志作了"我队应去"的批示。国务院总理周恩来同志又在中国代表团出征前夕的3月10日和16日，两次接见代表团全体成员，并作了重要指示。其中，"根据毛主席的思想，明确地给我们提出了'友谊第一，比赛第二'的方针"①。这就是"友、比方针"产生的大致过程。

"友谊第一，比赛第二"的提出，有其特殊的国际背景和中国社会的背景：20世纪60年代末和70年代初，国际上反动势力的政治歧视和经济封锁，使我国各项事业的发展步履艰难。当时中美、中苏、中日等国家的双边关系都处于极不正常的状态。尤其是中美关系，虽有某些好转的迹象，但双方的对峙关系仍在继续。如何尽快改变这种格局，创造一个有利于新中国发展的新局面，是当时党和国家领导人面临的一大难题。值得庆贺的是，他们抓住了三十一届世乒赛这样一个体育比赛的契机，非常英明而果敢的答应了日本友人的邀请，并准备付出一定的代价。记得当时毛主席除了批示"我队应去"之外，还特意指示"并准备死几个人，不死更好。要一不怕苦，二不怕死。"他们还专门为这次参赛制定了"友、比方针"，并进一步规定：如与美国代表团相遇时，不主动交谈和寒暄，如果和美国队比赛，赛前不交换队旗，但可以握手致意。

从"文革"一开始，对"锦标主义"和"技术第一"的批判，使竞技体育比赛中所有争名次，都被视为资产阶级体育思想，把友谊放在第一，把比赛放在第二位，实际上把比赛的结果放在第二位，放到次要的位置，这合乎"文革"中的"左"倾思想，也是特指参加第31届世乒赛的主要目的。

"文革"中，运动员技术水平严重滑坡，对具有优势的乒乓球队来说，在1970年的锦标赛上小试牛刀受挫，压力很大。参加31届世乒赛主要是出于国际政治斗争的需要，因此，"友谊第一，比赛第二"方针，也规定了参加世乒赛的任务。

---

① 《新体育》1978年第9期。

"友、比方针"产生之后，立即得到了广泛地宣传和贯彻。1972 年 9 月 5 日，郭沫若先生在《颂首届亚乒赛》的诗词中，描绘当时的状况是"'友谊第一，比赛第二'，声浪比天高"。①1973 年《新体育》杂志用近一年的时间，在第 3 期、第 5 期和第 12 期，开辟了"认真贯彻执行，'友谊第一，比赛第二'的方针"的专栏，发表了各类文章近二十余篇；在以后历年的《新体育》中，仍随处可见有关"友谊第一，比赛第二"的宣传和评述。直至 1978 年第 9 期，《新体育》还发表了中国乒乓球队的"正确处理'友谊第一，比赛第二'的关系"的文章。与此同时，高等院校体育系科在自编的《体育理论》讲义中，也大都把"友谊第一，比赛第二"与"发展体育运动，增强人民体质"、"普及与提高相结合"放在一起，作为我国体育的三大方针加以论述和讲授，并持续到 20 世纪 80 年代初。

2. "友谊第一，比赛第二"的思想内涵

让体育的发展战略服从、服务于国家的总体发展战略，既是新中国成立以来体育工作的经验，也是应该坚持的基本原则。周总理曾明确地指出："友谊第一，就是无产阶级政治第一②。"就是说，进行国际体育交往和参加体育比赛，都要把国家的利益放在第一位，体育要服从、服务于政治。新中国成立以来，我国体育事业取得了有目共睹的巨大成就，其基本经验之一就是由于我们坚持了党的领导，坚持了社会主义方向，坚持了体育服从、服务于政治。

"友谊第一，比赛第二"在"文革"中被借用来批判"锦标主义"思想和行为。上海市体委党委撰写的《以路线为纲，做好体育工作》一文中认为"林彪反党集团大肆鼓吹唯心论的经验论，阶级斗争熄灭论以及天才史观等，这些反动谬论是修正主义路线的理论基础"，而"单纯技术观点、锦标主义、大国沙文主义等，就是这条修正主义路线在体育战线的表现"。"友谊第一，比赛第二"的方针，深刻揭示了政治与技术、友谊与比赛的关系，是毛主席革命路线在体育工作中的具体体现，是对单纯技术观点、锦标主义，大国沙

---

① 《新体育》1972 年第 10 期。
② 《新体育》1978 年第 3 期。

文主义有力地批判，在国际、国内体育活动中都要坚持贯彻"友谊第一、比赛第二"的方针，政治统帅比赛，比赛为无产阶级政治服务。①

在《反对锦标主义》一文中，"友谊第一，比赛第二"被用于批判"锦标主义的思想武器"。"锦标主义是地主、资产阶级在体育战线上向无产阶级戟的一种主要手段，具有极大的腐蚀性、破坏性，是社会主义体育事业的大敌。搞锦标主义，一切从争冠军、夺锦标出发，必然把广大工农兵群众拒于体育运动大门之处，破坏体育为工农兵服务的方向，对抗毛主席的革命体育路线，把体育引向邪路"。这一类的文章认为，反对锦标主义，是体育战线上的一项长期战斗任务。"社会主义历史阶段中阶级斗争的特点和规律，决定了我们同锦标主义斗争的长期性和艰巨性。"那种认为锦标主义批得"差不多了"的思想，是不符合客观实际的，是对体育战线上的阶级斗争、路线斗争的长期性认识不足的反映。因此，"要认真贯彻执行'友谊第一、比赛第二'的方针。这是毛主席的革命体育路线在体育比赛中的具体体现。""只有坚持不懈地反对锦标主义，才能更好地贯彻执行这一方针。"②是搞"技术第一"、锦标主义，还是坚持"友谊第一，比赛第二"，是体育战线上两路线斗争的重大问题。③

"友谊第一，比赛第二"作为树立社会主义体育道德新风尚的标志。在1973年《新体育》评论员文章《体育运动中进一步发扬社会主义新风尚》一文中，认为"友谊第一，比赛第二"方针，就是要求"以政治统帅比赛，比赛为政治服务"。在体育运动中要发扬社会主义新风尚，就要广泛深入地宣传毛主席的革命体育路线，宣传党中央"友谊第一，比赛第二"的方针，"使之家喻户晓，人人皆知，成为体育队伍和广大群众更加自觉的行动"。④"社会主义的体育，是为无产阶级服务的"，因此，我们的体育竞赛，应该充分反映出社会主义的精神面貌，"坚持政治挂帅，坚持'友谊第一，比赛第二'，发扬社会主义新风尚。"是"社会主义制度决定的"。

---

① 上海市体委党委：《以路线为纲，做好体育工作》，《新体育》1973年第10期。
② 朱育：《坚决反对锦标主义》，《新体育》1973年第10期。
③ 学作：《谈"友谊第一，比赛第二"》，《新体育》1973年第3期。
④ 本刊评论员：《在体育运动中进一步发扬社会主义新风尚》，《新体育》1973年第3期。

"开展国际体育交往活动，是执行毛主席革命外交路线的一个组成部分"，"坚持'友谊第一，比赛第二'，使体育更好地为建立和发展各国人民之间的友谊，支持世界各国人民的革命斗争服务。"以增进友谊为目的比赛活动，对加强中国与各国人民之间的团结和友谊，具有重大的政治意义。①

坚持"友谊第一，比赛第二"，树立正确的胜负观，有利于促进运动技术的发展和提高，"在资本主义国家里，技术据为己有，搞技术保密，技术垄断，影响整个运动技术水平的发展和迅速提高。提倡坚持友谊重于比赛，不搞技术保密，互相交流，百花齐放，取长补短，整个运动技术水平就会更快的提高。"②

3. "友谊第一，比赛第二"方针的意义

"友谊第一，比赛第二"方针的提出，有其特殊的背景。在"文革"特定的历史时段中，出于不同的目的，对"友、比"方针有着不同的理解，并加赋了很多当时社会政治所需要的思想内容，如"反对锦标主义"、"反对技术第一"、"提倡政治挂帅"等。但"友谊第一，比赛第二"方针的贯彻、执行的最主要的积极作用体现在开拓中国的国际政治局面，加速我国体育全面登上国际体育舞台的进程，树立新的社会主义体育道德风尚。

新中国成立初期，我国体育组织积极要求参与国际体育事务，参加国际体育活动。但是，国际奥委会和国际单项运动联合会的极少数人，企图制造"两个中国"。为了维护祖国的神圣主权，中华全国体育总会于1958年被迫宣布中断同国际奥委会的一切关系，同时宣布退出国际足球、游泳、篮球、田径、射击、举重、摔跤、自行车联合会及亚洲乒乓球联合会。这个决定对我国体育界来说是很痛苦的，但又是不得已的。

为尽快扭转这种局面，我国的体育工作者和运动员做了大量的工作，特别是20世纪70年代初。"友、比方针"出台以后，他们怀着加强友谊，赢得人心，广交朋友，开拓局面的大志，举办了一系列的国际友好邀请赛。如1971年的亚非乒乓球友好邀请赛，1972年的亚洲乒乓球锦标赛，1973年的

---

① 学作：《谈"友谊第一，比赛第二"》，《新体育》1973年第3期。
② 学作：《谈"友谊第一，比赛第二"》，《新体育》1973年第3期。

亚非拉乒乓球友好邀请赛，1975年的北京国际游泳、跳水邀请赛，1976年的北京国际女子篮球友好邀请赛和上海国际乒乓球友好邀请赛，1977年的北京国际足球友好邀请赛，1978年的亚洲羽毛球邀请赛，等等。在这些比赛中，我国代表团积极宣传和贯彻"友谊第一，比赛第二"的方针，赛出了风格，赛出了水平，赢得了人心，广交了朋友，有力地促进了我国在国际体育组织的合法席位的恢复。

（五）"为无产阶级斗争服务"

1. "为革命攀登技术高峰"

"乒乓外交"的成功，使体育专业队伍的出访和迎接来访的项目逐渐增多，但从整个竞技体育队伍，已被"文革"的浪潮冲得七零八落。为了加强与"世界各国革命人民交往"的需要，体现经过"文化大革命战斗洗礼"和取得"文化大革命胜利成果"的国家形象，恢复专业队伍训练，提高运动技术水平，已经成为了"为无产阶级斗争服务"的重大任务。

1972年，国家体委召开了全国训练工作会议。这次会议分析了我国竞技体育的状况，提出了必须以路线斗争为纲、严格训练、严格要求、为革命努力攀登世界高峰的目标。这是周恩来总理主持中央工作后，在批林整风中体育战线反极左思潮的体现。1972年《新体育》复刊号上，发表了《为革命攀登技术高峰》一文。文章首先强调了竞技体育队伍应看重它们形象任务：革命形势的迅速发展，要求各条战线都得快马加鞭，我们体育战线肩负的任务也愈来愈重了。我们体育队伍到国外访问，跟一般的友好代表团不完全一样。我们主要是通过体育比赛这种特定的方式去做友好工作的。如果比赛打得不好，风格和水平很低，就完成不了党和人民交给的任务。贯彻执行"友谊第一，比赛第二"的方针，不但政治上要好，还要有很好的技术。如果我们的队伍精神面貌和技术水平都非常好，人家就会从我们体育队伍朝气蓬勃的形象中，看到社会主义的优越性，看到新中国的发展变化。文章指出：最近两年，我们同欧洲国家和日本的一些运动员都碰过，愈来愈感到我们技术力量不够雄厚。文章分析了造成这种状况的原因是：在极左思潮的影响下，有一段时间搞了许多形式主义的东西，把实际训练的时间挤得很

少，以为增加训练时间就不能保证政治挂帅，这完全是形而上学观点。是不是政治挂帅，主要不是以政治和业务所占时间的多少来衡量，而是看你贯彻执行什么路线。同样，在这种错误观点支配下，赢了球，说是思想赢的，输了球，又说思想输的，完全否定技术的作用。思想只能统帅技术，促进技术，不能代替技术，不练技术就不行。思想和技术是统一的，思想对头，技术能更好发挥；技术熟练，比赛的信心更强。"精神万能论"，无限度夸大思想的作用，这是典型的唯心主义。文章明确表示："反对做空头政治家。我们批判锦标主义、'技术第一'，不是不要技术，技术是完成政治任务的工具，技术不好，会影响政治任务的完成。在毛主席革命路线指引下，为了更好地完成党交给我们的任务，我们不但要提高技术，而且要精益求精，攀登世界高峰。现在世界乒乓球运动技术都有发展，而我们的进步幅度不大，这就很值重视。从这个意义上讲，现在再不狠抓技术训练，也就是不懂得政治了。"文章还对正确理解"友谊第一，比赛第二"方针表明观点，我们讲友谊第一、比赛第二，不是输赢无所谓，而是要靠真本事，打出风格、打出水平。没有真本事，比赛打得很难看，就反映不出我们伟大的社会主义祖国新的精神面貌，在政治上造成损失。相反，如果我们在政治上、技术上都表现得很出色，就能为世界乒乓球技术的交流和发展作出贡献，更好地增进同各国人民和运动员之间的友谊和团结，支持世界人民的革命斗争。[1]

这是自"文革"开始以来，对极左思想对竞技体育的危害的揭露和大胆的批判，是对竞技体育工作的领导、运动员思想上的一次"解放"。为提高运动技术水平，扫除思想上的障碍起到了很重要的作用。

在《切切实实抓好冬训》一文中，很明确地提出了"努力提高我们运动水平，迅速赶超世界水平，是体育战线一项迫切任务"。并大胆地提出要恢复在"文革"前总结出来，并行之有效的方法。"迅速提高运动技术水平，必须遵循毛主席关于严格训练、严格要求的一贯教导，结合运动训练的实际，从实践需要出发，从难、从严进行大运动量训练，这是提高运动技术水平的重要途径。迅速改变目前一般运动量偏小，训练质量不高的状况。"并

---

[1] 庄则栋：《为革命攀登技术高峰》，《新体育》1972 年第 10 期。

对专业运动队提出了要求："通过今年冬训，要求各个运动队伍在身体素质和基本技术方面取得显著进步。"

2．"加强体育队伍组织性、纪律性"

面对"文革"初极左思想肆虐，使管理制度茫然无存，无政府主义泛滥的状况，1972年11月，《新体育》刊登了《加强体育队伍组织性纪律性》，提出了在"文革"中特定历史条件下，要达到攀登世界技术高峰目的的管理思想。文章指出：在深入进行批修整风和思想政治路线教育中，彻底批判无政府主义，进一步加强组织纪律性，是体育队伍思想建设的一个重要课题，也是贯彻执行毛主席的无产阶级革命路线，夺取体育工作新胜利的重要保证。

文章指出：林彪反革命集团（刘少奇一类政治骗子）竭力散布极左思潮，鼓吹无政府主义，其目的就是要涣散革命组织，破坏革命团结，以实现其颠覆无产阶级专政，复辟资本主义的罪恶阴谋。叫嚷什么"群众说了算"，"砸烂"一切规章制度，其目的都是为了破坏党的民主集中制，为其复辟资本主义服务。

体育工作是无产阶级革命事业的重要组成部分，必须有严格的组织纪律，才能保证毛主席革命体育路线的贯彻执行，落实党对体育工作的各项方针政策和指示，使体育工作更好地为无产阶级政治服务。体育部门的各级领导，要把组织纪律教育作为思想和政治路线教育的一个重要内容，切实抓紧、抓好。采取学习的方法，批评和自我批评的方法，结合正反两方面的事情，摆事实，讲道理，不断提高思想路线觉悟。对于模范地遵守组织纪律的好人好事，要进行表扬，发扬正气；对于违反纪律的不良倾向，要敢于教育管理，坚持原则。领导干部要以身作则，带头遵守组织纪律，用自己的实际行动影响群众，教育群众。[①]1972年至1975年期间，大批体育领导干部和工作人员回到体育机构工作，体育组织系统得到恢复，工作秩序逐渐好转，无政府主义思想受到了一定程度的批判。

1972年，由于体委竞技体育组织管理体系的恢复，保证了重新组建和

---

① 《加强体育队伍的组织纪律性》，《新体育》1972年第11期。

完善后的专业运动队转入比较正常和系统的训练。经过5年动乱，很多运动设施被破坏和废弃，运动员身体素质和运动技术严重下降。教练员和运动员非常珍惜这来之不易的环境和机遇。克服重重困难，因陋就简，在艰苦的条件下开始了"补课"式的恢复性训练。很多体工大队针对运动员的状况，组织了专门性集训，专业运动队训练开始步入正轨。

3."严格训练，严格要求"

1973年2月，在国务院批转全国体育工作会议纪要中，根据1972年训练的状况，提出了迅速提高运动技术水平，迎接第三届全国运动会，刷新大部分全国纪录，部分项目达到国际水平。要求从现在起就要积极准备，各地要订出指标，采取有力措施，力争在一两年内刷新大部分省、市、自治区纪录，球类项目的水平要有明显的提高。各省、市、自治区以上专业优秀运动队根据会议纪要精神和要求继续进行了调整、充实，健全了领导班子，补充了新生力量；很多教练员恢复了训练工作，缓解了教练员不足的矛盾；继续贯彻了"严格训练、严格要求"的方针，坚持从实际需要出发，从难从严进行大运动量训练的原则。很多优秀运动队为改变运动量偏小，训练质量不高的状况，在保证政治学习、大批判、集会，为工农兵表演时间外，确定了全年训练时间在280天左右，平均每天训练5小时以上的指标。并在特别注重苦练基本功，重视身体素质训练的同时，加强了训练的计划性、科学性和系统性，以保证训练的质量。1973年国发22号文件，明确提出了要迅速提高运动技术水平，赶超世界先进水平，调整充实优秀运动队，提高训练质量等要求。之后，各省、市、自治区优秀运动队得到了大的恢复、健全、充实。如山西省恢复了足球队、女子排球队，并着手组建了举重、射箭、棋队，并对篮球、田径、乒乓球、体操、自行车和武术等项目的运动队进行较大规模的充实和加强，几年中从全省各地选才达1700多人次，集训580多人次，入选229人。①

1973年，优秀专业运动队的技术水平有所提高，多数运动项目的成绩超过1972年，打破了一批全国纪录和省、市、自治区纪录。体操在国际交

---

① 袁伟民、李志坚主编：《中华人民共和国史·地方卷》，中国书籍出版社2002年版，第88页。

往中，取得了较好的成绩。跳高、跨栏等田径项目保持了较好的水平。游泳多项全国纪录被打破，竞技水平提高较快。虽然专业运动队集训时间较短，但也涌现出一批优秀的青少年运动员。

由于整个社会环境条件只是有所好转，"文革"中的各种消极因素依然在干扰训练工作的正常开展。一些专业优秀运动队由于领导不力，不能认真贯彻"严格训练、严格要求"的方针，训练质量不高，影响了运动技术水平的提高。1973年12月3日，国家体委转发了《1973年全国训练工作会议纪要》（以下简称《纪要》）。在1973年批林整风对极左思想进行抵制和进行有限度批判的有利氛围下，《纪要》中比较客观地分析了我国运动技术水平与世界先进水平的差距。《纪要》总结了一年多来全国训练的成绩和存在的问题，明确地指出了我国运动技术水平和世界水平相比，差距仍然很大。以1973年的成绩比较，我国在田径大项开展的39个项目中，只有3个项目进入世界前20名，其他项目均在世界30名以后。虽然亚洲的田径水平较低，但我们仍不占优势；在游泳大项，我国与1972年世界最好成绩相比，有29个项目排在世界第50名之后。与亚洲成绩相比，除男子100米自由泳外，男女项目都低于日本。女子项目，大部分不如新加坡；体操的水平提高较快，但与世界强队相比，我国运动员的高难度动作数量少，动作质量也不高，编排陈旧，全队水平低。有的强项，实力也不雄厚。如男子跳高，跳过2.10米以上的，有的国家几十人，而我国当时只有2人。100米跑10.2秒米以上的，有的国家上百人，我国当时也只有2人。我国与世界高水平的悬殊差距实际就是由于"文革"的冲击和破坏，使专业运动队停止训练的结果。

当时，我国的竞技体育面临着巨大的压力，肩负着艰巨的任务。1971年，我国恢复了在联合国的合法地位。同年"乒乓外交"的成功，使竞技体育承担了国际间起到架桥铺路和树立形象的作用。1973年11月16日，亚洲运动会联合会理事会以压倒性多数通过决定批准了执委会关于中华全国体育总会合法权利的决议。11月17日，中华全国体育总会发表声明：中华全国体育总会作为亚洲运动会联合会的成员将派出体育代表团参加第七届亚洲运动会。竞技体育的特殊性，使国家体育在抓训练工作的过程中，必须抵制和反对空头政治口号。比赛场上是一个实实在在的检验标准。"就是好"、"就

是好"的颂扬和叫嚣，不能使运动员在径赛中缩短时间，也不能在田赛中加长尺度，必须以真正的技术水平做保证。

因此，在1973年12月下发的全国训练工作纪要中明确地提出了要在1974年的第七届亚运会上，力争部分项目取得冠军，大部分项目进入前3名；参加世界中学生田径、游泳、体操锦标赛，应力争创造优良成绩，并通过比赛促进我国青少年运动员成长；在第三届全运会上，要力争刷新大部分全国纪录，部分项目达到国际水平。此外，还要有一大批接近全国纪录和省、市、自治区纪录的运动员，为超越世界先进水平打下雄厚的基础。

为了实现以上目标，《纪要》要求在批林整风运动的推动下，迅速掀起大干快变的训练高潮，要继续贯彻"严格训练、严格要求"的方针，提高训练质量；各运动队要根据3.5年达到一般国际水平的要求，制订多年的、年度的和各个阶段的训练计划，根据实践进行调整；在身体素质和技术训练中，要加强技术分析和技术研究，要根据各个项目的规律和当前国内外技术发展状况，争取科学的训练方法和手段，采取科学的训练方法和手段，把革命干劲和科学求实精神结合起来，讲科学、讲实效、不搞形式、不走过场；教练员要加强思想革命化，在努力学习马列著作和毛主席著作的同时，要建立学习制度，不断提高科学和知识水平；在训练方法上，贯彻"百花齐放、百家争鸣"的方针；运动队的党支部要讨论训练计划，对训练工作中的重大问题、关键问题，要一项一项地研究，一个一个地解决。

1973年底，全国已经开始了"批林批孔"运动，树"反潮流典型"，批所谓"复辟回潮"。"四人帮"一伙的矛头所指，就是反对周恩来总理在批林整风中提出并实施的一些纠"左"的措施。"批林批孔"运动造成了严重后果。全国"反潮流"的歪风得以蔓延，扰乱了各行各业刚刚恢复的正常秩序。一些单位的领导班子再次瘫痪，全国重新出现了大动乱的局面。"批林批孔"运动使整个体育战线（界）再次受到冲击，造成了损失。但单从竞技体育领域看，运动队虽然也搞大批判、搞一些形式主义的活动，但基本上稳住了阵脚，保证了正常训练。

1974年2月12日，国家体委在下发的本年工作重点中，强调了"认真贯彻落实1973年全国训练工作会议精神，继续贯彻严格训练、严格要求的方针。大运动量训练要贯彻全年。提出了要狠抓优秀运动队伍的建设和训练，培养一支又红又专的运动队伍。要坚持政治挂帅，树立赶超国际水平的雄心壮志，打破无所作为的懦夫懒汉思想，要充实加强教练员队伍，提高教练员的思想和业务水平"。提出将在1975年举办第三届全运会，力争在全运会上打破几项世界纪录，部分项目达到国际水平，刷新大部分全国纪录和省、市、自治区纪录，实现各个项目1974年至1976年规划中所提出的指标。

在周恩来总理的直接关怀下，训练工作从1972年起，开始较快地得到恢复。1973年，邓小平同志恢复工作以后，又兼管体育。使整个体育界尤其竞技体育的训练工作在1973年、1974年继续朝好的方面发展，逐步地步入了正轨。1973年全国训练工作纪要和1974年全国体育工作要点强调的精神内容中，敢于公正客观地分析我国与世界先进水平的差距；提出并运用"文革"前制定的训练方针和原则，强调党支部要管训练，教练员要学业务，不搞空头政治，还大胆地提出了吸收国内外科学的训练方法，搞"百花齐放，百家争鸣"，并提出科学、系统训练所应达到的长期、中期、短期目标。与当时全国其他行业相比，整个体育界抵制极左思潮的力度要大一些，尤其竞技体育，更是先行一步进行整顿。

竞技体育要出成绩，周期比较长，不是一年半载、三两个月就能抓出效果。因此，在整个体系遭到破坏后，恢复的时间也相应较长。尽管从1972年至1975年间，整个社会环境与"文革"初期相比已是大为有利，但仍然要受到极左思潮氛围的压抑和"四人帮"的干扰。这两个主要因素的干扰和影响，使训练不是很快就取得了效果。1974年，在第七届亚运会和国内大赛中，部分运动项目的成绩才开始显示出有所提高。1975年的全国第三届全运会上，一部分运动项目的成绩提高幅度较大。如果整个政治局势沿着1975年邓小平同志全面整顿的状况发展下去，我国的训练水平将会有大步的提高。不幸的是，1976年初开始的"反击右倾翻案风"，再次造成了全国性的动乱，造成了社会主义各项事业的大滑坡，整个体育界同样不可能幸免于难，已经上升的训练水平，又再次滑回了低谷。

从1972年以来，由于抓训练工作取得了很大成绩，广大教练员、运动员和工作人员"为革命而练"、"为革命而教"的自觉性、积极性很高，大

多数运动队贯彻了"严格训练、严格要求"的方针和进行大运动量训练的原则，进行了有计划、有系统的训练，使大多数运动项目的技术水平在恢复的基础上有所提高。但终究因受到"文革"初冲击和破坏的影响太大，与世界水平相比，差距仍很明显，不过已确实表现出上升发展的趋势。

1973年10月16日，《人民日报》"在党的十大精神鼓舞下，努力提高运动技术水平"标题下，报道了全国田径、体操、举重比赛的消息。《体育报》在11月27日也以同样的标题进行了报道和评论。明确指出要"努力提高运动技术水平"，要求"各队以追赶世界先进水平为目标，鼓足革命干劲，以大干促大变"。在1972年体育领域先行提出要瞄准世界水平，应该说这是整个体育界思想相对宽松，对极左思潮强有力地抵制的结果。当然，"文革"中的任何行为，都必须有一个"合法"的政治旗号，提高运动技术水平的目的是"以路线斗争为纲，联系体育战线实际，狠批刘少奇，林彪一伙散布的锦标主义，技术第一等修正主义黑货，划清为革命钻研技术与技术第一，力争上游与锦标主义等界线，……为了赶上世界水平"。[①]

1973年底开始了"批林批孔"运动。大量的训练时间被占用作"政治学习"和搞大批判，还要搞"赛前批判会"等，这些都对训练和比赛造成了很大的干扰。

广大体育工作者、教练员、运动员通过艰辛努力，顶着压力取得一些成绩，又必须归功于"批林批孔"的结果。但在总的形势上，我国的竞技体育水平在不断排除干扰和破坏的过程中有了发展。通过从1972年以来的扎实工作，我国竞技体育领域的广大教练员、运动员和体育工作者，憋着把"文革"初期造成的损失夺回来的劲头，在周恩来总理和邓小平副总理的特殊关怀下，竞技体育以相当快的速度得到恢复，取得了很大的发展和提高，与世界先进水平的差距在逐步缩小，掀起了一个竞技体育发展的高潮。在抓提高、抓竞技体育水平上，从领导到教练员、运动员都有思想顾虑，怕在翻来覆去错综复杂的斗争中犯政治错误，为解除思想压力，邓小平同志在1974年5月，在接见体委负责同志时指出："比赛才能提高，不比怎么能提高？

① 《体育报》1973年11月27日。

输了球把整个国家都输了？不要怕输，输了也没关系，好好训练，主要是铆足劲。打球越怕输越输，从信心上就输了。心理状态不好，越怕输越输。"

8月在接见参加亚运会队伍时说："毛主席在延安文艺座谈会讲话中所阐明的在普及基础上提高，在提高基础上普及。体育也是这个问题嘛！没有广泛的群众体育活动，就没有雄厚的基础，好的选手就出不来。当然，整个国家水平提高，要在提高指导下普及，这也是不可缺少的，这是对立统一的。"①

在第七届亚运会上，运动员们显示了我国竞技体育的实力，锻炼了队伍，为第三届全运会的召开打下了雄厚的基础。

1975年四届人大以后，邓小平同志接替病重的周总理主持中央和国务院的工作，以他常有的坚毅果断，敢于碰硬的作风，鲜明地提出了全面整顿的口号，着手整顿各条战线上的混乱状态，消除"文革"的严重消极影响。这为体育事业的恢复，尤其是竞技体育的发展和提高，营造了一个极为有利的环境。在竞技体育领域，虽然把"技术第一"、"锦标主义"作为靶子，作为抓体育队伍思想建设的重要内容进行批判。但另一方面，针对"批林批孔"运动对竞技体育队伍抓训练、抓竞赛形成的思想压力，进行理直气壮的辨析。1975年，《红旗》杂志第九期上《加强体育队伍的思想建设》一文中的指出："我们批判'技术第一'决不是不要技术，恰恰相反，批判的目的，正是要发挥无产阶级政治的威力，'抓革命、促生产'，用政治去统帅技术，为革命去掌握技术，尽快把我国的体育运动水平搞上去。那种由于批判'技术第一'而不敢抓训练技术的倾向是错误的。政治思想工作，不能完全离开体育业务工作去做。""同样，批判锦标主义，也决不是不要无产阶级的功利主义和革命的英雄主义。"文章的遣词用句和所阐述的观点，难免有"文革"的痕迹和特点，但敢于在令人瞩目的、作为社会政治形势标向的《红旗》杂志上为抓技术、夺锦标正名，这在自"文革"以来，只有1975年那种特定的社会背景条件下才有可能。这说明经过"文革"中多次政治斗争的反复，人们对"文革"的性质认识得更加清楚，"四人帮"在后期倒行逆施的行为

---

① 《小平同志体育工作指示录》，《体育报》1997年3月3日。

正为全国人民、包括体育界广大工作者的愤慨和反对。同时，也表现出广大体育工作者对"四人帮"的所作所为进行坚决抵制的勇气和胆魄。正是由于思想的相对解放和全面整顿提供的良好社会环境条件，1975年，整个竞技水平又有了较大面积和较大幅度的提高。全年共举办了21110次运动竞赛，其中国家体委15次、省、市、自治区体委举办323次，专区、盟、市体委举办了3093次，县、区体委举办了17679次。与前几年相比，1975年举办的运动会规模大、综合性运动会占的比重较大。国家体委举办的15次全是综合性运动会；各省、市、自治区全年共举办了64次综合性运动会；县区体委举办了1682次。各省、市、自治区为迎接第三届全运会，强化训练，认真选拔参赛运动员，促进了竞技水平的快速提高。

1975年9月12日，在北京举办了中华人民共和国第三届全国运动会，这是"文革"十年内乱中召开的唯一的一次全运会。这次运动会是在全国进行全面整顿的大好形势下召开的，但又处于"文革"中曲折政治运动的后期，很具有时代特色。

在第三届全运会上，许多优秀运动员取得了较好的成绩，全运会前后，形成和达到了"文革"中竞技体育从复苏到发展的高峰。第3届全运会后不久，"四人帮"在全国掀起了"反击右倾翻案风"的恶浪，邓小平同志再一次被打倒，体育界也再次陷入混乱，竞技体育领域不可避免地受到再次冲击和破坏，重新跌入低谷。

1972年以后，随着整个政治局势的转机，竞技体育得到较全面的复苏，在整个体育组织管理体系得到了梳理和初步恢复后，首先开始了专业运动队的重新组建工作。从现在各省、市、自治区编纂的体育史志中所记载的资料看，1972年，全国各省、市、自治区建立的体工大队，根据文革后的年龄、技术的实际情况，重新组建各个项目专业运动队。

（六）从"儿童抓起"

1. 从"儿童抓起"战略思想内涵

1972年，在当时召开的全国训练工作会议上，明确地指出了抓青少年业余训练的紧迫性和重要意义，要求各地把开展业余训练作为整个训练工作的重要组成部分，并且提出了"从儿童抓起"。

从"儿童抓起"，是面对优秀体育运动员停止了六年系统训练，所有项目运动员已经错过了出成绩的最佳训练时段，为适应"乒乓外交"成功后，中国要迅速在国际体坛上取得好的成绩，为政治服务，为外交路线服务而提出来的具有长远发展战略思想。"从儿童抓起，积极组织少年儿童开始各种体育活动，加强对他们的培养和训练，不仅是贯彻无产阶级教育方针所必需，也是为我国体育运动培养后备力量，提高我国体育运动水平的重要措施。"①

在以"阶级斗争为纲"的政治思想高度，还具有无产阶级和资产阶级对青少年儿童的争夺的重要意义。占领课余活动阵地，是培养培养无产阶级革命事业接班人，同资产阶级争夺少年儿童的需要。课余时间这个阵地，无产阶级不去占领，资产阶级就必然去占领。少年儿童精力充沛，爱好活动，课余时间如果不去组织他们参加健康的文化体育和其他活动，他们就较容易受资产阶级坏思想、坏习气的影响，参加不正当的活动。我们必须提高警惕，不要忘记阶级斗争，大力加强少年儿童的训练工作，抵制资产阶级对他们的腐蚀和影响。在训练工作中，也存在着两个阶级、两条路线、两种思想的斗争。如果看不到阶级斗争、路线斗争，缺乏抓大事的自觉性，就会不知不觉地滑到修正主义道路上去。

"思想上政治上的路线正确与否是决定一切的。""路线是个纲，纲举目张。"少年儿童训练工作能不能搞好，同样取决于执行什么路线。搞好少年儿童训练工作，就是落实毛主席的无产阶级体育路线的具体体现。

2."从儿童抓起"的实施

为了落实全国训练工作会议上提出的抓青少年业余训练，从"儿童抓起"的战略思想，1972年9月，在西安市召开了全国青少年业余体育学校工作座谈会。在国家体委、国务院科教组下发的《纪要》中，明确了青少年业余体校的任务是"不断提高青少年运动技术水平，为优秀运动队和各级业余代表队培养新生力量，同时为基层培养专项运动技术骨干"。要求业余体

---

① 曲文：《生气勃勃的全国少年比赛》，《新体育》1972年11月27日。

校"应招收思想进步，学习努力，在体育上有培养条件的少年、儿童入学"。从培养优秀运动员着眼，"应做到从小培养，多年训练，打好基础"。在训练指导思想上强调"必须根据少年、儿童的特点，采取区别对待，循序渐进，合理安排运动量的原则"。"重视全面身体训练和基本技术训练。从小打下良好基础。"《纪要》还特别提出了科学训练的观点和要求。要"加强科学研究工作。有条件的地方，可逐步建立科学研究小组，注意积累资料，探索适合少年、儿童特点的训练手段、方法、规律，提高训练水平，加强医务监督，注意安全教育，防止伤害事故"。《纪要》体现了对业余体校训练工作的紧迫性和战略性发展需要的思想，在目的、任务和要求中，反映了尊重科学，实事求是的精神和思想观点，对极左思想，进行了有效的抵制。

1972年6月，《人民日报》报道了重庆市以中，小学为重点，"注意从少年儿童抓起，搞好小足球"活动，重庆市南岸区第三小学办业余体校，培养体育骨干，积极领导少年儿童开展体育活动。《人民日报》社论《发展体育运动，增强人民体质》中提出："体育运动要从儿童抓起。""发展体育运动，既要注意普及，也要注意提高，抓好了普及，提高才能有雄厚的基础。"①

"从儿童抓起"的战略思想，既是培养优秀运动员后备人才的需要，也为推动学校体育工作的全面恢复提供了依据。符合全面贯彻执行党的教育方针，使学生在德育、智育、体育几方面都得到发展，实现"身体好、学习好、工作好"的目标。

"从儿童抓起"的战略思想，在全国得到了很快地贯彻。1972年4月，全国少年乒乓球赛在沈阳举行，全国二十九个省、市、自治区415名参赛队员中，平均年龄不到15岁，最小的才9岁。②很多运动员都是从业余体校挑选出来的，这以后，全国、省、市级球类集体项目比赛中，都规定必有一名少年运动员上场。上海市少年足球队访问了日本，日本少年乒乓球代表团访问北京、广州等城市。1972年9月在长沙举行的全国跳水水球比赛中，少

---

① 人民日报社论：《发展体育运动，增强人民体质》，《人民日报》1972年6月10日。
② 《今年全国少年乒乓球比赛在沈阳隆重开幕》，《人民日报》1972年4月16日。

年运动员占三分之一以上，年龄最小的才 10 岁。

（七）"体育革命"与"竞赛改革"

在"批林批孔"运动中，体育界的干部、教师、教练员、运动员和工作人员被迫花费大量的时间和精力去学习和领会"精神"，摘抄报纸写批判稿，开批判大会，以西安体院为例，仅在 1974 年"批林批孔"运动中，全院共举办各类大批判学习班 134 期，召开各种批判会 346 次，大小批判发言 1799 人次，出批判专辑 79 期，写批判文章 1500 余篇，大字报 7189 份，漫画 150 幅。① 使这个时期学员的学习和训练都受到很大影响。接着，借"反潮流"之风，又开始在体育扶持"新生事物"。

1974 年 7 月，全国排球联赛上海赛区的各个比赛场馆，建立了一批工农兵评论小组，这被誉为是"批林批孔运动中出现的社会主义的新生事物"。目的是使运动队在竞赛中"以党的基本路线为纲，更好地贯彻执行毛主席的革命体育路线，落实'友谊第一，比赛第二'的方针，深入批判修正主义体育路线。""提高运动员路线斗争觉悟，实现思想革命化。"他们的任务"细致观察赛场上的各种现象"、"对一些问题进行调查研究，经过评论小组集体讨论，从路线高度上具体分析，然后写出评论文章"，如本届联赛中，"某队领队恼火地批评一个被搞下场的运动员。"上海第六电表厂工人评论小组就写了一篇《在责备的背后……》的评论，针对这一现象进行了路线分析、指出在"恼火"和责备背后，存在着一些"师道尊严"的意味和锦标主义流毒。② 这一"新生事物"通过舆论工具的宣传，很快在全国各种比赛中推行。由于各地评论小组的人员组成比较复杂，他们的使命就是用极左的标准在比赛中找差错，凌驾于比赛组委会和裁判员之上，插手比赛，给比赛工作带来很大的干扰。

为进一步加强对运动员、教练员进行再教育，要求运动队长时间离开

---

① 西安体育学院校史编写组：《西安体育学院校史 1954—1994》，西安体育学院出版社 1994 年版，第 81 页。

② 《上海各体育场馆建立工农兵评论小组》，《体育报》1974 年 7 月 9 日。

训练基地到工厂、农村搞"开门训练",是"批林批孔"中又一"新生事物"。"开门训练"对系统性训练是很大的冲击,影响了竞技成绩提高的速度和幅度,客观上对基层体育活动开展有促进作用,但造成的损失是主要的。

1976年,"四人帮"加快了篡党夺权的步伐,在全国刮起了"批邓、反击右倾翻案风",使全国再次陷入混乱。江青反革命集团进一步插手体育界,打出"体育革命"、"竞赛改革"的招牌。把新中国成立以来的体育工作诬蔑为"没有资本家的资产阶级体育"。并在竞技比赛的名次上大做文章,搞"革命"搞"改革",取消竞技比赛。"四人帮"利用在国家体委的代言人,将竞技比赛名次扣上三条罪状:"产生锦标主义"、"助长技术第一"、"扩大资产阶级法权"。在当时,很多比赛不再公布成绩,不排名次。给体育界造成了很大混乱。挫伤了教练员、运动员的积极性,直接影响了竞技水平的提高。

1976年5月,《红旗》杂志发表了署名的《邓小平在体育战线鼓吹什么》一文中,连邓小平副总理在接见参加的第七届亚运会的中国体育代表团时提出的"提高运动技术水平,争取好的成绩"的要求,也被批判成体育方面的"修正主义纲领"。1976年,我国的体育界再度陷入严重混乱之中,运动成绩严重下降。我国曾30次打破世界纪录的举重,连一项世界纪录也没保持住;我国的游泳项目曾3人5次打破世界纪录,但在1976年,我国男女游泳的总成绩都落在世界30名之后;田径成绩没有1项能进入前10名,达到奥运会报名标准的只有3个项目。竞技体育从整体水平上又拉大了与世界水平的距离。

自1972年开始贯彻"从儿童抓起"的战略思想后,经过一年的时间,"中、小学因地制宜大力普及重点项目,建立训练点,进行少年儿童训练的,更如雨后春笋,布满全国各地"。针对很多业余体校只重规模和形式,不重视训练效果的状况,1974年1月,邓小平在接见国家体委负责同志的谈话中,特别强调了体育要全面从"娃娃"抓起。邓小平说:"增加娃娃的事,要专门写个报告,要包括军队在内……军队也不是一个队,各大军区都要有队。足球不从'娃娃'搞起,是上不去的。围棋要从小搞起,有的八、九岁、

十一、十二岁成名手了，吴清源十二岁就比较有名了。"[1] 就是要加强学校体育嘛！要把学校的体育工作搞好。要发展少年儿童业余训练。[2] 国家体委下发的《1974年体育工作要点》中，提出了"在批林整风带动下"，"大力抓好业余训练工作，切实办好少年儿童业余体校。"并指出：业余训练工作是推动普及、促进提高的一项重要措施，必须抓紧抓好。"大力发展和切实办好少年业余体校；充实业余训练教练员队伍，关心他们的思想和业务水平的提高"。

　　1974年，少年儿童的业余体校训练得到了加强，各地省、市、自治区形成了省、市（地）、县建立了项目对口，代表队训练点、一般业余体校、重点业余体校层层衔接的训练网，其规模远远超出"文革"前。"批林批孔"运动开始后，训练又受到冲击，继后的"体育改革"，"开门训练"给省市级训练带来了很大影响。但自1972年以来，"从儿童抓起"培养体育后备优秀人才的战略思想，一直能得以在体育系统贯彻执行，这为"文革"后，我国竞技体育能在短时间内崛起，打下了基础。

---

① 《小平同志体育工作指示录》，《中国体育报》1997年3月3日。
② 《小平同志体育工作指示录》，《中国体育报》1997年3月3日。

第四章

体制改革，"侧重抓提高"

(*1977—1992* 年)

一、"侧重抓提高"带动体育事业全面发展

（一）建设"体育强国"的战略目标

1976 年 10 月粉碎"四人帮"以后，中国面临的任务是及时地和毫不犹豫地把工作重点转移到社会主义"四个现代化"的建设上来。为了实现这一伟大的战略转移，必须在肃清林彪和"四人帮"流毒的同时，认真纠正党在指导思想上多年来存在的"左"的错误，才能保证实现新时期历史任务时的正确领导，推进社会主义经济的顺利发展。1978 年 12 月党的十一届三中全会出色地完成了这个历史任务。十一届三中全会以后，活跃的政治空气和迅速发展的经济建设，为体育事业的拨乱反正和迅速恢复提供了必要的政治、思想和物质条件。在粉碎"四人帮"后的两年里，从国家到地方各级体委领导班子进行了调整，保证了国家对体育事业的领导。为了适应党在新时期对体育工作的要求，以及我国在国际奥委会的合法席位得到恢复的新形势，国家体委采取了一系列有力措施，调整了战略方向，将工作重点放在"侧重抓提高"上面，一边调整，一边发展，为 20 世纪 80 年代以来中国竞技体育的

崛起与腾飞奠定了基础。

1. 体育工作重点转移的部署与措施

十一届三中全会后，在"文革"十年中长期禁锢体育界的精神枷锁得以解开。同时，国内理论界关于真理标准的大讨论促进了体育工作者大胆对过去体育领域的禁区进行探索，澄清了一些模糊观念，纠正了一些错误现象，确立了体育战线应不失时机地把工作重点转移到发展体育事业上来的战略方向。

1978年12月18日至22日，党的十一届三中全会在北京举行。会议的中心议题是讨论从1979年起把全党工作重心转移到社会主义现代化建设上来。全会毅然抛弃了"以阶级斗争为纲"的"左"的错误方针，否定了"无产阶级专政下的继续革命"的"左"的错误理论，提出"全国范围的大规模揭批林彪、'四人帮'的群众运动已经基本完成"，全党工作的重点应该从1979年起转移到社会主义现代化建设上来。十一届三中全会结束了粉碎"四人帮"后两年来的徘徊局面，作出了一系列拨乱反正的重大决策。这次会议成为我国社会主义建设历史上具有深远意义的伟大转折。

根据十一届三中全会的精神，国家体委于1979年2月在北京召开了全国体育工作会议，主要讨论了体育工作重点转移的问题。会议认为必须集中精力抓体育工作，努力攀登世界体育高峰。体育战线的工作重点就是高速度发展我国的体育事业，在新的时期加速实现1978年全国体育工作会议上提出的"要在本世纪内成为世界上体育最发达国家之一"的目标。

1978年5月12日，国务院发文批转国家体委《1978年全国体育工作会议纪要》。国务院在批示中强调，要在党的十一届三中全会精神指引下高速发展体育事业，坚持普及与提高相结合的方针，进一步广泛开展群众体育运动，重点抓好关系到两亿青少年健康成长的学校体育工作，积极地、有步骤地开展军事体育，大力加强训练工作，增强人民体质，迅速赶超世界先进水平，以迎接经济、文化建设的新高潮，适应实现四个现代化的需要。

国务院还同意1979年召开第4届全国运动会，要求各省、市、自治区和解放军认真做好准备，创造一批新纪录，推动体育运动出现一个新面貌。

《1978年全国体育工作会议纪要》由3个部分组成。第一部分是深入揭批"四人帮"；第二部分是为了澄清路线是非，必须明确坚持党对体育工作的领导，促进青少年德、智、体全面发展，坚持普及和提高相结合的方针，开展体育运动竞赛，迅速攀登体育运动技术高峰，开展国际体育交往，坚持合理的体育规章制度，建设一支又红又专的体育队伍8个方面的问题；第三部分是目标和措施，即在本世纪内，努力做到城乡群众体育大普及，拥有世界第一流的体育队伍、世界第一流的运动技术水平和一流的现代化体育设施，成为世界上体育最发达的国家之一。在8年内，要基本普及群众体育，大部分运动项目的成绩接近和达到世界先进水平。在3年内，群众体育要开创一个新局面，要有三分之一项目的成绩接近或达到世界先进水平。1979年举行第4届全国运动会，检阅体育战线30年来的巨大成就。会议指出为了实现上述目标，必须采取以下措施：

（1）整顿和建设好各级体委领导班子，特别是要选配好第一、二把手。国家体委要带头，领导干部和领导机关要有计划地深入下去，调查研究，总结经验，解决实际问题。

（2）大力加强思想政治工作，要调整和健全政治工作机关，发挥政治机关的职能和作用，学习解放军，总结自己的经验，建立一套适合体育系统特点的政治工作制度和方法。切实解决思想问题，保证各项任务的顺利完成。

（3）大搞群众体育运动，掀起比、学、赶、帮、超的社会主义竞赛。体育是关系着亿万人民健康的大事，要广泛动员工农商学兵各界根据各自的特点，积极开展体育运动。学校体育是关系到两亿青少年全面成长的大问题，各级体委要配合教育部门切实抓紧抓好。在省、市、自治区之间，地区、市、县之间，运动队之间开展竞赛。建立先进集体和先进体育工作者评选制度，要向又红又专、持续跃进的国家乒乓球队学习，在体工队开展评选"勇攀高峰运动队"的群众运动。

（4）建立健全合理的规章制度。继续推行国务院批准的《国家体育锻炼标准》，修订运动员和裁判员技术等级制度、竞赛制度等。

（5）建立层层衔接的训练网。省、市、自治区都要按照思想一盘棋、组织一条龙、训练一贯制的要求，力争在三五年内建成从基层运动队（中小学）—业余体校—重点业余体校—体工队层层衔接的训练网，逐步建立集中

统一的训练指挥系统。

（6）大搞技术革新，提高训练质量。体工队必须以训练为中心，坚持执行严格训练、严格要求的方针和从难、从严、从实战出发，进行大运动量训练的原则。要大力提高训练质量，加强训练的科学性、系统性和计划性。

（7）大打体育科研之仗。体育大干快上，科研必须先行。国家体委拟建立管理科技工作的部门。各省、市、自治区体委和体育学院要建立和充实科研机构。要保证科研人员至少必须有六分之五的时间从事业务工作。

（8）大力培养体育人才。体育院系要继续深入教育革命，加速培训体育教师、教练员和体育干部。培训体育人才必须两条腿走路，开办多种形式的进修班、短训班。

（9）切实搞好后勤保证。要坚持勤俭办一切事业的原则，加强对现有场地、器材的管理和维护，提高使用率。在重点城市应有计划地建设现代化的体育设施，以适应承办国际比赛的需要。

（10）恢复健全组织机构，充分发挥各方面的积极性。建立健全县以上各级体委，列入各级革委会的行政编制。恢复体育运动委员会委员制。建立健全基层体育组织，根据条件配备专兼职干部，充分发挥中央和地方两个积极性。

这次会议还确定了"在1979年和1980年，国家体委和省一级体委要在普及与提高相结合的前提下，侧重抓提高"的方针。根据全国体工会议的要求和布置，全国整个体育工作开始"一边调整，一边前进"，迅速实现了工作重点的转移。会议还就运动员和教练员的工资标准、奖励制度、技术职称、技术等级制度、后勤保证方面的一些规定，进行了初步讨论。

为了适应体育工作重点的转移，各级领导带头学科学、学业务、学技术、学管理，主动改变外行管内行行为；积极改进领导作风和领导方法，克服官僚主义、主观主义、形式主义，恢复了"文革"前党中央提倡的大兴调查研究、经常深入基层的良好作风，深入训练、竞赛、科研第一线，去了解情况、发现问题、解决问题。

各级体委领导工作重心的迅速转移，为实现既定的阶段目标，尤其是使20世纪80年代初体育各项工作得以迅速展开并进入有序发展，把竞技体育作为侧重点使运动成绩能从"文革"低谷中大面积大幅度跃升，起到了关键的保证作用。

2.《全国体育事业发展规划》

在1978年召开的全国体育工作会议上，拟定了体育事业发展的长、中、短期目标。即在本世纪内，一定要努力做到城乡群众体育大普及，全国人民体质大增强，拥有世界第一流的体育队伍、世界第一流的运动技术水平、现代化的体育设施，成为世界上体育最发达的国家之一；在8年内，要基本普及群众体育，大部分运动项目的成绩接近或达到世界先进水平；1979年举行第4届全国运动会，检阅体育战线30年来的巨大成就。

鉴于当时仍然把揭批"四人帮"的政治运动放在首位的国内形势，各省、市、自治区只是把这个目标作为努力的一个方向，并没有细化和具体成各项标准，拟定出实施的措施和步骤。1978年全国体育工作会议后，拟订全国事业发展规划，确定好长期、中期、短期发展目标，立足现实，兼顾以后，着眼未来，成了国家体委、各省、市、自治区体委必须认真考虑的问题。

1979年3月9日，国家体委以文件形式下发了《1979年的全国体育工作会议纪要》（以下简称《纪要》）。《纪要》分3个部分：第一部分是体育战线的形势；第二部分是1979年和1980年要做好的工作；第三部分强调加强党的领导是完成任务的保证。《纪要》在第二部分中重点阐述了4个方面的工作：第一，开好第4届全国运动会，积极准备参加1980年、1984年奥运会，力争在全运会、奥运会以及世界性比赛中创造一批优异成绩。第二，进一步广泛开展群众性体育活动，工农商学兵的体育活动都要有新的发展。重点抓好关系两亿青少年学生健康的学校体育。军事体育活动要在现有的基础上，积极有步骤地开展，扎扎实实抓好普及工作。第三，大力加强业余训练，加速培养优秀运动员后备力量，把大、中城市的训练网建立、健全起来。第四，加强科研工作，着力解决赶超世界水平的课题。努力办好体育学院，积极创造条件，逐步把体育学院办成教学、训练和科研中心。

1979年的体育工作会议把开好1979年的第4届全运会、力争1980年奥运会上进入团体总分前10名、获得15枚左右奖牌，群众体育要开创一个

新的局面，建立健全大、中城市的训练网，搞好重点项目的布局和建立各地区传统项目的业余训练基地，开展教练员轮训，努力办好体育学院和科研所等，作为近两年的目标和工作任务。要求各省、市、自治区都围绕工作重点转移问题召开体工会议，并按照近两年内侧重抓提高的要求进行工作部署。

在这次全国体育工作会议上，国家体委主任王猛在会议总结中肯定了23年（1978—2000年）设想和8年（1978—1985年）的规划，认为"奋斗目标是鼓舞人心的，实现这一设想，也就可以说实现了体育现代化。我们应结合各项工作，经常地、适当地加以宣传，以鼓舞体育战线上的广大干部和教练员、运动员，为实现这一设想而奋斗"。代表们对设想与规划提出了不少意见和建议，总体认为，规划的方向是好的，是鼓舞人心的，但有些指标过高。会后《全国体育事业发展规划》以草案形式下发，供各地修订本地区发展规划时参考。应该讲，在制订全国体育事业发展的长期、中期规划上虽然由于指标上的分歧及其他如地区具体情况等因素未能确定下来，但恰恰表明了会议代表解放思想、实事求是、对事业高度负责的精神。通过这次讨论，全国和各省、市、自治区体委，在工作上都有了一个长远的共同目标和阶段性目标的意识。

（二）"侧重抓提高"的战略思想

1. 根本改变我国运动技术水平的落后状况

"侧重抓提高"是推动20世纪80年代我国竞技体育大发展的重要战略决策。1979年4月，中共中央正式提出了"调整、改革、整顿、提高"的新八字方针。1980年的全国体育工作会议认为，体育战线内部没有严重的比例失调，调整应抓住当前工作的重点，为中长期规划的实现打好基础。会议总结了20年来体育工作的基本经验，这就是要正确处理好体育与政治、体育与经济、普及与提高、学习与创新等方面的关系，要充分运用竞赛手段推动体育运动的发展和在党的领导下依靠群众办体育。"文革"结束后，运动技术水平落后已成为体育事业发展的突出薄弱环节，多数项目与世界先进水平的差距很大，有的达不到奥运会的报名标准，有的还冲不出亚洲。因此，体育界必须在统筹安排的基础上突出重点。会议肯定了1979年确定的省一级以上体委继续在普及与提高相结合的前提下，侧重抓提高的部署，提出了"力争在今年奥运会上进入总分前 10 名，在 1984 年奥运会上进入总分前 6 名"的指标，并提出了力图"在 80 年代根本改变我国运动技术水平的落后状况，使我国体育在全世界大放异彩"①。

从 1980 年开始，国家体委和各地体委按照上述思路对发展方向与重点进行了全面的调整。按照有利于在奥运会上取得好成绩的原则，对运动项目的布局进行了调整。在 20 世纪 50 年代末和 60 年代初，就确定过以 10 个优势和影响较大的项目作为发展重点。1979 年随着国际奥委会恢复我国的合法席位以后，我国体育全面登上了国际舞台，更须集中力量尽快把若干项目搞上去，这是攀登世界体育高峰的一项重大政策性措施。由于奥运会是世界上规模和影响最大的综合运动会，与奥运会项目对口并突出重点，就成为体育界调整项目设置时遵循的首要原则。一改过去力量分散、重点不突出的倾向，根据奥运会的项目设置和金牌分布，将当时技术水平较高、影响较大和在国内受到群众广泛喜爱或国际影响较大的乒乓球、羽毛球、田径、游泳、跳水、体操、举重、足球、篮球、排球、射击、射箭、速度滑冰共 13 个项目列为全国重点。与此同时，按照全国一盘棋的精神，组成代表国家最高水平的常设国家队，并要求承担重点布局项目任务的省、市、自治区体委、解放军和体育学院，从 1980 年起按每 4 年为 1 个周期，定出赶超世界先进水平的指标。国家和地方根据可能在参加国内外比赛、技术资料、经费、器材设备等方面给予资金和技术支持。从 1979 年始，在集中优势、突出重点、优化结构、分类管理的思想指导下，作了重点布局，进行了竞技运动项目调整，并取得了明显的成效。通过布局调整，不少项目如游泳、体操等水平提高较快，一些水平不高的项目列为重点项目后，也逐步有所加强，进步明显。另外，我国传统的武术和围棋等传统类项目继续在全国广泛开展，采取建立武术馆、棋院等方式提高水平。

---

① 国家体委政策研究室:《国家体委关于加速提高体育运动技术水平的几个问题的请示报告》，引自《体育运动文件选编，1949—1981》，人民体育出版社 1982 年版，第 141 页。

2．"国内练兵，一致对外"，调整项目设置

为了把全运会和奥运会的任务一致起来，经过体育工作会议讨论，1983年9月举行的第5届全国运动会基本按照奥运会的项目设项，在所设的22个比赛项目中，有20个奥运会项目，即田径、游泳、水球、跳水、足球、篮球、排球、体操、射击、射箭、举重、击剑、手球、摔跤、自行车、赛艇、皮划艇、帆船、柔道、曲棍球；另有2项非奥运会项目，即乒乓球和羽毛球。冬季全运会设速度滑冰、花样滑冰、冬季两项、冰球、滑雪共5个比赛项目。以此来达到通过国内比赛锻炼队伍、选拔人才的目的，使备战全国运动会和奥运会的任务相一致。

3．调整一、二、三线运动队伍

为了增强我国竞技体育发展的后劲，从1980年开始，按照"思想一盘棋、组织一条龙、训练一贯制"的要求，对优秀运动员、业余体校和学校运动队这样的一、二、三线运动队伍进行了调整，逐步建立和健全了按比例发展、层层衔接的训练网，完善了后备力量的培养体系，一定程度上克服了小而全、大而全的重复训练和人才浪费的混乱现象，除加强各地和解放军系统的专业队伍外，还积极支持和帮助产业系统逐步恢复建立优秀运动队，也把个别项目放在体育学院或重点城市、对口工厂设队。

1978年的全国科学技术大会以后，全国出现了一个向科学进军的热潮。为了提高干部和教练员队伍的科学文化素质，从1980年至1985年，有计划地轮训了县体委主任，部分教练员的文化程度达到相当于大专或中专水平。同时，建设了一支高质量的裁判员队伍，培养了一批国际裁判员。在1980年，经国务院批准，国家体委下发的《关于加速提高体育运动技术水平的几个问题的请示报告》中，要求认真办好体育学院，加强体育科学研究工作，逐步建立科学情报中心和体育科技资料档案，学习推广国外先进经验，继续改革竞赛制度，充分发挥各级各类赛事对体育运动的推动作用。体育场地设施建设要纳入城市建设的统一规划，现有的体育场馆不得任意占用，要加强管理并提高使用率，保证完成体育活动的任务。

4．动员社会力量办体育

按照1979年全国体育工作会议提出的省、市以上体委侧重抓提高的社会分工，强调了动员社会力量办体育。基于当时国家的经济实力，只能保证重点，解决最突出矛盾和问题。如果体育事业不全面发展，提高也抓不上去；为了保证国家能集中人力、物力、财力抓好提高，就必须动员社会力量来共同办体育事业，减轻体委的压力和负担。1980年以后，体委加强了同教育、卫生、工会、共青团、妇联和解放军等部门的分工合作，并注意了切实发挥全国体育总会及体育分会、产业体协、单项运动协会和基层体育协会等群众体育团体的积极作用，使体育事业得到发展有了更多的支撑点和动力，群众体育逐步转向以各行业、各部门办为主，各级体委主要进行协调指导工作，这样，既保证了体委把工作重点放在提高运动技术水平方面，又加强了体育的宣传工作，通过新闻单位积极宣传，造成强大的社会舆论，从而最广泛地动员、吸引群众参与体育活动。

经过这些调整，我国这一时期的体育事业初步形成了以发展竞技体育为先导，带动体育事业全面发展的战略布局。

（三）"体育要大干快上，科研必须先行"

1977年，国家体委召开了全国体育科学技术规划会议，草拟《1978—1985年全国体育科技工作发展规划》。1978年全国体工会上，提出了在本世纪内"成为世界上体育最发达的国家之一"的目标。在围绕目标制定的必须切实抓好的措施中，拟定了要"大打科研之仗"，形成了"体育要大干快上，科研必须先行"的工作思路。1978年5月，国家体委发出《关于加强体育科学技术工作的意见》，要求各省、市、自治区体委、体育学院高度重视体育科研工作，把体育科研工作提到重要议事日程上来，大干快上，做出成果。这是在打倒"四人帮"之后，全国迎来了科学的春天的社会环境下，面对体育的现状，要迅速缩小与世界体育水平的差距，实现在较短时间内"成为世界体育最发达国家之一"的目标，在思想大解放的前提下，提出的很理性和具有超前意义的工作思路；是把体育科研置于促成体育事业快速发展的前提和动力的地位上。这种工作思路得到了体育工作者的赞同和响应，激发了体育科技人的热情和干劲。

此后，根据"科研先行"的工作思路，以迅速提高运动技术水平为主，

做了以下几个方面的工作。

1. 建立科研机构，扩大体育科研队伍

1978 年全国体工会上，国家体委在会议纪要中提出，"要加强科研工作的领导"，"国家体委拟建立管理科技工作的部门"。要求各省、市、自治区体委和各体育学院要建立和充实科研机构。1979 年，全国建立起 10 多个科研所，各省、市、自治区体委，都积极创造条件，建立体科所。1979 年的全国体工会上，提出了体育学院要建立健全科研部门，省以下各级体委、有条件的大专院校和业余体校应建业余科研小组。并要求各级科研机构要积极开展学术活动，加强业务进修。1980 年 12 月 15 日，在中国科协的领导下，在国家体委及有关方面的大力支援下，中国体育科学学会在北京成立。这次大会还建立了运动医学、运动生物力学、运动心理学、运动训练学和体育科学理论五个分科学会。

"文革"后，全国体育科研人员锐减，科研力量薄弱，特别是优秀运动员的训练，缺乏科研指导，为大干快上而"乱训"、"盲训"的现象比较普遍。为扩大和充实体育科技人员队伍，体工会决定"重点院校要招收研究生，开办科技人员进修班，针对训练的基础理论研究薄弱、训练伤病的防治和恢复需要大量专业科研人员的状况，体工会上，提出了'建设有条件的医学院恢复或增设运动医学科，加强运动医学的研究'。"根据这个建议，成都体育学院很快就设置了国家体委运动创伤研究所，体工会还要求"体工队应有一定数量的科研人员"。

1980 年，中国体育科学学会有会员人数 184 人，至 1984 年会员人数达到了 5164 人，体育科研队伍有了大发展，体育科研人员涉及的学科领域也越来越广。

体育科研机构的重建和新建，体育科研队伍迅速壮大，为缩小我国体育科学技术与世界先进水平的差距打下了基础。为"科研必须先行"工作思路的落实，提供了保证。

2. "为体育运动服务，为奥运会重点项目服务"

根据 1979 年和 1980 年"侧重抓提高"的指导思想，必须使体育科研先行工作按运动技术水平提高的需要，针对"着重抓好 23 个奥运项目的需要。进行全面规划，以突出重点，通过合理地布局、分工协作来达到预期的目的"。

在1978年国家体委发出的《关于加强体育科学技术工作的意见》（以下简称《意见》）中，提出了1978年至1985年科研的规划、重点、布局、协作的具体要求。《意见》提出了1978年到1985年体育科研的主要任务："（一）提高运动技术水平的研究，着重进行项目，特别是田径、游泳、足球和体操的大运动量训练的生理生化基础、机能评定和合理安排的研究。（二）开展体育运动对增强人民体质的作用和规律的研究，重点研究我国少年、儿童身体形态、机能和素质的特点，研究不同年龄阶段的体育教学、训练任务和身体全面发展的指标。（三）中西医结合防治运动性伤病，消除训练、比赛后疲劳的方法、手段和运动员合理营养的研究。（四）加强运动生理、生化、生物力学等体育科学技术的基本理论的研究。（五）积极研制现代化的体育器材、场地设备和体育科学仪器。"《意见》还对建立、充实机构、队伍，合理布局做了规定，国家体委和省、市、自治区体委建立科技工作管理机构，负责统一规划、协调和组织管理体育科技工作。

1979年5月7日，第二届全国体育科学技术工作会议召开，会议集中讨论了建立、健全体育科研机构，进一步开展体育科研工作的问题，初步总结了体育科研工作正反两方面的经验，研究了国际上体育科研的新动向。会议提出了体育科研为体育运动服务，为奥运会重点项目服务。在研究提高运动技术水平的同时，要研究群众体育的普及和全民族的健康水平。6月11日，国家体委下发了《第二届全国体育科学技术工作会议纪要》（以下简称《纪要》），《纪要》明确了今后一个时期体育科技工作侧重提高，并提出了这一时期体育科技工作任务："（一）围绕参加1980、1984年奥运会的任务。（二）在群众体育中，要突出抓好中小学体育和青少年身体健康的研究。（三）加强体育基础理论（如运动生理学、人体解剖学、生物化学、运动力学、运动心理学等学科）的研究。（四）要重视体育理论、体育史以及其他有关体育社会科学的研究。（五）要有计划研制一些急需的科研仪器设备和体育器材。（六）要重视体育科学技术情报工作。"为了保证上述任务的执行，《纪要》还做出了分工和布局，如抓好体育科研机构的建设问题；建立体育学会和体育科学技术委员会，加强学术交流；精选与培养体育科技

人员；以及体育科研经费问题，等等。这次会议还明确了：体育科研为体育运动服务，主要是研究一整套科学的训练方法来提高运动技术水平，以便迎接日益激烈的国际竞赛的挑战；同时研究科学的锻炼方法和多种组织形式，以推动群众体育的普及，提高民族的健康水平。这一时期的体育科技工作，提出了体育科研的"面向"问题，但对体育科学技术的地位和作用还阐述不够，对体育科研与运动训练实践结合的问题提的不够明确。

3. 引进先进技术，提高教练员、运动员业务文化水平

在 1979 年 3 月 9 日下发的《1979 年全国体工会议纪要》，确定 1979 年、1980 年的主要工作中，提出为"促进运动技术水平的提高"积极引进先进技术，增加出国考察、训练和邀请外国体育专家来我国讲学的活动。1980 年王猛主任在全国体工会报告中指出：体育运动的技术性很重，许多东西各国都可以互相学习、互相利用。"学习国外经验，引进先进技术，把世界上最新的成果拿来为我所用，对于发展我国体育有着重要的意义。"[①]

在引进学习外国先进技术的同时，提高我国教练员、运动员的文化水平，是"科研先行"落实的基础条件。

为提高体育队伍专业化、知识化的程度。国家体委决定把全国县以上体委主任轮训一遍。开办两年制或三年制的专修科，提高干部、教练员业务水平。并要求教练员三分之一以上提高到大专文化水平。[②]

提高教练员的业务能力和科学文化水平，是提高训练水平关键的一环，也是促进体育队伍结构专业化、知识化的重要方面。国家体委决定抓好教练员在职学习、函授教育、进修班等各种形式的培训，下决心办好北京、上海、天津体院的教练员专修科。

针对运动员文化低，对提高运动技术水平有较大影响的现状，提出了"一定要采取措施加强运动员的文化学习"，以及配备专职教师，确定学制，保证学时，发给文凭的措施。1984 年 1 月 12 日，李梦华在省、市、自治区体委主任汇报会上的总结发言中，对"体育人才培养、智力投资的迫切性、

---

① 国家体委政策研究室：《体育运动文件选编，1949—1981》，人民体育出版社 1982 年版，第 152 页。
② 国家体委政策研究室：《体育运动文件选编，1949—1981》，人民体育出版社 1982 年版，第 143 页。

重要性还没有被体育战线大部分领导者所认识，提高干部队伍和教练队伍文化科学素质问题还没有真正摆在工作日程上来"的现象提出了批评，要求重视体育院校的工作。各地要舍得把一线队伍的教练和年轻骨干送去培养。直属体院要合理分工，于1985年做到在绝大多数省、市、自治区优秀运动队开设函授点。一定要在"七五"期间使干部和教练队伍的知识结构有一个大变化。①

4．强化科学训练意识

1980年，王猛主任在全国体工会议上的报告中，分析了30年体育工作的基本经验教训。在正确处理普及与提高的关系上，王猛谈到了抓提高和科学训练的问题。30年来，我国许多项目在普及的基础上得到提高，在提高指导下得到了普及。但是，有些项目很普及，水平却不高；而有些项目虽不高，经过科学训练达到了世界水平。这说明了"要提高到尖端水平，决定性的因素是科学训练。""尖端水平的提高，必须花大力气加强科学训练，才能尽快突击上去"。这就从思想上必须强化科学训练的意识，那种以为有了普及自然就有提高，自然会尖子尖和不顾实际、盲目蛮干的行为，都不可能使运动技术水平达到世界水平，虽然有大量的事例可以说明这一点，但由于多年来极左思想的影响和科研实力不强的原因，很多体育部门的领导干部、教练员运动员，真正从系统科学训练上尝到甜头的不多。我国的竞技体育水平不高，相对的潜力较大，有的项目，只要运动员有吃苦精神，就会大的进步，但到了一定水准后，由于不懂或没有采用科学训练的手段和方法，水平就停滞不前了。因此，从思想上要具有"体育科研必须先行"的意识，并且要使这种意识在领导干部、管理人员、教练员、运动员、科技工作者中形成共识，则是需要下工夫去解决的问题。要解决训练水平低这个突出的薄弱环节，就必须"要加强训练，竞赛的科学研究和情报工作"。运用科学训练的手段、方法，获取可用的信息情报为我所用，是很重要的工作方法和措施，也是很重要的认识问题。在训练中，既要"坚持三从一大"训练原则，又必须"进行科学训练"，有了吃苦耐劳的精神，结合科学的训练方法，才能使

---

① 国家体委：《中国体育年鉴（1949—1991）》，人民体育出版社1992年版，第247页。

运动技术达到世界水平。

1984年1月12日，李梦华主任在省、市、自治区体委主任汇报会上的总结发言中，再次强调"中央指出：'经济建设必须依靠科学技术，科学技术必须面向经济建设'。体育战线应贯彻执行这一方针。当前，最急迫的是尽快解决提高运动技术水平的一些科研课题。科研人员要深入运动训练实践中去，研究关键性的问题。各级领导训练的干部、体工大队的领导干部要注意发挥科技人员的积极性，给他们出题目，创造工作条件，为科研成果的推广使用开辟道路。准备今年召开体育科技会议，重点研究体育科研与训练密切结合，为提高运动技术服务问题。"李梦华主任的发言提醒与会领导，要高度重视体育科研，同时，明确提出了体育科研与运动训练实践结合的具体任务。

1984年10月5日，在《中共中央关于进一步发展体育运动的通知》中要求："积极发展体育科研、教育事业，及时掌握体育情报信息，采用国内外先进技术和设备，加强科学训练，不断革新技术，尽快缩小与世界先进水平的差距。"争取在今后重大国际比赛中，夺取更优异的成绩。

由于国家体委认真贯彻邓小平提出的关于"科学技术是第一生产力"的论断，不断强化体育振兴要依靠科学技术进步的意识，同时，逐渐明确了体育科学技术要面向体育运动的发展的方向，以后来逐步实现的体育科学化，为体育科研的改革，打下了思想基础。

二、以改革"开创体育新局面"

1983年10月28日，国务院批转了国家体委《关于进一步开创体育新局面的请示》（以下简称《请示》）。国家体委根据中共十二大以后全国的改革形势，在《请示》中提出了着重从四个方面进行改革，初步形成了体育改革思路。

（一）"发动社会力量办体育"

1980年1月7日，体委主任王猛在全国体工会议上的报告中，对以行政手段进行管理，管体育与办体育不分的领导管理体制，提出了应该进行调整，实际是意向性地提出了改革的思路：依靠大家办体育。王猛认为，体育是全党全民的一件大事："单靠体委是不行的，必须依靠社会各个方面合作来完成这项工作"。"依靠大家办体育"。这个"大家"就是教育、工会、共青团、妇联等职能部门和群团组织。"体委的任务是根据党和政府有关体育的方针、政策，大力配合有关部门去开展"，"就是体委直接主管的工作，也需要有关各方面的配合和支持。体育作为政府的一个部门，有必要制定一些指令性计划和采取相应的强有力的行政措施。体委的工作绝不能单纯依靠指令和行政措施，而是要充分发挥体育总会和分会、产业系统和基层的体育协会，以及单项运动协会等群众性体育团体的作用"。

1981 年 4 月 1 日，在《全国体委关于省、市、自治区体委主任会议的几个问题的报告》中，对王猛主任在全国体工会上报告中"依靠大家办体育"的意向性改革思路，提出了比较具体的内容。在这次会议讨论了几个重要问题，会议认为，体育事业内部的调整工作必须搞好，其中一条，就是"体育工作的政策要搞活，路子要搞宽，逐步改变那种什么事情、什么活动都由国家包下来的做法，鼓励社会力量和群众自办体育"。在认识上，要把各类"民办"体育作为国家发展体育的辅助和补充，在国家的统一领导下，是国家体育和"民办"体育协调、健康地发展。具体措施就是：充分发挥各行业和基层体协等社会团体的作用，提倡和支持有关部门、产业系统、大的厂矿企业和大专院校尽可能举办各种形式的青少年业余训练，设置高水平运动队，条件好的省、直辖市可以设置少量的优秀运动队伍。① 由于"大家办体育"涉及领导管理体制，会议讨论的其他问题，很多必然地涉及管理体制问题，所以在这次会议上，提出了"搞好体育体制改革的调整研究和试点，健全和发挥体育总（分）会和单项运动协会的作用"。鉴于全国的整个形势仍处于调整之中，体制改革只是在局部领域尝试性地进行，而任何一项改革，都会牵扯到方方面面。调整是改革的基础，所以会议认为："当前，改革要服从于调整，与调整结合。"即一边调查，一边根据可能进行改革。

---

① 国家体委政策研究室：《体育运动文件选编，1949—1981》，人民体育出版社 1982 年版，第 157 页。

办体育要经费，在 1978 年全国体工会议纪要中，提到了"随着国民经济的发展，体育经费每年都要有所增加"。① 这是在多年计划经济体制下，可能想到的资金来源渠道。至 1981 年国家体委召开的省市、自治区体委主任会议上，着重讨论"依靠大家办体育"，进行领导管理的调整和改革议题时，对经费来源的渠道没有涉及，实际从思想观念上仍停留在体育应由国家办，工作应由体委管，事情可分给"大家"来做。

1983 年 10 月 21 日，国务院批转《国家体委关于进一步开创体育新局面的请示》（以下简称《请示》）中，确定了着重进行改革的几个方面中，首先是"发动社会力量办体育应有新的较大的突破"。这就从思想上，由调整过渡到了改革，由"大家"办体育变为"社会力量"办体育，对改革的认识有了质的突破。由此使这项具体的改革有了新的突破。从 1981 年调整中贯彻"依靠大家办体育"，经过两年的实践，对国家和"民办"体育，对"大家"和"社会"办体育，有了更理性的认识。《请示》中认为：体育是全民的活动，不能只靠体委办，必须依靠和发挥各有关部门和全社会的力量。各部门、各行业和群众团体都应把体育作为关心人民生活、建设精神文明的一项重要工作，摆到日程上来，认真管好本系统的体育工作。团中央、全总的体育部门与其他机构合并后，应有职能部门切实管起来；铁道、银行等系统已经恢复体育协会，其他有条件的行业也应恢复体协。各部门、行业、大的厂矿企业和大专院校，根据实际情况建立高水平的运动队，为提高我国体育运动水平做贡献，并推动和指导群众体育，活跃文化生活。

在这一项改革的请示中，最为重要的一点，是提出了"积极扶持群众（包括集体和个人）自办体育，自建活动场所，举行小型竞赛，传授体育技术，允许适当收费"，为发展体育事业"发动社会力量办体育"的新突破是提出了要"广开财路"的改革思路。

广开财路。依靠各部门和社会力量集资兴办体育事业，建立体育基金等。体委系统不应只靠国家拨款，也要努力增收节支，继续开辟国际体育商业性活动的渠道，以及运用体育电视、广播、广告等扩大财源。

---

① 国家体委政策研究室：《体育运动文件选编，1949—1981》，人民体育出版社 1982 年版，第 131 页。

中国共产党十二次全国代表大会，提出了经济体制改革任务后，这是体育界在解放思想的重大改革措施。为使"发动社会力量办体育"的构想成为现实找到了重要的切入点，抓住了实质性的内容，此后，体育商业性活动、体育电视、广播、广告等收入，成为体育事业发展重要的一股源头活水。

1984年10月5日，《中共中央关于进一步发展体育运动的通知》下发，11月9日，《国家体委贯彻执行中共中央关于进一步发展体育运动的通知的意见》（以下简称《意见》）中，要求各级体委应把落实中央通知同贯彻执行十二届三中全会关于经济体制改革的决定结合起来，认真研究体育战线改革的形势和任务，加快体育改革步伐，使体育工作既有声有色、又扎扎实实地向新的广度、深度和高度发展。

《意见》把"抓好体育社会化这一环节"，作为体育体制改革的首要问题，通过体育的社会化克服体育过分集中于国家办的弊端，放手发动全社会办体育。

《意见》指出：近几年，社会团体、个人办体育方兴未艾，给体育事业增添了前所未有的活力。各地要采取强有力的措施，引导发展这一改革势头，在以城市为重点的整个经济体制改革的推动下，力争在社会力量办体育方面有较大的突破。

从"依靠大家办体育"、"动员社会力量办体育"到作为体育体制改革的首要问题，是一个不断深化的认识过程。这为1986年体育体制改革的全面展开，打下了思想认识的基础。

（二）"分级分类、使竞赛社会化、多样化、制度化"

进入20世纪80年代，以奥运会为中心的现代竞技体育迅猛发展，我国的体育运动受到猛烈冲击，要提高我国的竞技运动水平，就必须改革竞赛制度。

国家体委从20世纪80年代初开始对原有竞赛制度进行改革，形成了新的竞赛制度。1983年2月，在《国家体委关于进一步开创改革新局面的请示》中，提出要对竞赛进行改革，"要使国内比赛与重大国际比赛衔接好，国内各级各类比赛衔接好，优秀运动队比赛与体校比赛衔接好，逐步做到社会

化、多样化、制度化"的思路。

1. 实行分级分类管理

为了分清职责，有利于竞赛的组织管理工作，改变过去体委行政部门"一把抓"的现象，对竞赛实行分级分类管理。体育行政部门的主要职责是负责制定竞赛方针、政策、规划和综合性运动会的组织工作，对体育竞赛进行分级分类管理指导。

以奥运战略为目标，将全国综合性运动会组合成"一条龙"，在项目设置、参加对象、计分办法、时间安排等方面，进行统筹考虑，侧重目标、任务相互衔接，互为补充。

根据比赛项目的特点，制定不同的比赛办法。全国各项比赛不分专业、业余，实行按水平和年龄组分级比赛。全国性比赛按运动技术水平分级，青少年比赛按年龄分组。采取分层分级比赛的赛制，有利于加速后备人才的成长，保证全国比赛的高水平，真正达到"练兵"的目的。

对体育竞赛进行分类管理、分类指导。国家体委将全国性比赛分为三类，由国家体委进行宏观控制。

全国综合性运动会，包括全运会、城运会、青少年运动会，由国家体委直接管理。全国单项比赛，包括锦标赛、冠军赛、杯赛等，主要由各单项协会管理。各系统、各行业的全国性运动会，由各主管部门和行业体协管理。

高水平运动队是竞技体育的主力军，为了达到真正练兵的目的，在规程的制定、特殊规则的执行、日程的安排、场地器材的要求等方面都尽量使高水平运动员竞赛国际化或接近国际比赛的条件和气氛。在竞赛规程的制定上，进一步强化了竞争机制，杜绝了一些由于规程不完善而出现的"君子协定"、"争输球"等现象，促进了运动水平的提高。

各类青少年、业余体校的竞赛，在 20 世纪 80 年代主要立足于出人才，改革的重点是按年龄分级比赛，强调身体素质的分龄比例，淡化金牌的观念，不强调他们过早出成绩。

学校体育竞赛，除发现、培养优秀体育人才外，主要通过体育活动达到增强学生体质、促进学生全面发展的目的。普通学校开展体育竞赛的目的是使学生热爱一两项运动项目，养成良好的锻炼习惯，为终身体育的实施奠定运动基础。

社会体育竞赛，主要根据不同对象提出不同任务，采用不同的竞赛形式，做到因人、因时、因地制宜。

2．竞赛制度化

竞赛是检验训练成果的主要手段。竞赛制度应符合体育运动发展的客观规律。针对一个时期内曾出现的重叠、赞助性比赛过多，影响冲击正常比赛的情况，国家体委本着合理安排竞赛，尽快与国际大赛接轨的原则，提出全运会、城运会、少数民族运动会每4年1次。

由优秀运动员参加的每4年1次的全国运动会，改为轮流在各省、市、自治区举行。1983年上海举办了第5届全运会，这是新中国成立以来首次在北京以外城市举办全运会。大学生、中学生运动会仍坚持4年1次。此外，根据训练需要，安排一些赞助性比赛。对各系统、各团体和群众体育组织培训的选手以及自训成才的运动员，凡成绩达到一定标准，给予参加全国比赛和国际比赛的方便。对篮、排、足球分级升降的联赛制度加以改进。篮球试行先分赛区再决全国名次，取消甲乙级升降。省级比赛安排一定数量的重点项目青年比赛。12岁以下的少年儿童比赛，原则上放到省和市、县举办（主要是市、县），规模较大的学生竞赛尽可能安排在假日举行。其比赛方法、计成绩标准应与成年人有所区别，以利于少年儿童的全面发展。[①]

（三）拓宽训练渠道，建立竞争机制

1．拓宽训练渠道

训练体制改革的重点是拓展体育人才的培养渠道，发动全社会有条件的行业、企业、学校、社会团体等办优秀运动队或高水平体育俱乐部。1979年国家体委就提出了"要广开才路，把培养优秀运动员的路子搞宽。除现有各省、自治区、直辖市体委和解放军系统的队伍以外，积极支持和帮助产业系统逐步恢复优秀运动队"。

---

① 国家体委：《中国体育年鉴·国家体委关于进一步开创体育新局面的请示》，人民体育出版社1993年版，第240页。

1983 年 10 月 21 日，在《国家体委关于进一步开创体育新局面的请示》（以下简称《请示》）对拓展训练渠道，以培养更多优秀的人才的思路，有了更具体的要求，根据优秀运动员训练的必备条件和要求，《请示》中提出了要"发挥城市特别是大城市在发展体育运动中的作用。除国家和省、市、自治区、解放军设优秀运动队外，应积极按 1981 年国务院批准的《关于省、市、自治区体委主任会议的几个问题的报告》中的有关规定，在条件较好的省辖市设少量优秀运动队，着重个人项目、有记录项目"。

这样，扩展了优秀运动员的输送渠道，也扩大了优秀运动员训练的基础平台。

2．建立教练员竞争机制

为了适应工作重点转移的历史变革，20 世纪 80 年代国家体委提出了运动队以训练为中心，不断提高运动水平的工作方针，对各项目运动队逐步进行了向主（总）教练负责制过渡的改革。

在 1983 年 10 月 21 日《国家体委关于进一步开创体育工作新局面的请示》中，明确的训练体制改革的一个重要内容，就是逐步实行教练员竞争上岗。"改变'大锅饭'的状态，当前重点解决教练员队伍搞活的问题，做到能上能下，互相交流。①试行招聘、自报公议、协会推荐、合同制，以及省、市、区间交流教练员等办法。继续试行责任制。②定期考核考试，评定、晋升职称。③建立轮训、进修等制度。④改变从运动员中直接选拔教练员的办法。今后选拔教练员，必须是经过体育院校系统学习，达到中专以上文化水平的。"为 1986 年体育体制改革开始后，各项目运动队向主（总）教练员负责制过度创造了条件。

3．试行体教结合

提高运动员的文化水平，是实行科学训练，提高训练质量的基础，同时，也是解决高水平运动员就业安排的基本条件。运动员的出路问题，严重影响到运动队伍的建设。试行体教结合，不失为吸引优秀运动员，提高训练质量，解决社会问题的好思路。在 1983 年 10 月 21 日的《请示》中，改革的重要内容之一，就是"继续试验运动队逐步向学校过渡。有条件的省、市、区，应积极试办运动技术院校，包括职工运动技术院校、体院分院等。希望教育部将这类学校纳入教育序列。在实现学校化以前，应采取多种形式加强运动队经常的文化学习。体育学校和有条件的师范学校体育系可开设着重提高教练员和退役运动员文化水平的专修班，进修期间保留原工资。不宜学习深造而转入其他岗位的运动员，发给一定的补助费，有特殊贡献的运动员，退役后仍享受较高的物质待遇和政治待遇，并授予荣誉称号或相应的职称"。

这项尝试性改革取得了成功，为后来高水平优秀运动员文化水平和学历层次的提高趟出了一条路子。

三、着手体制改革"推动体育的社会化和科学化"

20世纪80年代的体育改革，在认真总结新中国成立以来我国体育发展的正反两方面经验教训的基础上，将50年代设想的体育工作的社会分工与60年代初步形成的竞技体育发展模式，有机地结合起来，进一步明确了以竞技体育为先导，带动体育事业全面发展的战略思想，在"有计划的商品经济"的改革思想指导下，体育改革的重点放在克服过分集中国家办体育，特别是集中于体育系统办体育的弊端，围绕加速提高运动技术水平的任务，着重抓了训练体制和竞赛体制的改革，以社会化为导向，重新强调了体育工作的社会分工，旨在重新恢复在体委的统一领导下，国家办、部门办和单位办三结合的体育发展体制，以减轻国家体委既要抓竞技体育又要抓群众体育的独家经营的工作压力。这种基本思路是对计划经济体制下的体育发展模式的完善与发展，目的是建立一个适应新形势要求的体育发展新模式，推动体育的社会化和科学化，促进体育全面发展和提高。

（一）体制改革的指导思想

1984年10月5日，《中共中央关于进一步发展体育运动的通知》发出后，体育改革的思路更加清晰，措施更为具体，经过两年的改革实践后，1986年4月15日，《国家体委关于体育体制改革的决定（草案）》（以下简称《决定草案》）的制定，标志着体育指导思想与基本思路的形成。

《决定（草案）》中明确指出了体育体制改革总的指导思想是：遵循对内搞活、对外开放的方针，坚持实事求是，从全局出发，调动各方面办体育的积极性，推动体育社会化和科学化，创造把我国建设成体育强国的各种条件，促进体育的全面发展和提高，使体育在两个文明建设中发挥更大的作用。

体育的社会化改革主要是重新强调在体委部门的统一领导、协调和监督下，充分发挥各行各业各部门办体育和管体育的积极性，在体制上保证能够实现"以青少年为重点的全民健身战略和以奥运会为最高层次的竞技战略协调发展"的战略方针。

实践证明，针对我国过分集中于国家办体育的状况，提出的体育社会化的方针，是改革我国体育体制的必由之路，符合社会主义初级阶段经济尚不发达，发展体育不能仅靠国家而必须充分调动社会力量的客观实际。它不仅是体育改革的一项根本措施，也是体育发展的一个过程和追求的境界，与体育科学化同为建设体育强国的两翼。

（二）体育体制改革的基本思路

《决定（草案）》中对体育体制改革提出的基本思路主要有：在体育领导体制方面，实现由国家包办体育到国家办与社会办相结合转变，实现体育的科学化和社会化。

在训练体制方面，坚持"全国一盘棋"思想，落实奥运战略，积极鼓励有条件的城市和行业、厂矿企业、大专院校设立高水平运动队。

在竞赛体制方面，强调竞赛要向社会化、多样化和制度化方向发展。要继续缩短战线和突出重点，调整运动项目布局，突出奥运会项目和单项金牌数较多的运动项目。

在群众体育方面，要有利于推动各部门、各行业和群众团体认真搞好系统的体育工作，使群众体育进一步社会化。要在开展近代体育项目的同时，大力发展民族传统体育，使我国成为世界上体育项目最丰富多彩的国家之一。

在体育科技体制改革方面，认真贯彻《中共中央关于科学技术体制改革的决定》，实现由注重学科发展向体育科研与训练结合的转变，加强对体育科技政策和规划的统一管理。

在体育教育体制改革方面，要坚决贯彻《中共中央关于教育体制改革的决定》，坚持"面向现代化、面向世界、面向未来"，执行德、智、体全面发展的方针，适当调整体育院校的培养任务和专业科类，改善体育队伍的知识结构，培养更多符合体育事业发展需要的专门人才。

在思想政治工作和体育宣传方面，重点抓好优秀运动队的思想政治工作；加强体育宣传工作，讲究辩证法，克服片面性，注意宣传的社会效果，反对只以成败论英雄。

在奖励制度方面，实行精神鼓励和物质鼓励相结合的奖励制度，坚持对有特殊贡献的给予重奖。

在体育场馆管理模式方面，强调体育场馆要面向群众和面向社会，提高使用效率，讲究社会效益和经济效益。在优先保证发展体育事业的前提下，实行多种经营，由行政管理型向经营管理型过渡，逐步实现企业化、半企业化。

体育活动的对外方面，实行更灵活的开放政策，发展多样形式和多种渠道的对外交往。总的要求是："坚决执行我国的对外方针和政策，为进一步开创我国体育工作的新局面，推动我国体育事业的迅速发展服务"。

1989年4月15日至20日，全国体委主任会议在北京召开。会议的主要内容之一就是深化体育改革。伍绍祖主任在《深化改革，发展体育，为实现四化、振兴中华服务》的报告中提出了深化体育改革的基本思路：体委转变职能，实行（行）政、事（业）分开；项目分类和多模式管理；竞赛分层次管理；促进体育和教育两个体系的进一步结合；加快体育社会化进程；加快体育与科技的结合，逐步实现体育科学化；加强优秀运动队建设；推动人才交流；积极组织创收，发展体育产业；建立体育工作综合评价体系；加速体育立法；加强和改革思想政治工作。

（三）20世纪80年代体育改革的阶段特点

从1979年到1983年，是我国体育改革的初始阶段或起步阶段。这一阶段的改革调整为以竞技体育为重点，是对计划经济体育体制的强化。这一阶

段改革的特点是，按照党的十一届三中全会确立的路线、方针、政策，遵照国民经济"调整、改革、整顿、提高"的方针，在农村经济体制改革和城市经济体制改革的推动下，结合体育工作的实际，提出了体育改革应该遵循的基本原则，在领导管理体制、训练和竞赛体制等方面形成了改革的基本思路。虽然这一时期的体育改革还没有提到体制改革的高度，但已开始认识到体制改革的必要性。可以说，这一阶段提出的体育改革的总体设想，为下一阶段的体育改革做了思想和理论上的准备。

从 1984 年到 1992 年是我国体育改革的第二阶段。这一阶段进行的体育改革实际上是对计划经济体育体制的一种进一步完善，即试图在不触动原有体制和运行机制的情况下，对其不足之处进行一些补充和改善。这一阶段改革的主要特点是，体育改革被提到了体制改革的高度，力图改变国家包得过多、统得过死、过分依赖行政手段的状况，形成国家办与社会办相结合的新格局。这一阶段体育改革在体育事业的各个领域全面推进，并取得了显著成效，特别是训练竞赛改革成效更为明显，在某些方面有突破性进展。

1988 年 12 月 20 日至 25 日，国家体委委务扩大会议在北京召开，会议的主要议题之一就是深化体育体制改革。时任国家体委副主任的张彩珍同志在讲话中强调，深化体育改革，主要是要建立适应建设体育强国要求的体制。

通常认为，20 世纪 80 年代的体育改革基本上还是属于浅层次的，一些深层次矛盾并未得到根本解决，特别是原有计划经济体制下形成的举国体制和运行机制，还没有得到根本转变。这种体育体制不适应时代要求的问题暴露得越来越突出，如关系不顺、机制不活、经费不足、效益不好、人才流动不畅、体育事业发展的活力和后劲不足等。为了解决这些矛盾和问题，1992 年，在邓小平同志南方讲话和党的十四大精神的影响下，一轮新的更加深刻和更加广泛的体育改革开始了。

（四）改革管理机构"转变职能，简政放权"

各级体育运动委员会，是各级政府主管体育的职能部门。国家体委作为行政管理机构，其主要任务是，根据党和国家的有关方针政策，统一领导，协调和监督全国的体育工作，指导各类群众性的体育团体的工作和支持中国奥林匹克委员会的活动，发挥宏观管理职能。各省、自治区、直辖市和地、州、市各级政府体委，负责领导本行政区域的体育事业。

1．转变职能，简政放权

为了保证实现"灵活、高效办事机构"的改革目标，为落实1980年提出的为加快提高我国运动技术水平的各项措施，1982年国家体委就对其内部机构作了较大改革。调整了运动项目管理的内设机构，将原运动司、球类司、军体司，分解为一、二、三、四项目管理司，对相关项目实施管理。1986年国家体委提出改善体育领导体制，切实发挥体委对体育事业的领导、协调和监督作用，要求各级体委改善宏观指导，树立"领导就是服务"的观念。理顺、协调与各有关方面、各体育团体的关系，转变作风，提高效率。于是，1988年又增设五司和训练竞赛综合司（负责综合管理全国优秀运动队的发展和训练竞赛工作），从组织上加强了对竞技体育的领导，加大了对竞技体育工作的力度。

2．机构改革

1988年，国务院进行了机构改革，根据1988年8月10日国家机构编制委员会批准的《国家体育运动委员会"三定"方案》（以下简称《方案》），国家体育运动委员会是国务院主管体育工作的职能部门，其主要任务是根据党和国家的有关方针、政策，统一领导、协调、监督和发展全国的体育工作，增强人民体质，提高运动技术水平，建设精神文明，为社会主义服务。《方案》的具体内容分主要职责和内部机构两部分。《方案》规定国家体育运动委员会的主要职责为：

研究和拟订体育工作的方针、政策，制订全国体育事业的中期计划、长远规划，并组织实施。

指导和检查地方各级人民政府体育运动委员会的工作，领导和管理直属的企业、事业单位和体育院校。

指导和配合各部门、各行业积极开展体育活动；协同教育、文化、经济部门和工会、共青团、解放军做好学校、厂矿、企业、农村、机关和部队的体育工作；协同卫生部门发展保健体育和医疗体育、组织体育运动的医务

监督；指导和协同有关部门做好体育场地的规划、建造和体育器材的生产供应。

制订有关体育运动的法规和制度，研究和推动体育系统的体制改革，授予体育工作者和运动员荣誉称号和荣誉奖章。

制订全国性的体育的竞赛计划；组织全国性运动竞赛，审定各项竞赛规则；审批各项运动的全国纪录。

统一规划全国运动项目的布局；指导优秀运动队伍的建设和业余训练工作。

开展国际体育交流；组织参加和举办国际体育竞赛。

组织和指导体育宣传出版、科学研究工作，培训体育干部和专业人才；负责国家体委直属单位的计划财务和劳动工资工作。

协同地方党委和政府加强体育队伍的思想政治工作。

指导中华全国体育总会、各运动协会和体育协会、中国体育科学学会、中国体育记者协会等群众团体的工作；支持中国奥林匹克委员会的活动。

《方案》按照上述任务和职责，本着精简、统一、效能的原则和从机构配置的科学性、整体性出发，确定国家体委设14个职能部门，包括办公厅、群众体育司、训练竞赛一司、训练竞赛二司、训练竞赛三司、训练竞赛四司、训练竞赛五司、训练竞赛综合司、国际联络司、科教司、宣传司、计划司、人事司、政策研究司；机关定编为470人；党的机构设国家体委直属机关党委；老干部局作为老干部服务机构，机关服务局作为附属事业单位，审计局、监察局作为国家审计署和国家监察部的派驻机构。

（五）推进"群众体育进一步社会化"

1．群众体育管理体制改革的目标

自20世纪80年代后期开始，我国体育改革拉开序幕，群众体育的改革也随之开始。80年代，群众体育管理体制改革的目的是为了适应体育运动全民性的特点，重新明确社会分工，充分发挥计划经济体制下我国体育体制的优越性，以有利于推动各部门、各企业和群众团体认真搞好本系统的体育工作，形成一个由体委统一领导，各部门各行业具体负责的群众体育管理体制，使群众体育进一步社会化。

2．群众体育管理体制改革的措施

1983年2月，《国家体委关于进一步开创体育新局面的请示》中明确指出："发动社会力量办体育应有新的较大突破。体育是全民的活动，不能只靠体委办，必须依靠和发挥各有关部门和全社会的力量。"因此，只有发挥各方面的积极性，才能真正把群众体育推向新的广度和深度。

（1）大力倡导、积极扶持各部门、各行业以及集体、个人自办体育，包括自建活动场所、举办各类竞赛、开展运动训练、传授体育技术等。

（2）进一步开创学校体育和职工体育新局面。为了加强群众体育与校园文化、企业文化和乡村文化相结合，采取了政策性措施，鼓励、支持学校和厂矿企业办高水平运动队，使之逐步形成培养运动人才的基地，为攀登世界体育高峰作贡献，并适应学校、厂矿企业的国际体育交往需要。

（3）以乡镇为中心，积极地、有步骤地发展农村体育，首先抓好较为富裕的乡镇，争取出现更多的先进县。

（4）加强群众体育骨干和积极分子的培养，充分发挥他们的组织、指导作用。

（5）争取建立全国体育节，作为全民体育活动的节日。

（6）扩大群众体育组织结构中非体委系统的成分，加强群体工作中的协调与合作。

（7）开发行政拨款以外的经费来源。依靠各部门和社会力量集资兴办体育事业，建立体育基金等。体委系统不应只靠国家拨款，也要努力增收节支。

（六）竞技运动管理"整合和强化举国体制"

1．竞技运动管理体制改革的目标

20世纪80年代，竞技运动管理体制改革的核心是，打破长期沿袭下来的"大锅饭"、"铁饭碗"和平均主义等弊端，扭转只讲投入、不讲产出效益的旧的评价方式，建立起新的效益评价体系，调动运动员、教练员训练和竞赛的积极性，提高工作效率。这一时期竞技运动管理体制改革的主要目标，是在新的时期、新的形势与任务下，重新整合和强化举国体制。

1979 年的全国体育工作会议纪要中提出："国家体委和省一级体委要在普及与提高相结合的前提下，侧重抓提高。"

1980 年 3 月 28 日，经国务院批准，国家体委下发了《关于加速提高体育运动技术水平的几个问题的请示报告》，对以后体育工作的重点作了如下部署：第一，调整运动项目的重点布局，集中力量把奥运会和有重大国际比赛的项目搞上去；第二，为了把准备全运会与奥运会的任务一致起来，决定 1983 年 9 月举行的第 5 届全运会中的绝大多数项目为奥运会项目；第三，改革完善训练体制，调整好一、二、三线队伍。按照"思想一盘棋，组织一条龙，训练一贯制"的要求，使项目、选材和训练各方面层层衔接。同时提出继续改革竞赛制度，充分发挥各级各类竞赛对体育运动的推动作用，等等。

经过这些调整，初步形成了以发展竞技体育为先导，带动体育事业全面发展的战略布局，从而使我国原有的"举国体制"在目标上更明确，在管理上更严谨，在布局上更合理，在训练竞赛上更系统。

2. 竞技运动管理体制改革的具体措施

（1）实行运动队目标管理责任制，鼓励竞争，优胜劣汰。

在 1986 年《国家体委关于体育体制改革的决定（草案）》（以下简称《办法》）中规定了对教练员实行聘任制后，国家队和省、自治区、直辖市运动队基本上都实行了目标管理责任制，教练员的积极性和潜力得到了充分发挥，一大批有知识、有文化、有水平的中青年教练员通过竞争逐步走上了主要业务岗位，一些不思进取、无所作为的教练员遭到了无情的淘汰。

（2）改革奖励制度，实行物质鼓励和精神鼓励相结合，对贡献突出者实行"重奖"。

体育界率先在全国打破平均主义，对作出重大贡献的运动员、教练员实行"重奖"。1981 年，国家体委在《优秀运动员、教练员奖励试行办法》中提出，在运动队中根据运动员、教练员不同成绩拉开工资、奖金档次，鼓励运动员刻苦训练，争取好成绩。《办法》出台后，首先对在第 23 届奥运会上获得奖牌的运动员、教练员分别给予重奖，金牌获得者最高一次性奖励 1 万元，这在社会上产生了很大反响。1986 年，国家体委下发的《国家体委关于体育体制改革的决定（草案）》中强调，进一步改善物质条件，继续改进奖励制度。实行精神鼓励和物质鼓励相结合的奖励制度，坚持对有特殊贡献的给予重奖。因此，在1988年的汉城奥运会和1992年的巴塞罗那奥运会上，奖金数额再次提升。重奖有效地调动了运动员、教练员的训练竞赛的积极性。

（3）加强人才管理，做到人才合理流动。

我国的体育人才受经济条件以及各方面的影响，在全国范围内分布不均衡，加上我国体育人才的流动长期局限于一个地区内，导致有的地区人才富裕，而有的地区人才匮乏。为了更好地开发本地区的体育人才，进一步突破地区界限，1987年七八月间，国家体委在北京召开了首届体育人才交流及教练员队伍建设会议。会上，国家体委负责人明确提出人才交流的指导思想是从全局出发，突出奥运会战略，为国家多出人才、快出人才和出好人才服务。在全国范围内进行体育人才交流，互通有无，是我国体育事业发展的需要，是建设世界体育强国的需要，是我国体育战线进行改革的一项内容，势在必行。

（七）"社会化、多样化、制度化"竞赛制度

1. 竞赛制度改革的基本思路

进入20世纪80年代，以奥运会为中心的现代竞技体育迅猛发展，我国的体育运动受到猛烈冲击，要提高我国的竞技运动水平，就必须改革竞赛制度。竞赛制度改革的基本思路是：调动各方面办体育的积极性，多形式、多渠道、多层次造就大批优秀运动人才，推动体育运动的普及与提高。

国家体委从20世纪80年代初开始，对原有竞赛制度进行了改革，形成了新的竞赛制度。1983年2月，在《国家体委关于进一步开创改革新局面的请示》中，提出要对竞赛进行改革，"要使国内比赛与重大国际比赛衔接好，国内各级各类比赛衔接好，优秀运动队比赛与体校比赛衔接好，逐步做到社会化、多样化、制度化"。在1985年4月召开的全国体委主任会议上明确指出，竞赛制度改革，一是全国竞赛实行分级管理，形式多样，逐步做

到制度化、多样化、社会化;二是竞赛地点和经费试行招标和计划分配相结合的办法;三是集体项目改变为由各省、自治区、直辖市冠军队参加全国比赛;四是 12 岁以下少年儿童原则上不安排全国比赛。

2. 竞赛制度改革的具体措施

（1）健全竞赛制度，促进竞赛管理制度化。

竞赛是检验训练成果的主要手段。竞赛制度应符合体育运动发展的客观规律。为了加强竞赛的管理，提高效益，确保竞赛顺利进行，20 世纪 80 年代，国家体委印发了一系列有关竞赛管理的法规性文件，如《全国体育竞赛赛区工作条例》、《仲裁委员会条例》和《全国体育竞赛开展"精神文明奖"评选活动办法的要求》等，这些竞赛规章制度的完善，使我国的竞赛管理工作有章可循，有法可依，并逐步达到了制度化。

全国综合性运动会制度化、竞赛安排合理化。全运会、青少年运动会、少数民族运动会和城市运动会每 4 年 1 次，按有利于奥运会上出成绩的原则，调整召开全运会、青少年运动会的时间顺序。为了调动地方办体育的积极性，促进各地体育事业的发展和体育社会化的进程，全国性运动会的竞赛地点安排在全国不同地市进行。1983 年，在上海举办的第 5 届全运会，是新中国成立以来第一次在首都以外的城市举行，体现了竞赛改革的成果，是以后在各省、自治区、直辖市轮流举办全运会的一个良好的开端。经过竞赛制度的改革，各级各类竞赛逐步走向了制度化。

（2）提高管理水平，实现竞赛管理科学化。

在竞赛的组织管理方面，随着我国举办国际、国内竞赛日益增多，要求不断提高管理水平。20 世纪 80 年代体育竞赛的组织管理已普遍运用现代管理和系统科学的理论与方法，采用网络技术进行优化管理。一些大型的运动竞赛都能本着少花钱、多办事和运动竞赛是以出成绩、出人才为主要目的与标志的原则去工作，合理安排竞赛的时间日程、场地器材、食宿和交通等，使竞赛达到较佳的经济效益，竞赛管理工作提高到一个新的水平。

（3）重点扶持奥运会项目，改革计分办法。

全运会以奥运会项目为重点，兼顾一般。青少年运动会只进行奥运会项目比赛。本着鼓励创造新技术、新成绩和出人才的原则，对计分办法作相应的改革，调动各省、自治区、直辖市及行业体协向奥运会项目倾斜。

（4）理顺赛制，实行分级比赛。

以奥运战略为目标，将全国综合性运动会组合成"一条龙"，在项目设置、参加对象、计分办法、时间安排等方面，进行统筹考虑，侧重目标、任务相互衔接，互为补充。

根据比赛项目的特点，制订不同的比赛办法。全国各项比赛不分专业、业余，实行按水平和年龄组分级比赛。全国性比赛按运动技术水平分级，青少年比赛按年龄分组。采取分层分级比赛的赛制，有利于加速后备人才的成长，保证全国比赛的高水平，真正达到"练兵"的目的。

（5）实行分类管理与分类指导，职责明晰。

为了分清职责，有利于竞赛的组织管理工作，改变了过去体委行政部门"一把抓"的现象，对体育竞赛进行分类管理、分类指导。

国家体委将全国性比赛分为3类，由国家体委进行宏观调控。全国综合性运动会，包括全运会、城运会、青少年运动会，由国家体委直接管理。全国单项比赛，包括锦标赛、冠军赛、杯赛等，主要由各单项协会管理。各系统、各行业的全国性运动会，由各主管部门和行业体协管理。

高水平运动队是竞技体育的主力军，为了达到真正练兵的目的，在规程的制订、特殊规则的执行、日程的安排、场地器材的要求等方面都尽量使高水平运动员竞赛国际化或接近国际比赛的条件和气氛。在竞赛规程的制订上，进一步强化了竞争机制，杜绝了一些由于规程不完善而出现的"君子协定"和"争输球"等现象，促进了运动水平的提高。

各类青少年、业余体校的竞赛，在20世纪80年代主要立足于出人才，改革的重点是按年龄分级比赛，强调身体素质的分龄比例，淡化金牌的观念，不强调他们过早出成绩。

学校体育竞赛，除发现和培养优秀体育人才外，主要是通过体育活动达到增强学生体质和促进学生全面发展的目的。普通学校开展体育竞赛的目的是使学生热爱一两个运动项目，养成良好的锻炼习惯，为终身体育的实施奠定运动基础。

社会体育竞赛，主要根据不同对象提出不同任务，采用不同的竞赛形

式，做到因人、因时、因地制宜。

（6）围绕正式赛事，提倡开展形式多样的赛事活动。

各项目的正式锦标赛或冠军赛，每年一次。在有利于训练和比赛的前提下，提倡举办邀请赛、集训比赛、俱乐部杯赛和各种形式的补助性、赞助性比赛，作为全国正式竞赛的补充。

（7）竞赛参与主体的社会化。

随着商品经济的发展，"民办"和"自办"的比重加大，使竞赛参与主体的范围明显增大。竞赛参与主体的社会化过程中还扩大了参与竞赛管理的范围，做到了统筹规划，统一政策，协同运作，动员群众，极大地调动了社会各方面的积极性。

（8）计划与招标相结合，推动竞赛社会化。

全国性竞赛进行招标是竞赛体制改革的重大举措，是使竞赛走向法制化的重要步骤。于1986年4月下发的《国家体委关于体育体制改革的决定（草案）》，在1985年全国体委主任会议精神的基础上，强调指出："竞赛地点和经费继续实行计划分配与招标相结合的办法，以推动竞赛社会化，调节供求矛盾，促使全国竞赛同地方的体育活动紧密地结合起来。"这就打破了过去长期存在的竞赛全部靠计划安排的方式，调动了地方争办全国性比赛的积极性，同时也减轻了国家的压力。为了推动体育竞赛社会化，充分利用各地的有利条件，调动社会各方面办竞赛的积极性，有效地提高竞赛数量和质量，推动群众体育运动的发展，促进运动技术水平的提高，从1986年开始，国家体委在1985年竞赛招标试点的基础上，全年体育竞赛全部实行招标。

（9）竞赛资金来源的社会化。

进入20世纪80年代，我国的体育竞赛日益表现出资金密集的特点，竞赛次数和规模的扩大要求经费的投入猛增。国家财政的实际供给能力有限，同时企业也希望通过体育这种媒介，将商品渗透到社会和家庭，提高产品的知名度。因此，竞赛经费来源的社会化成为体育界和企业共同得益的一件新生事物。在80年代，除充分调动国家、社会和参赛者的积极性，合理负担竞赛经费和发挥竞赛宣传功能与感召力，引导项目（项群）实体，创造经济价值外，还鼓励竞赛与企业挂钩，成立体育竞赛与企业联合体，提倡体育竞赛与经营活动联合进行，形成了"内引外联"和"体育搭台，经贸唱戏"的社会化特色。

（10）发挥体育场馆的作用，加强裁判员队伍建设。

试行由体育场馆承担竞赛的全部或大部分组织工作任务。从20世纪80年代中期开始，全国绝大多数体育场馆基本实行了承包制，通过经营和创收增加活动经费，减少国家负担，为加快体育从事业型向经营型的转变，实现体育产业化奠定了基础。

建立专职和兼职相结合的裁判员队伍，各场馆创造条件设专职裁判员，同时在体育系统中大量培养业余裁判员。

（八）"鼓励竞争、拓宽渠道、依托社会"训练的体制

1．训练体制改革的基本思路

20世纪80年代，我国训练体制改革的基本思路是：坚持"全国一盘棋"思想，落实奥运战略，解决好全局和局部的关系，改变过分集中省以上体委办优秀运动队的状况，把训练的路子拓宽，积极鼓励有条件的城市和行业、厂矿、企业、大专院校设立高水平运动队。

2．训练体制改革的主要措施

（1）拓宽训练渠道，发动社会办体育。

训练体制改革的重点是拓宽体育人才的培养渠道，发动社会有条件的行业、企业、学校和社会团体等办优秀运动队或高水平体育俱乐部。在国家体委下发的《关于体育体制改革的决定（草案）》中明确提出："省优秀运动队应以个人项目（田径、游泳等）为主，集体项目逐步向城市、厂矿企业和大专院校过渡，使原来单一的省优秀运动队这一形式有所突破。"20世纪80年代，我国的优秀运动队管理和训练体制，在改变以往由体委独家操办这一单一渠道的模式上有所突破，逐步形成了行业、厂矿企业、学校和社会团体等多样式、多渠道和多层次的训练网络，不少企业以俱乐部的形式组建高水平运动队，并通过经济杠杆来经营管理运动队，培养优秀运动人才。

（2）搞好项目布局，落实奥运战略。

1980年3月28日，经国务院批准，国家体委下发了《关于加速提高体

育运动技术水平的几个问题的请示报告》，提出"调整好运动项目的重点布局，集中力量把奥运会和有重大国际比赛的若干项目搞上去"。在这个思想的指导下，各级体委集中人力、物力和财力，抓了我国优势项目和经过短期能达到世界先进水平的项目。缩短战线、突出重点的策略，保证了奥运会项目中田径、游泳等影响大、奖牌多的项目，为完成国家任务作出了贡献。同时，也调动了各布局单位的积极性，促进了各布局单位优势项目的发展，在全国逐渐形成了重点项目训练网络。但是，这种项目布局的做法，也导致了一些集体项目和非奥运会项目队伍锐减，成绩下滑。

（3）多种形式并存，加强国家队建设。

这一措施包括3种形式：第一种是奥运会项目，一般都设长年国家队，集中全国最优秀的运动员；第二种是临时集训的国家队；第三种是以全国冠军队为主组成的国家队。国家体委每年根据比赛成绩确定国家队队员名单，在地方队及其他一些单位训练的国家队员，均按规定享受国家队待遇。这种新的国家队的组建形式，发挥了国家与地方的各自优势，调动了积极性，形成了多条腿走路和在竞争中提高竞技水平的训练格局。

（4）抓好业余训练，建设后备人才梯队。

大力加强和发展各种初级业余训练形式，是我国训练体制的基础。发展多形式、多渠道和多层次的业余训练，业余训练逐步向综合协调和专项管理相结合过渡，制订各项目统一的和符合科学要求的训练大纲，以加强专业训练与业余训练的衔接，更好地实现"一条龙"。在进一步完善业余体校训练体制的前提下，努力提高办校质量。从20世纪80年代中期始，在业余训练中对青少年实行有偿训练，并分初级层次、中级层次和优秀运动队3种。主要做法是各省、市、自治区的体育系统在业余训练中对参加训练的青少年收取一定的培养费，达到一定水平的青少年可以享受减免费用的优待。这种形式既减轻了训练单位的负担，又激励了青少年参与业余训练的积极性，可以向运动项目实体化、职业化和俱乐部制等改革措施逐步靠拢，构筑起国家办与社会办相结合的框架，使运动训练更加具有活力和后劲，为竞技训练的产业化发展打下基础。

（5）打破终身制，实行教练员竞聘上岗。

为了适应党的工作重点转移的历史变革，国家体委提出了运动队以训练为中心，不断提高运动水平的工作方针，对各项目运动队逐步向主（总）教练负责制过渡。从国家队到省、自治区、直辖市以及业余体校和少体校，对各项目运动队的教练员逐步改变了过去从运动员中直接选拔的做法，引入竞争机制，采用多渠道和多形式的任用方法。在实行推荐、考核与批准相结合的录用办法的同时，继续试行招聘制、协议制。主（总）教练负责制保证了主教练对队伍的训练比赛和思想政治工作等实施全面领导，使教练员有职、有权、有责，激发了教练员的主动性、责任感和创造性。提倡教练员交流，做到能上能下，鼓励优秀运动队的教练员下基层进行技术辅导，直接从业余训练中发现人才。

（6）加大科技投入，提高训练质量。

1984年国家体委认真贯彻执行邓小平提出的关于"科学技术是第一生产力"的论断，提出"体育振兴要依靠科学技术进步，体育科学技术要面向体育运动的发展"的方针，逐步实现体育科学化，把体育科研与体育运动实践紧密结合起来，强调了科研一定要同训练结合，为训练和竞赛服务。1985年，国家体委再次提出"以革命化为灵魂，社会化、科学化为两翼，实现体育腾飞"的体育发展战略方针，进一步强调科学化的重要作用。一批科研人员深入体育运动实践第一线，抓重点项目的科研攻关和科技服务，解决训练工作的难题。

（九）体育院系"优化结构、提高质量、加强科研"

党的十一届三中全会以来，体育学院为适应社会主义现代化建设和体育发展对各类体育专门人才的需要，在党和政府的领导下，坚持贯彻党的基本路线和教育方针，坚持改革开放，努力探索适应社会主义市场经济需要、建设具有中国特色的社会主义高等体育教育体系的办学新路子。

1. 明确办学方向，建立"三结合"基地，实行多层次、多规格、多形式办学

为社会主义现代化建设培养德、智、体全面发展的体育合格人才，是20世纪80年代高等体育教育的根本目的，是体育学院办学的根本方向。80年代中期，体育学院的工作重点转移到了以教学、科研为中心的轨道上。可

以说，80 年代国家体委提出的把直属体育学院建成三结合基地，主要是基于体育体制改革的需要，解决竞技体育体系与体育教育体系的矛盾，解决体育系统所需各类体育专门人才的问题，解决直属体院直接培养高水平教练员、运动员的机制。

1981 年 1 月 2 日，国家体委同时下发了《关于体育学院的任务、系科设置、专业设置和修业年限的意见的通知》和《北京等六所体育学院的任务、规模、专业设置、系科设置、修业年限和培养目标的通知》，对全国体育院、系、科在人才培养规格和专业设置，要求从国家整个经济状况和学院的实际出发，分出层次，处理好需要与可能、普及与提高、重点与一般、当前与长远等方面的关系，不强求一律，这样更有利于各体育院、系、科明确任务，突出特色，形成优势，培养出适应体育事业发展的多层次、多规格的优秀人才。

为了满足社会对各个层次体育人才的需要，体育学院在办学层次上，已形成了以本科生教育为主，同时培养研究生、专科生和中专生的多层次纵向教育结构。另外，还承担了培养留学生的任务。体育类的研究生教育在 1979 年恢复招生后，从 1982 年起开始设定授予硕士、博士学位单位。1990 年国务院学位委员会正式颁布《授予博士硕士学位和培养研究生的学科专业目录》，其中所设体育研究生专业有体育教育理论与方法、武术理论与方法、体育史、体育概论、运动训练学、运动生理学、运动解剖学、运动生物力学、运动生物化学等。上述研究生专业的设立反映了我国体育事业对体育人才的多样化和高层次化的需求。

进入 20 世纪 90 年代后，主动适应社会主义市场经济发展的需要，全面改革计划经济体制下形成的教育思想和办学模式，建立适应市场经济发展需要的体育专门人才培养模式，满足社会对体育专门人才数量、类型和规格的要求，是体育学院改革与发展的方向。

为适应体育专业发展的需要，体育学院的办学形式也逐渐由单一的普通高等教育拓展为普通高等教育与成人高等教育（继续教育）并存的形式。

2. 改革内部管理体制，优化结构，加强竞争

1986 年 4 月颁布的《国家体委关于体育体制改革的决定（草案）》中明

确提出："改革体育教育管理机制，在加强宏观管理的同时，实行简政放权，扩大院校办学自主权。逐步实行院长负责制，理顺校内管理体制。"据此，为了解决国家投入经费不足、教师待遇偏低和"大锅饭、铁饭碗"的问题，体育学院从机构设置、人事制度和工资分配3个方面进行了改革。在机构设置上，精简机构，明确职责范围；在人事制度上，压缩编制，实施事业编制与企业编制结合管理；在工资分配上，采取与个人工作实际挂钩的校内多元结构工资。

3．调整专业结构，加强学科建设

改革开放以来，体育学院逐步改变了过去专业设置过细、专业口径窄小、专业名称不规范、专业设置脱离实际等弊端。1982—1987年，随着教育部对全国普通高校专业目录进行第二次修订（第一次修订在1952—1953年间，即院系调整时所设专业），各体育学院普遍增设了运动训练专业。1989—1993年，国家教委对全国普通高校专业目录进行了第三次修订，体育学类被作为教育门类之下的一个一级学科，所设本科专业有体育教育、运动训练、社会体育、民族传统体育、运动人体科学、体育保健康复、警察体育等。1988年全国普通高等学校体育本科的29种专业调整为6类9种专业，其中正式设置专业5种，试办专业4种。

学科建设是提高办学水平的一项重要工作，为加强重点学科建设，国家体委根据国家教委1987年颁发的《关于评选高等学校重点学科的暂行规定》内容，在体育学院确立了26个重点学科点，为了更好地促进重点学科建设工作，1988年国家体委下发了《国家体委重点学科评估方案》，并于当年5月对国家体委直属体育学院重点学科进行评估与检查。1991年国家体委下发《直属体育学123院"八五"事业发展计划》中要求，直属体院应在学科建设等方面形成特色，"八五"期间建设2个至3个具有国际先进水平的优秀重点学科，并有计划地发展和引进新学科。

4．推动教学改革，提高教学质量和学术水平

修订教学计划、大纲。国家体委于1980年下发了体育院系教学计划和学生的学籍管理，对学制、课程设置、教学内容、课时分配以及学生入学、成绩考核、奖励、处分、毕业等作了明确、详尽的规定，根据国家教

委对专业培养目标、人才规格、质量标准的要求，体育学院先后多次修订
教学计划和大纲，并在新修订的教学计划中增加了实践、实验、讨论、实
习、见习等教育实践环节，突出了对学生能力的培养；压缩了必修课，增
加了选修课、辅修课；加强了基础理论教学；突出了主干学科和主干课程。
各校根据新的教学计划大面积修订了教学大纲，新的大纲精选、更新了教
学内容，优化了教学内容体系，一定程度上解决了教学内容的交叉、重复
问题。

加强课程、专业教材建设。课程是教学内容的载体，是联结教与学活动
的结合点。十几年来，各校增设了大量的新课程。为了加强体育学院的教材
建设，国家体委于 1987 年 3 月 17 日发布了《全国体育学院教材委员会暂行
工作条例》，决定成立全国体育学院教材委员会。为了加强和改善教材管理，
提高教材质量，又于同年 6 月 24 日，发布了《全国体育学院教材推荐、评
审、出版试行办法》。由于政策落实，方法得当，体育学院教材建设逐步走
上有章可循、有法可依的轨道，并取得了显著成绩。教材品种、数量明显增
强，质量有所提高，各专业教材逐步系统配套。

完善教学管理。为了创造良好的教学和育人环境，体育学院以完善教学
管理、提高教学质量、深化教学改革为目的，采取了一系列整顿教学秩序、
完善教学管理的措施。为了互相学习，加强学术交流，6 所直属体育学院于
1985 年联合组织了教学检查，调动了各级领导、教师的积极性，有力地推
动了学校的建设，受到了各学院的欢迎。

加强师资队伍建设。在师资队伍管理上，体育学院重点开展了教师等专
业技术人员的考核工作与职称评审工作。通过考核为教师职务评审与聘任工
作提供依据，把聘任制落到实处。每年制度化、规范化的考核工作和职称评
审工作有力地促进了教师队伍的建设；通过加强对中青年教师队伍的培养，
有效地解决了师资队伍中年龄老化和断层的问题；通过采取优先选留和调入
研究生、鼓励青年教师攻读硕士学位在职研究生等办法来提高教师的高学历
比例，解决体育学院教师学历结构偏低的问题；通过科研成果、学术交流、
著书立说、培养研究生等来提高中年以上教师的业务素质和学术水平，使之
成为本学科有较高水平的学科带头人。

5. 探索训练新路，办好竞技体校

十几年来，体育学院以办好竞技体校为核心，结合对本专科优秀运动员的培养，在运动训练工作中，坚持亦读亦训和科学训练的 125 办学方针，建立了优秀运动队；实施了本专科优秀运动员学分制，完善了领队和教练员责任制，建立了科技攻关组，采取了医务监督、康复治疗等方法，培养了大批的优秀运动员，在国际国内大赛中取得了优异的成绩。

6. 开展科学研究，提高科研水平

体育学院积极贯彻"科技是第一生产力"的思想和"以科技为先导"及"科技兴体"的战略方针，鼓励教师紧密结合教学和运动训练实践，从事基础理论研究、应用研究和开发性研究，积极开展学术活动，提高科研水平，为体育学院的教学与训练，乃至我国体育事业发展作出了重要贡献。

7. 面向实践，开展联合办学

学校试办高水平运动队，是我国学校体育为适应国内体育发展和国际交往需要形成的重大改革，是单一训练体制的发展和补充。体育学院为主动适应社会需要，于 1987 年开始在试点高校试办培养高水平运动队，积极开展了与国家、省、市体委优秀运动队的横向联合办学，通过合办高水平运动队和承接体育竞赛等，促进了竞技体系与教育体系的结合，改善了办学条件，提高了办学效益，扩大了学校的知名度。

8. 坚持对外开放，发展国际交流

在党的改革开放方针指引下，体育学院坚持对外交流为教学、科研和训练服务的指导思想，积极开展对外友好往来，广开国际交流渠道。十几年来，先后与美国、德国、日本、俄罗斯、乌克兰、韩国、中国香港等国家和地区的一些著名体育学院建立了校际关系，开辟了合作交流的新途径，扩大了国际影响。随着国际交往的日益增多，体育学院接受与派遣的留学人员也不断增加，同时还充分发挥武术、太极拳、导引养生功方面的优势，积极开展国际交流，不仅弘扬了中国优秀的民族传统体育文化，而且提高了国际声誉。

9. 发展院办产业，改善办学条件

体育学院本着增强办学活力、减轻国家负担、补充教育经费不足的原

则，积极发展院办产业，增加学校创收能力，以改善办学条件和教职工的福利待遇。各体育学院相继成立了院产办委员会并下设办公室，以统一管理学校的各种经济实体。为了不断改善教学环境和办学条件，体育学院还在后勤服务、图书馆建设、实验室建设和电化教育等方面进行了改革。

10. 体育学院帮助提高教练员和运动员的文化素质

改革开放十几年来，各级体委不仅建立了负责教练员培训和运动员文化教育的组织管理机构，还制定了有关教练员到体育学院培训和体育学院协助开展运动员教育的政策、法规和制度。高等教育与成人教育相结合、学历教育与非学历教育相结合、脱产与半脱产和函授（在职）相结合、长期与短期相结合的具有中国特色的教练员培训体系框架已经形成。自1988年开始，一套区别于学历教育，突出能力培训，有计划、有步骤地培训教练员的培训制度得到逐步建立和完善，各体育学院不同程度地承担了这些培训任务。

（十）完善管理"促进体育的科学化"

进入20世纪80年代后，随着我国体育事业的快速发展，体育科技体制越来越不能适应新的历史形势的需要，逐渐显露出弊端，例如：统得过死，科研机构缺乏自主权；科研机构数量多，质量差，人力分散，发展很不平衡；科研与教学、训练有脱节现象，不能一体化；国家、省、市、自治区之间缺少分工协作，不能做到全国一盘棋，低水平重复研究泛滥；学科不成体系，缺乏决策研究能力，不利于发展体育系统工程。因此，体育科技体制的改革势在必行。

1979年5月7日至15日，第2届全国体育科学技术工作会议在北京举行。会议重点讨论了建立健全体育科研机构等问题。会议指出，体育科技工作应为体育的普及与提高服务，实行专业与业余相结合，应用科学与基础科学相结合，当前任务与长远任务相结合。在普及和提高相结合的前提下，侧重抓提高。1984年11月底，第3届全国体育科技工作会议在昆明召开，会议总结了近年来的经验，集中讨论了体育科技体制改革、体育科研机构整顿、改善体育科研条件，并着重讨论了体育科研与运动训练相结合，为提高运动技术水平服务的问题。明确提出了体育科学技术的发展方针，即"体育振兴要依靠科学技术进步，体育科学技术要面向体育运动的发展，为增强人民体质，提高运动技术水平和社会主义精神文明建设服务"。体育科技在为增强人民体质服务中，重点抓好学校体育的研究；在为提高运动技术水平服务中，重点围绕亚运会、奥运会等重大国际比赛夺取优异成绩开展研究；进一步加强体育社会科学的研究；加强体育科学技术的应用和开发研究，促进体育科研与运动训练相结合。

根据1984年全国体育科技工作会议所确立的体育科技方针，从1985年起，围绕贯彻中共中央《关于科学技术体制改革的决定》精神，国家体委开始了体育科技体制的改革。

1990年3月5日，国家体委下发了《关于深化体育科技体制改革的意见》，提出了进一步转变观念，转变职能，促进科学技术与运动训练的结合，加强科研机构的组织建设，进一步完善所长负责制，科研课题实行公开招标和合同制管理，加强科技成果的应用推广等改革意见。

为适应我国体育改革和迅速提高运动技术水平的需要，20世纪80年代在体育科研管理体制改革方面采取了一系列有效的措施，主要表现在以下方面：

从注重学科发展为主的研究，转向与运动训练相结合为主的研究；从自选题单项研究为主，转向计划指导，以多学科综合研究为主；研究机构从扩大外延为主，转向充实内涵，重视研究质量，发挥现有仪器设备作用，提高整体效能为主；从主要运用行政手段，转向综合运用法律、政策、经济和行政管理手段。

1．发挥学会作用，形成体育科学研究体系

1980年12月15日，中国体育科学学会成立。中国体育科学学会是学术性的群众团体，具有跨部门、跨行业、跨地区的横向联131合和学科齐全、人才荟萃、知识密集等特点。它的宗旨是团结和组织广大体育科技工作者，认真贯彻党的基本路线，面向世界，面向现代化，促进体育科技的繁荣和发展、普及和推广，促进体育科技人才的成长和提高，为增强人民体质、提高运动技术水平和社会主义精神文明建设服务，为建设有中国特色的社会主义作贡献。

中国体育科学学会是改革开放的产物，并随着现代化建设和体育事业发展步伐成长、壮大，现已成为发展我国体育事业的一支非常重要的科技力量。学会根据学科和体育事业发展的需要设立了分会和专业委员会，并积极促进地方学会的筹建。体育科学学会初步形成了以学科群面貌出现的庞大的科技队伍，形成了一个组织上纵向联系、学科上横向发展的学会体系。各级体育学会在体育学术交流、人才培训、科普教育、科技咨询与服务等方面，为我国体育科技水平的提高作出了重要贡献。1981 年 6 月，中国体育科学学会公布了《中国体育科学学会的几项工作制度》和《中国体育科学学会召开国内学术会议管理办法（试行草案）》。这样，在 20 世纪 80 年代初，形成了新中国成立后体育科学研究体系，为以后体育发展战略的制订，为实现各个时期、阶段和指定性科研课题任务的完成，提供了组织和技术力量保证。

2．体育科技力量向运动训练主战场转移

把体育振兴转移到依靠科技进步，提高体育队伍素质的轨道上来，关键在于建立起科技与体育运动实践密切结合、协调发展的运行机制。通过科技攻关和科技服务，使科学技术进入训练，科技人员深入到运动训练这个主战场，狠抓重点运动项目的攻关研究和科技服务，发现和帮助解决训练中的难题和关键问题，进而提高研究成果的科学性和实用性。多年来，在运动员科学选材研究、青少年体质研究、运动训练科学化研究、应用基础研究和体育器材设施的研制等方面取得了明显的成效。

3．重点抓好分类管理制度

改革运行机制，调整科技工作任务，对科研实行分类管理，进一步健全科研管理制度。对部分有显著经济效益和社会效益的应用和开发研究项目实行课题招标，采用合同制管理，或实行贷款、部分贷款管理；对综合性的重大科研项目，打破单位界限，加强横向联系，共同承包，并经专家严格审议论证，试行项目经费包干制、结余提成的办法管理；对应用基础研究或体育实践需要的重大项目，或采取申请国家拨款或给予经费补助。

4．实现体育科技管理的专业化、现代化

集中力量抓重点项目攻关研究和科技服务，促进科研与训练的结合，初步建立起科技与体育运动实践紧密结合和协调发展的运行机制，逐步实现体育决策与管理、运动训练与竞赛等方面的科学化。根据现代化管理科学的基本原理和我国的具体情况，加强体育科技管理理论和方法研究，建立一支专业化的体育科技管理干部队伍，逐步实现体育科技管理手段的现代化。

5. 改革内部管理制度，调动科研人员的积极性和创造性

在领导体制上，科研所逐步实行所长负责制；在人事管理上，科研人员实行专业技术职务聘任制；在科研计划管理上，实行科研责任制或课题承包制。通过引进竞争机制和激励机制，积极挖潜创收，努力改善科研条件和科研人员待遇。同时，还通过法规、政策和具体条例，加强宏观领导，加速实现体育科技的现代化。1985 年 7 月 28 日，国家体委下发了《体育科学技术进步奖励条例》和《体育科学技术进步奖的奖励范围和评审标准实施细则（试行）》，1987 年 2 月 25 日又公布了《体育科学技术研究成果管理条例》和《体育科学技术研究课题管理条例》等一系列有关体育科研管理的文件，为促进体育科学技术的进步和体育科研工作的管理，调动广大体育科研工作者和体育科技人员积极性发挥了作用。

6. 改革拨款制度，拓宽经费渠道

体育科研经费匮乏，是 20 世纪 80 年代体育科研机构面临的一个主要问题。为了解决科研经费，不少科研机构广开思路，在经费来源的途径上做了一系列的探索工作。改革科技拨款制度，使科研机构具有自我发展的能力和面向经济建设的活力。通过实行技术合同制，削减事业费拨款，面向市场，在竞争中多渠道地换取科研任务和经费，实现事业费自给；把体育运动的理论研究成果推向社会；通过开拓市场把体育科研成果转化成商品进而产生经济效益；将体育科研机构和企业结合，形成体育科研生产联合体。

7. 参加国际体育学术交流活动

中国科技事业在对外开放方针的指引下，参加国际学术交流活动日益增多，体育科技的学术水平不断提高。美国、联邦德国、澳大利亚、苏联、民主德国、匈牙利、保加利亚等国的科研工作者积极同中国进行体育学术的合作和交流。中国的传统医学——中医、中药在运动损伤方面的运用正在逐步走向世界。

以上措施的制定和实施，有力地推动了我国体育科研的发展，为促进我国体育的科学化产生了重要影响，为我国体育事业，特别是竞技运动水平的迅速提高提供了保障。

第五章

深化改革，走向市场，以法治体

(*1992—2000*年)

中国共产党十四大明确提出的"社会主义市场经济"理论，为体育改革的进一步深化奠定了思想基础，而构建与社会主义市场经济相适应的体育体制，成为体育改革进一步深化的核心问题。

在调查研究的基础上，国家体委提出了进一步深化体育改革的思路和基本措施，并在体育领导体制、竞技体育职业化和体育产业等众多方面进行了有益的尝试和探索，大大推进了中国体育的发展进程。

一、深化体育体制改革

体育体制是体育工作的组织体系与运行机制的总和，它与国家的经济体制和政治体制相适应，在一定程度上是经济体制的反映。一般说来，实行计划经济体制的国家，体育被视为国家事业而由政府统一管理，行政是配置体育资源的主要手段；实行市场经济体制的国家，国家对体育实行宏观调控，社会组织以社会化和商业化为支柱，自我协调管理，市场是配置体育资源的基础[1]。

---

[1]　周西宽主编:《体育基本理论教程》，人民体育出版社 2004 年版，第 272 页。

（一）"改革的关键是体制，机制转换是核心"

20世纪80年代中期，我国体育就曾进行了内容广泛的改革，以完善和补充原有体育体制和发展模式的不足。1986年4月出台的《国家体委关于体育体制改革的决定（草案）》中，专门就体育体制改革提出了具体要求，指出：体育是全民的事业，各行各业的体育工作应由其主管部门主要负责。各系统各行业建立各自的体育联合会或体协，分别在有关部门领导下开展体育活动。这个《决定（草案）》提出了"以社会化为突破口，以训练、竞赛为重点"的改革方向，鼓舞了各行各业办体育的积极性，并在初步的实践中收到了较好的成效①。但是，80年代的体育改革并没有从根本上改变国家办体育的基本格局，原有体制下的关系不顺、机制不活、经费不足、效率不高、效益不好、人才缺乏且流动不畅、全社会参与体育和积极性发挥不够、体育事业发展的活力和后劲不足等问题暴露得越来越突出，维持体育体制运行的成本急剧上升，而社会各方面对体育的要求却越来越高，各方面的矛盾变得越来越突出。总的说来，体育工作中一些深层次的问题并未得到根本解决，改革亟待进一步深化。

1992年初，我国改革开放的总设计师邓小平先后到武昌、深圳、珠海、上海等地进行视察和调查研究，发表了一系列的重要讲话。他的讲话贯穿一个中心思想，就是要坚定不移地全面贯彻执行党的基本路线，解放思想，实事求是，大胆试验，排除各种干扰，抓住有利时机，深化改革，扩大开放，加快经济发展，把有中国特色的社会主义事业全面推向前进。

讲话中，邓小平深刻地阐述和发展了马克思主义关于解放生产力的原理。针对长期困惑我们的计划与市场关系问题，邓小平指出："计划多一点还是市场多一点，不是社会主义与资本主义的本质区别。计划经济不等于社会主义，资本主义也有计划；市场经济不等于资本主义，社会主义也有市场。计划和市场都是经济手段。"这就从根本上突破了长期以来把计划经济看成是社会主义的基本特征，把市场经济看成是资本主义本质的观点，为建设社会主义的市场经济体制奠定了理论基础。

---

① 国家体委文史委：《中国体育改革十五年·体育史料》第18辑，内部出版1998年版，第9页。

　　邓小平的南方讲话是在建设有中国特色社会主义的关键时刻发表的，是他十多年来关于建设有中国特色社会主义思想的高度体现和新的发展，形成了20世纪90年代我国社会主义现代化建设和改革开放的新思路。这就为全党和全国人民指明了前进的方向，也为体育体制的深化改革解放了思想，找到了目标。

　　1992年10月举行的中国共产党第十四次代表大会，为我国体育的新一轮改革进一步指明了方向和道路。大会明确提出了我国经济体制改革的目标是建立社会主义市场经济体制。建立社会主义市场经济体制，就是要使市场在社会主义国家宏观调控下对资源配置起基础性作用，就是要把公有制的优越性与市场经济对资源的优化配置有效地结合起来。

　　邓小平的南方讲话和党的十四大的基本精神，明确地回答了困扰和束缚我们思想的许多重大问题，指明了我国体育体制深化改革的方向和道路，成为20世纪90年代及其以后一个相当时期的体育改革的指导思想。

　　1992年11月11日至17日，结合学习邓小平同志南方讲话，国家体委在广东省中山市召开了以深化体育改革为主题的全国省、区、市体委主任座谈会，国家体委领导人伍绍祖、何振梁、袁伟民、徐寅生、刘吉出席了这次会议。这个会议在体育战线的改革发展过程中，具有转折性、历史性的意义，一般称为"中山会议"。"中山会议"是个"换脑筋"的会议，在体育战线的改革发展过程中，有着转折性和历史性的意义。会议以学习邓小平南方讲话和党的十四大报告、探讨体育改革为主题。时任国家体委主任的伍绍祖同志在会上作了重要讲话。伍绍祖同志指出，新中国成立以来，尤其改革开放以来，我国体育取得了巨大成就，但在计划经济体制下形成的高度集中的体育管理体制及在这种体制下产生的一些深层次问题和矛盾，如国家包得过多、统得过死等问题，已不适应社会主义市场经济的发展，要加快体育改革步伐，以期逐步建立与社会主义市场经济相适应、符合现代体育运动规律的国家调控、依托社会、自我发展的充满生机与活力的体育管理体制和良性的运行机制，形成国家办与社会办相结合、以社会办为主的新格局。"体育改革的关键是体制改革，体制改革的核心是机制的转换。社会主义市场经济理论的确立要求体育从原来适应计划经济体制的体育体制逐步转移到与社会

主义市场经济体制相适应，符合现代体育运动发展规律，国家调控，依托社会，自我发展，充满生机与活力的体育体制和良性循环的运行机制的轨道上来。"而在改革和发展的具体目标上，以多年的体育实践经验为依据，明确提出了"五化"和"五转变"的思想（《体育法》发布后改为"六化"和"六转变"）。"五化"，即生活化、普遍化、科学化、社会化、产业化；与此相适应的"五转变"，即个人体育活动费用从福利型向消费型的转变、社会的体育活动从体育部门一家办向大家办转变、体育活动从经验型向科学型转变、体育的组织形式从行政型向社会型转变、体育设施从事业型向经营型的转变。在谈到深化体育改革的进程时，伍绍祖指出，深化体育改革要坚持"宏观管理，微观放活，保住重点，放开一般"的指导思想，遵循"总体规划，因地制宜，分步实施"的原则，力争用两三年的时间完成体育体制的转轨变型工作，建立与社会主义市场经济相适应的体育新体制。

会议讨论了国家体委提出的《关于深化体育改革的若干意见》，对新形势下深化体育改革的目标、原则、方法和具体措施进行了热烈而深入的讨论；还确认了"以足球改革为突破口"，探索竞技体育改革的道路。

在1993年4月的全国体委主任会议上，《国家体委关于深化体育改革的意见》（以下简称《意见》）被正式通过，成为一个全面、系统和具体指导体育改革的文件。

《意见》首先分析了在建立社会主义市场经济体制过程中深化体育改革的必要性和迫切性，在此基础上，第一次明确提出了我国体育体制改革的总目标，即改变原来在计划经济体制下，单纯依赖国家和主要依靠行政手段办体育的高度集中的体育体制，建立与社会主义市场经济体制相适应、符合现代体育运动规律、国家调控、依托社会、自我发展、充满生机和活力的体育机制和良性循环的运行机制，形成国家办与社会办相结合、集中与分散相结合的格局，力争在本世纪末初步建立具有中国特色的社会主义体育新体制。

《意见》指出了当时和此后一个时期体育体制深化改革的基本目标和任务：

1. 改革体育行政管理体制，加强宏观调控能力

体育行政部门要按照精简、统一、效能的原则，转变职能，调整内设机构，实行政事分开，将大量事务性工作交给事业单位和社会团体，把工作重

点真正转移到宏观调控上来，加强调查研究、统筹规划、政策引导、组织协调、提供服务，充分运用行政、法律、经济和竞赛等手段，建立灵活多样的调控机制，切实发挥对体育事业的领导、协调、监督作用。

2．加快运动项目协会实体化步伐，建立具有中国特色的协会制

进一步改革现有运动项目管理办法，扩大协会实体化试点，使运动项目协会成为责权利相统一、全面负责本项目管理的实体，逐步形成以单项运动协会为主的运动项目管理体制。在过渡时期，根据现有情况，采取若干项目综合管理与协会专项管理等多种形式。

在积极推进协会实体化的同时，体育行政部门要简政放权，加强对实体化协会的配套改革、宏观调控和业务指导，逐步理顺体育行政部门与实体化协会、实体化协会与训练单位、全国性协会与地方协会的关系，建立健全实体化的行为规范。

3．建立集中与分散相结合、多强对抗的训练体制

改变当时训练工作分段管理、多头领导的体制，实行以运动项目协会为主的专项化管理。

改革国家队的组建形式和选拔制度。按照"稳住一头，放开一片"的原则，只对少数奥运优势项目的国家队实行集中管理长期集训，多数项目的国家队放到有一定训练能力和训练条件的地方和部门，使国家重点项目布局点与承担国家队任务的单位结合起来。此后参加国际比赛，特别是奥运会、亚运会的运动员、教练员，要根据项目特点进行选拔。

4．改革竞赛制度，实行分级分类管理

体育行政部门主要负责制订竞赛的方针政策、规划和综合性运动会的组织管理工作，部门和行业综合性运动会由主管部门负责；单项比赛由各运动项目协会负责；其他类型比赛逐步放开。

贯彻"奥运战略"，坚决实行"缩短战线、突出重点"的方针，压缩全运会项目，改进全运会记分办法。进一步理顺全运会、城运会和奥运会的关系。

改革全国单项比赛参赛办法，在有纪录项目的全国比赛中实行达标赛，其他项目通过选拔按名次参加全国最高水平比赛，允许达到标准的城市、院校和企业的运动队（员）参加。对运动员实行参赛许可证制度。俱乐部赛制

以足球为试点①。

5. 坚持社会化方向，加快群众体育的发展

在各级体育行政部门加强领导的同时，群众体育工作继续坚持社会化的方向。各行业体育工作由其主管部门负责，充分发挥行业、系统体育协会的作用，积极推动行业、系统和基层单位建立基层体育组织，大力发展社区和乡镇体育，鼓励社会各界兴办群众性的体育俱乐部；有计划地培训体育干部，制定全民健身计划和社会体育指导员技术等级制度。

群众体育竞赛项目设置和竞赛办法要符合行业、地区、民族、年龄的特点，不断完善群众性的全国综合性运动会竞赛制度。

构建多元化体育服务体系，坚持政府支持与社会兴办相结合。从组织机构上，建立健全全民健身机构，形成政府领导、依托社会和群众参与的新格局。通过行业体育协会，组织各行业人员开展全民健身活动，充分发挥各级工会、共青团、妇联、各行业和社会办体育的积极性。

6. 以产业化为方向，增强体育自我发展能力

根据建立社会主义市场经济体制和发展体育事业的需求，要加快体育产业化进程，力争在本世纪末基本形成门类齐全的体育市场体系和多种所有制并存的社会化体育产业体系。

体育部门应充分利用自身优势，积极开发以体育培训、体育健身娱乐和体育竞赛、信息服务为主体的，与经济贸易、文化、旅游、科技、卫生等相融合的体育产业，欢迎社会各界、集体和个人、侨商和外商以合资、合作、入股等形式进行投资。

要逐步将有条件的体育事业单位推向市场，大多数公共体育场馆、训练场馆、新闻出版单位、科研和信息机构等事业单位，要由福利型、公益型和事业型向经营型转变，有条件的可办成经济实体，实行企业化经营。

7. 转换科技教育运行机制，加速体育科学化

继续贯彻"体育振兴要依靠科学技术进步，体育科学技术要面向体育运动的发展"的方针，建立和完善体育科技与体育运动实践紧密结合的管理体

---

① 国家体委：《中国体育年鉴（1994—1995）》，中国体育年鉴社 1996 年版，第 25—38 页。

制和运行机制，实现科技兴体。

《意见》还有 5 个附件，它们是《关于运动项目管理实施协会制的若干意见》、《关于训练体制改革》、《关于竞赛体制改革》、《关于群众体育改革》和《关于培育体育市场、加速体育产业化进程的意见》①。

（二）"简政放权、转变职能"，建立项目管理体制

体育体制的核心是体育组织的结构和权力分配与运行机制。因此，改革国家体委的结构和权力分配与运行机制，是深化体育改革的首要问题。

1．精简机构，转变职能

社会主义市场经济体制决定了体育管理模式要由计划经济基础上的行政高度集中管理过渡到适应市场经济体制的分权管理。要明确政府和社会的事权划分，实现政、事分开，管、办分离，把不应由政府行使的职能转移给事业单位、社会团体和中介组织。体育行政部门要把工作重点转移到贯彻国家方针、政策，研究制订体育行业政策和发展规划，依法加强行业管理和提供服务上来。国家体委作为行政管理机构，主要的任务应当是对全国的体育工作进行领导、决策、协调和监督，发挥宏观管理职能。为实现这样的目标，进入 20 世纪 90 年代以来，国家体委在党中央、国务院的统一领导下，逐步进行了体育行政管理体制的深化改革。

1993 年在《国家体委关于深化体育改革的意见》中，根据十四大和国务院关于精简机构、转变职能的要求，结合国家体委的实际情况，进一步提出了"进一步改革体育行政管理体制，加强宏观调控能力"的改革任务，其中包括"体育行政部门要按照精简、统一、效能的原则，转变职能，调整内设机构，实行政事分开"的内容，反映出国家体委主动顺应了党中央、国务院按照建立社会主义市场经济体制深化改革的要求，加快了精简机构和转变职能的改革步伐。之后，国家体委不断加大改革力度，在体制上逐步减少司局建制。特别在 1994 年主动撤并一些司局（处室），组建了 14 个运动项目管理中心。在体制上突破了以前体育机构的构架，大大推动了体育体制的

---

① 国家体委：《中国体育年鉴（1994—1995）》，中国体育年鉴社 1996 年版，第 25—38 页。

改革。

1993 年第八届全国人民代表大会第一次会议表决通过了《关于国务院机构改革方案的决定》。根据该方案，保留国家体育运动委员会，仍为国务院组成部委。1994 年 3 月，经中央机构编制委员会办公室审核、国务院批准，出台了国家体委职能配置、内设机构和人员编制方案。方案规定：国家体委作为国务院主管全国体育工作的职能部门，设立办公厅、群众体育司、训练竞赛一司（负责体操、艺术体操、技巧、举重、摔跤、柔道、击剑、现代五项、马术 9 个运动项目的业务管理）、训练竞赛二司（负责篮球、排球、羽毛球、手球、棒球、垒球、曲棍球等 12 个运动项目的业务管理）、训练竞赛三司（负责田径、游泳、跳水、水球、花样游泳 5 个运动项目的业务管理）、训练竞赛综合司、对外联络司、科教司、宣传司、计划财务司、人事司、政策法规司和机关党委①。

这样改革后，原来 15 个厅、司、局缩减成为 13 个，国家体委直属事业单位由原来的 59 个减少到 51 个，机关行政编制由 470 人缩减为 381 人。其中，主任 1 名，副主任 4 名；司级领导职数 40 名（含国家体委专职委员两名，机关党委专职副书记两名）。纪检、监察、审计等派驻机构和后勤、老干部服务机构及编制，按有关规定另行核定。

为进一步理顺关系，1997 年 7 月 28 日，中央机构编制委员会办公室向国家体委发出了《关于国家体委调整内设机构和直属事业单位的批复》。根据该批复，国家体委内设办公厅、群众体育司、青少年体育司、竞技体育司、对外联络司、科教司、宣传司、计划财务司、体育产业管理司、人事司、政策法规司、统计与标准司和机关党委。机构调整后，国家体委机关行政编制和领导职数均不变。

1997 年 8 月 3 日，为了规范国务院行政机构的设置，加强编制管理，提高行政效率，国务院制定和发布了《国务院行政机构设置和编制管理条例》。其中规定国务院行政机构共分六类：①国务院办公厅。②国务院组成部门（国务院部委，依法分别履行国务院基本的行政管理职能；正部级）。

---

① 国家体委：《中国体育年鉴（1994—1995）》，中国体育年鉴社 1996 年版，第 573—574 页。

③国务院直属机构（主管国务院的某项专门业务，具有独立的行政管理职能；正、副部级的机构）。④国务院办事机构（协助国务院总理办理专门事项，不具有独立的行政管理职能）。⑤国务院组成部门管理的国家行政机构（主管特定业务，行使行政管理职能；副部级）。⑥国务院议事协调机构。

1998 年 3 月 10 日，第九届全国人民代表大会第一次会议表决通过了《关于国务院机构改革方案的决定》。根据该方案，国家体委被列入拟不再保留的部委名单之中。3 月 24 日，新一届国务院第一次全体会议讨论通过了《国务院机构设置和调整国务院议事协调机构方案》，将国务院体育行政部门的名称确定为"国家体育总局"，由国家体委改组而成，列入国务院行政机构的第三序列——国务院直属机构①。

1998 年 3 月 29 日，国务院向各省、自治区、直辖市人民政府，国务院各部委，各直属机构下发了《关于机构设置的通知》。通知指出，国务院设置国家体育总局，由国家体委改组而成；国家体育总局与中华全国体育总会是一个机构、两块牌子，是国务院主管体育工作的直属机构②。

1998 年 4 月 6 日，国家体育总局转发了《国务院办公厅关于启动国家体育总局印章的通知》，并宣布新印章自发文之日起启用。同日上午，国家体育总局举行了挂牌仪式。

1998 年 6 月 16 日，国务院办公厅向各省、自治区、直辖市人民政府，国务院各部委、各直属机构下发了《关于印发国家体育总局职能配置、内设机构和人员编制规定的通知》（以下简称《通知》）。根据该《通知》，国家体育总局内设办公厅、群众体育司、竞技体育司、体育经济司、政策法规司、人事司、对外联络司、科教司、宣传司 9 个职能司（厅）和机关党委。国家体育总局机关行政编制为 180 名。其中，局长 1 名，副局长 4 名，司局级领导职数 30 名（含机关党委专职副书记）。离退休干部工作机构、后勤服务机构及编制，按有关规定另行核定。相对 1997 年的机构设置，减少了青少年体育司、计划财务司、体育产业管理司、统计与标准司，增加

---

① 原来的国家体委属国务院行政机构第二序列：国务院组成部门。

② 国家体育总局：《中国体育年鉴（1999）》，中国体育年鉴出版社 1999 年版，第 65 页。

了体育经济司①。

《通知》还对国家体育总局的职能调整作出了规定，其中划出去的职能有：①将协助地方加强体育队伍的思想政治工作职能交由地方政府承担；②将研究指导优秀运动队伍建设和业余训练工作职能交由所属事业单位承担；③将指导全国性体育竞赛工作职能交由所属事业单位承担。

取消的职能有：①取消指导和检查地方各级人民政府体育工作的职能；②取消组织和指导体育宣传出版工作的职能；③取消指导和配合各部门、各行业、各社会团体开展体育活动，做好学校、企业、机关、部队和农村体育工作的职能。

新组建的国家体育总局的主要职责为：①研究拟定体育工作的政策法规和发展规划并监督实施。②指导和推动体育体制改革，制订体育发展战略，编制体育事业的中长期发展规划；协调区域性体育发展。③推行全民健身计划，指导并开展群众性体育活动，实施国家体育锻炼标准，开展国民体质监测。④统筹规划竞技体育发展，研究和平衡全国性体育竞赛、竞技运动项目设置与重点布局；组织开展反兴奋剂工作。⑤管理体育外事工作，开展国际间和与香港、澳门特别行政区及台湾地区的体育合作与交流；组织参加和举办重大国际体育竞赛。⑥组织体育领域重大科技研究的攻关和成果推广。⑦研究拟定体育产业政策，发展体育市场；制订体育经营活动从业条件和审批程序。⑧负责全国性体育社团的资格审查。⑨承办国务院交办的其他事项。

时任国家体育总局局长的伍绍祖对此作了这样的评价：国务院机构改革不仅仅是精简几个机构，精简一批人，关键是要真正转换职能，实行管办分开、政事分开，这是做好体育工作的重要前提②。

随之，地方政府的体育行政管理体制也相应进行了改革。根据1997年8月起施行的《国务院行政机构设置和编制管理条例》的规定：国务院行政

---

① 国家体育总局：《中国体育年鉴（1999）》，中国体育年鉴社1999年版，第69—73页。
② 伍绍祖：《在国家体育总局落实"三定"方案动员大会上的讲话》，《体育工作情况》1998年，第14页。

机构不得干预地方各级人民政府的行政机构设置和编制管理工作，不得要求地方各级人民政府设立与其业务对口的行政机构。国家体育总局严格地执行了这项规定。但国务院行政机构的设置，必定对地方各级人民政府工作部门的设立产生重要的影响。因此，地方政府的体育行政管理机构也随之调整了部分职能，省级政府一般都撤销了省市体委而改设体育局。

县级体育机构的改革据 1998 年的统计，出现了四种类型：一是保留，占 21.4%，绝大多数单位名称未变，个别改称体育运动局；二是合并，占 46.8%，因与之合并的单位不一而名称各异，有文体委（局）、教文体委（局）、文广电体委（局）、教体委（局）等多种名称；三是改为政府直属事业单位，赋予行政职能，占 19.1%，名称有体委、体育运动局、体育发展局、体育事业管理局、体育运动中心、体育发展中心、体育训练服务中心等；四是改为独立事业单位，无行政职能，占 12.7%，绝大部分称体育运动中心、体育服务中心等。在上述机构设置的四种类型中，机构的内设部门 73.2% 没有变化，26.8% 的县增加了 1 个至 3 个股室。有的县还增设了学校体育、社会体育、体育市场管理等部门[①]。

我国体育行政管理体制的改革，不仅是名称变了、机构的结构变了，更主要的是政府的职能和人们的观念发生了改变。这种改变进一步适应了社会主义市场经济的要求，更有利于体育的社会化，更有利于发展具有中国特色社会主义的体育事业。

不过，充分发挥国家体育行政管理部门的作用，逐步理顺各级各类体育组织之间的关系，构建有中国特色的社会主义体育行政管理体制的工作，是一项复杂的和长期的工作，我国体育行政管理体制的工作，仍在继续调整和改革的进程中。

2. 简政放权，建立新的项目管理体制

我国体育项目管理体制的发展基本上经历了两个阶段。从新中国成立初期到 20 世纪 80 年代初，实行的是计划经济条件下的统一集中管理，由国家行政部门——体委系统统一管理。国家体委按项目群划分成若干个业务司，

―――――――――

① 　国家体委：《县级体育机构改革情况调查》，《体育工作情况》1998 年，第 17—18 页。

下设具体项目处，负责该项目的训练竞赛，虽然 50 年代军体项目成立了军体局并下设了几个俱乐部，但仍是政府行政管理。1987 年，在国家"有计划的商品经济"思想的指导下，先在摩托车、棋类、桥牌、拳击等项目进行实体化试点，以后陆续扩大到网球、足球、登山、武术等项目[①]。改革之初，这些项目的业务由原业务司管理，机构相对独立，在这种情况下这些项目仍是以国家投资、直接管理为主，社会参与为辅、为补充，但吸收了一些社会力量，促进了项目的发展，为后来体育项目体制改革打下了基础。截止到 1992 年底已有实体化协会 12 个。

1993 年，国家体委在前几年试点基础上，提出了"加快运动项目协会实体化步伐，建立具有中国特色的协会制"的改革设想，其中专门就协会实体化问题提出了更为具体的实施意见，从实体化协会的基本任务和职责、内部管理机制、与体委机关之间的关系等方面作了明确规定。

1994 年 3 月 16 日，经中央机构编制委员会办公室审核、国务院批准，出台了《国家体委职能配置、内设机构和人员编制方案》。这个方案对运动项目管理体制作了较大的改革。具体是：在原有实体协会的基础上，将 45 个运动项目的管理职能从机关划出，进行协会实体化试点，使转入实体的单项协会达到 41 个，项目达到 56 个，分别占现有单项协会的 65.1% 和已开展项目的 66.7%；并按照项目的特点将其中 54 个项目分别划归到 14 个运动管理中心[②]。这些运动管理中心，既是国家体委的直属事业单位，又是单项运动协会的常设办事机构，具有独立的社团法人资格，具有对所管运动项目的全面管理的行政职能。这样改革的好处是：对一些运动项目由体育行政部门直接管理变为间接管理，有利于机关的职能转变和精兵简政；在项目管理上实现了业余和专业、训练和科研、国内和国际的统一，有利于运动项目的科学、系统管理；按照项目发展的实际需要相应地充实了项目管理人员编制，加强了领导力量，使其变为独立的事业单位和社会团体，有利于单项协会按其自身特点开展工作，更好地发挥协会的作用，促进各运动项目进一步

---

① 国家体委文史委：《中国体育改革十五年》，《体育史料》第 18 辑，1998 年第 9 期。
② 国家体委文史委：《中国体育改革十五年》，《体育史料》第 18 辑，1998 年第 10 期。

发展；进一步理顺了体育部门与协会的关系，弱化了行政部门对运动项目微观管理职能，有利于加强运动项目的宏观管理；能更好地适应市场经济的要求，利用本项目自身的优势，开展相应的经营活动，有利于增强项目的自我发展能力。

但这些运动管理中心同时是国家体委下属的具有部分行政职能的事业单位，具有"官民二重性"。因此，还需要进一步完善管理体制，理顺关系，明确职能。

1997年国家体委为加强宏观调控能力，又一次改革了内设机构，建立了20个运动项目管理中心，分别对体育运动项目实行集束式全面管理，初步形成了体委宏观管理、运动项目管理中心和单项协会实施专项管理的新的运动项目管理体制。这样不仅有利于对体育项目的集中管理，也有利于吸引社会和个人对体育项目的投入，提高体育社会化的程度。

二、逐步实现职业化，把竞技体育推向市场

为了与国际竞技体育进一步接轨，建立具有中国特色的协会制并逐步使之产业化，以增强竞技体育的活力和后劲，国家体委于1992年初提出把足球作为体育改革的突破口，逐步使各级足协实体化，把俱乐部作为足球运动的基本组织形式，逐步实现职业化。在足球职业化改革的带动下，我国竞技体育的职业化改革，开始了全面的探索与实践。

（一）职业化是竞技体育深化改革的途径

党的十届三中全会以后，改革开放给竞技体育带来了蓬勃生机，越来越多的项目冲出亚洲，走向世界。但如何挖掘、调动社会各方面的潜在力量，让这种趋势持续地发展下去，以及让更多的项目，特别是影响比较大的项目冲出亚洲，走向世界，成了竞技体育深化改革的重要目标。改革中探索实现这项目标的途径之一，是竞技体育的职业化。

我国竞技体育职业化是从足球项目开始的。早在20世纪80年代前期，国内的部分报纸和刊物已经开始讨论有关足球职业化的问题。当时地方足球

队和企业联合办队已十分盛行，最早是广州队和白云山制药厂联办，之后迅速普及推广，这虽然是很初级的产业形式，但也为以后运动队和企业更深层的联合及足球运动的职业化奠定了基础。

到20世纪80年代中后期，职业足球进一步在世界范围内推广，而且产业开发价值越来越大。在亚洲，韩国和日本推行职业联赛都收到立竿见影的效果。在此期间，我国足球界的仁人志士始终在关注国际足球产业化发展的动态，也在潜心思考国内足球改革与发展的问题。但正式开始酝酿足球的深化改革，是在90年代初期吉隆坡冲击奥运会失利之后。

1992年1月30日，国奥足球队在争夺巴塞罗那奥运会入场券的预赛中，在领先的情况下，让韩国队在9分钟内连进了3个球，再一次失去了进军奥运会的机会，严重挫伤了广大球迷的感情。联想到近十年来，中国足球多次冲击奥运会和世界杯的失利，中国足球的发展出路引起了举国上下的普遍关注，从而引发了关于中国足球改革的热烈讨论。

许多人在讨论中提出了足球职业化的问题，认为中国足球必须走职业化的道路才有出路。但反对的意见也很强烈。双方争论的焦点是社会主义初级阶段的中国，是否应该、是否可能实现足球职业化。争论中大致有两种不同的意见。反对足球实行职业化改革的意见认为，职业化是资本主义的竞技体制，社会主义体育不能走这条路。另一部分人认为中国足球职业化的时机还不成熟，至少在本世纪内不可能实现职业化，他们举出了这样一些理由：我国经济还不发达，足球职业化缺乏坚实的经济基础；中国足球运动的水平太低；缺乏相应的足球体制，人员流动、球队管理等许多问题还无法解决；社会各界，包括体育界对足球职业化还缺乏必要的心理准备和心理承受能力等[①]。

种种反对和怀疑意见表明足球改革存在着很大的阻力。这种阻力首先是来自原有的足球体制。随着改革开放的力度不断加大和改革开放的进程进一步深化，中国传统的足球体制也出现了不同程度的改变。在相当长的一段时期内，旧的体制并没有立即消失，新体制本身因尚未完善而难以取而代之。随着足球改革的进一步深化，尽快建立和完善中国足球俱乐部体制已经成为

---

① 伍绍祖主编：《中华人民共和国体育史》（综合卷），中国书籍出版社1999年版，第365—366页。

中国足球改革进程中带有根本性的东西。

1992年3月，"足球之乡"大连市体委受深圳模式的启发，决定成立"足球特区"。不久大连市政府便报呈国家体委。5月8日，时任国家体委主任的伍绍祖在报告上写下了一个大大的"发"字。从此，一块足球改革的实验田开始破土动工，一场深刻的竞技体育改革拉开了帷幕①。不过，足球的职业化改革的正式开始运作，是从北京红山口会议之后，从协会实体化开始的。

（二）"红山口会议"与足球改革构想

1992年6月下旬，在北京郊区红山口召开了全国足球工作会议，这是我国足球改革中具有重要历史意义的一次会议。与会同志清醒地看到，新中国成立后，我国足球运动在党和政府的领导、关怀下进步是很大的。但从体育事业发展总的形势来看，足球运动的发展比较迟缓，大家很不满意。伍绍祖、袁伟民同志在会议的发言中，详细阐述了我国足球运动改革的重要性和必要性；强调了要把足球改革作为体育工作改革的突破口；明确提出了足球改革的方向和必须注意的问题；对中国足球协会的工作提出了希望和要求。

会议讨论了中国足球工作报告及中国足协与地方足协实体化方案等问题。在足球究竟应否和能否实行职业化等问题上，与会代表产生了严重的分歧。中央政治局委员、国务院委员李铁映同志接见了部分代表，并到会对足球改革作了重要讲话。李铁映的讲话精神主要包括：足球体制改革争取一步到位，建立职业俱乐部体制，主要以转播权、广告、门票、彩票、转会费等养活自己；中国足协及各地足协要实体化，足协不要搞成权力机构，应是服务机构。

李铁映同志的讲话打破了会议原定步调，使这次会议得以实现历史性的转折。与会同志讨论后认为，随着社会主义有计划的商品经济的发展，国家经济体制和运行机制发生了深刻的变化，体育事业的改革与发展也必须与之相适应。随着人类社会进步和发展，体育运动的一些项目已逐步专业化、职业化了，成为一个产业部门。因此，体育的改革与发展，也必须按照这一发

---

① 阎世铎等：《走出黑箱——大连足球特区建设轨迹探寻》，《体育工作情况》1993年第14期。

展规律办事。会议认为，进一步加快完善中国足协实体化和地方足协逐步向实体化过渡，是足球体制的重大改革，是全面实施足球俱乐部体制的重要步骤。

为适应形势发展的需要，实体化的中国足协是在国家体委领导下，具有独立法人地位的事业实体，经济上实行独立核算，工作人员实行聘任制；全面管理和领导各级国家队；建立足球运动学校，调整机构设置，健全各项委员会，实行会员制；对地方足协实行领导、协调、监督。

地方足协逐步实体化，对各地区足球运动实施统一领导和管理。会议决定，1993年底以前，北京、天津、上海、大连、广州、青岛、武汉、重庆、西安、深圳、沈阳 11 个城市的足协要实现实体化，广东、辽宁等条件具备的省级足协及火车头体协的足协也应实现实体化，其他足球重点地区足协实体化于 1994 年底前实现。

推动职业、半职业和业余足球俱乐部的建立。足球俱乐部体制将注入竞争机制，拉开收入差别；足球俱乐部可以进行人才交流，包括招聘外籍球员；足球俱乐部可以有 3 种类型（高级的职业俱乐部、中级的半职业俱乐部和初级的业余俱乐部）、4 种形式（由政府或体委兴办、体委为主企业协办、企业为主体委协办、企业或个人兴办）。会议要求上述几个城市和条件具备的省、行业体协在 1993 年底成立俱乐部，其他有条件的省、市、行业体协、解放军也可尽快成立俱乐部。条件具备的足球特区可一步到位，办成职业俱乐部。积极试行和建立俱乐部体制，特别是职业和半职业足球俱乐部是足球特区的重点工作。

为促进俱乐部体制的形成和不断完善，要增设俱乐部赛制。1992年底至 1993 年初，将结合冬训在广州地区试办俱乐部比赛。1994 年起开始施行俱乐部赛制。

这次会议提出的足协实体化以及建立职业俱乐部和实行俱乐部赛制，不仅标志着我国足球职业化改革的开始，也历史性地拉开了我国竞技体育职业化改革的序幕。

1992 年底，根据红山口会议的精神，足协试探性地开始了足球职业化改革的试验。在 1992 年底至 1993 年 2 月进行的冬训实现了中国足球的 3 个突破：

足球俱乐部体制的突破。在冬训期间，组织了第一次"中国足球俱乐部锦标赛"。这次比赛突破了多年来按行政区划组队参赛的体制，参赛各队都挂上了以某企业名称冠名的俱乐部牌子，连尚未与企业正式签约的"八一"足球队也挂上了"999"的牌子。从全国来看，到1993年初，广州、天津、沈阳、四川、江苏、山西、火车头完成了对足协的实体化改造，11个足球试点城市也都基本实现了足协的实体化，并组建了足球俱乐部，四川成立了首家股份制足球俱乐部——四川南德足球俱乐部；北京、天津、广州、大连、广东、武汉、成都等地组建了足球俱乐部。

足坛首次引入市场机制。参训的各甲级队自费到广东参加A、B两个组的"中国足球俱乐部锦标赛"，但可以参加门票分成。尽管比赛地点是在足球的群众基础比较好，又是率先实行经济体制改革的广东，但门票销售的情况却相当出乎意外，有的场次只有18位观众观战（1月21日辽宁对上海），连最后一场2月28日冠军争夺战也只有50名左右的观众到场。然而这毕竟开创了依靠市场推动足球发展的先河。

传统冬季集训模式的突破。以往在每年冬季或春季，各足球队在昆明或其他南方城市集中进行封闭式的冬训。由于训练与竞赛脱节，所以训练成效不高。这次"中国足球俱乐部锦标赛"，把往年的教学比赛拉到了赛场上，不但使比赛变得激烈起来，而且使训练和比赛的联系变得更加紧密，训练的目的性更加明确，训练质量也有所提高①。

红山口足球工作会议后，足球特区大连率先一步到位，基本完成了足协的实体化。到1993年上半年，大连市已成立18个足球俱乐部，其中职业化俱乐部1个（大连华录俱乐部，即大连足球队）、半职业化俱乐部1个（大连物产俱乐部，即大连青年足球队）、业余俱乐部16个（大部分是中小学生）。足球俱乐部的建立，还带动了其他运动项目的转轨。当时，大连的女子自行车、艺术体操、网球、徒步健身等项目也相继成立俱乐部，田径、摩托车、柔道俱乐部也在筹建中。

---

① 赵慕峰等：《风雨'98——全国足球甲级联赛综述》，《中国体育报》1998年第1期。

（三）竞技体育职业化改革的全面展开

在足球改革取得初步成效和一定经验的基础上，其他运动项目在1995年前后也相继开始进行了综合改革试验。

与足球相比，中国篮球在亚洲和世界篮坛的地位要高出许多，群众基础同样十分广泛。尽管如此，在20世纪90年代初期，中国篮球却是危机四伏：后备力量严重不足，尖子新秀凤毛麟角，国家队后继乏人，省市球队人心涣散，训练粗糙，打法无创新，赛场无新人，观赏性下降，观众流失，等等。

足球改革的初步成功为篮球界摆脱困境带来了希望和启示，竞赛制度被作为篮球改革的突破口。1994年底，中国篮协宣布：从1995年开始，全国男篮甲级联赛将采用主客场和跨年度的新赛季制，开始了中国篮球的职业化进程。

职业联赛带来了篮球运动的极大变化。主客场制的实施使篮球市场迅速升温。在不少CBA主场城市，球票在比赛前几天就销售一空，有的场次观众超出100%，常常有数以百计的观众站着看球。

1997—1998赛季12个赛场平均上座率为76%，几乎每个赛场都有爆满现象[1]。主客场制也激励了各队在训练和比赛中更加投入，提高了运动员和教练员的积极性，同时也给各队带来了相应的经济效益，促进了各俱乐部的稳定和发展。此外，外援的加盟也为中国篮球带来了前所未有的压力与挑战，对中国篮球运动的发展起到了积极的作用。

职业联赛的成功也带动了业余篮球的发展。1998年，CUBA（中国大学生篮球联赛）开始举行。CUBA比赛借鉴了美国大学生篮球联赛方式，比赛先分南北两区进行，采用4节赛制，各区的前6名（男子）和前4名（女子）再采用主客场制进行决赛。虽然社会关注的程度还不是很高，但由于多数比赛都安排在大学举行，每场比赛节间休息和暂停时都安排了健美操、舞蹈或武术等表演，所以比赛场面十分火暴。CUBA的影响也因而迅速增大[2]。

与足球和篮球改革相比，排球改革的难度要更大一些。足球改革可以借

---

① 张平平、张耀光：《男篮职业联赛继续试验》，《中国体育报》1997年第1期。

② 伍绍祖：《中华人民共和国体育史》（综合卷），中国书籍出版社1999年版，第386页。

鉴欧洲职业足球的经验和经营模式，篮球则有美国的 NBA 作为参考，排球改革却无成功先例可循。连如何缩短比赛时间以满足电视转播的要求这一问题，国际排联研究多年都还是没有结果，欧美至今未能形成一套较为成功的职业化联赛模式。

尽管如此，20 世纪 80 年代后期以来排球水平的不断下滑以及足球、篮球改革的初步成功，都逼迫着中国排球不能不走上改革之路。1996 年，郎平率领的中国女排在亚特兰大奥运会上获得亚军，中国男排在超霸杯赛上连克日韩两强，中国排球出现了复苏的迹象，为我国排球运动的发展创造了良好的环境。中国排球协会趁机开始了排球联赛的主客场制和跨年度赛制改革。1996 年也因此而被称为"排球竞赛改革之年"。

1996 年 12 月 21 日，首次实行主客场制的全国排球联赛吹响了哨音，排球改革开始了艰难的起步。男女各 8 支队伍参加了 1996—1997 赛季的比赛。由于参赛队伍较少，为了给各队提供更多的比赛机会，联赛实行了每周双赛制，即每队在每周六和周日两天与同一对手进行两场正式比赛。联赛共进行 14 周 28 轮 112 场比赛，每队参赛场次达到 28 场，比赛的强度、密度和总次数都大大超过以往。在实行主客场赛制的同时，也进行了对球队的职业化改造和对球员的注册登记。

为了进一步开发排球市场，帮助各队解决经费不足的问题，1997—1998赛季又允许每队可以拥有两个主场。

1998—1999 赛季是中国排协推出改革措施最多的一个赛季。为适应电视转播的需要，缩短比赛时间，中国排协在男、女甲级联赛比赛中大胆试行了每球得分制。每球得分制试行的结果缩小了强队与弱队的差距，增加了比赛的紧张、激烈程度，也有效地控制和缩短了比赛的时间，受到了各方面的一致肯定。与此同时，在引进外籍球员和国内球员的转会、转会费标准等方面，也都作出了具体的规定，以促进人才的合理流动，实现资源的优化配置。在 1998—1999 赛季，外籍球员第一次出现在女排甲级联赛的赛场。

这些改革使排球初步摆脱了困境，不但比赛变得更加激烈、好看了，运动员队伍扩大了，而且也大大提高了公众（特别是新闻媒体和企业界）对排球的兴趣，在开拓和培育排球市场方面，也积累了一些有益的经验，经费不

足的问题有所缓解。在各国排球联赛中最早采用的每球得分制，也得到了国际排球界的赞赏，并在 1999 年的世界男排锦标赛中采用。

乒乓球职业化改革运动。技术水平不高或运动技术水平下滑，是足、篮、排球实行改革的重要原因之一。乒乓球却不是这样。尽管中国乒乓球的水平也有起伏，但近 40 年来它始终保持着在世界乒坛领先的地位。对乒乓球还需不需要进行改革呢？

1994 年，中国乒协对中国乒乓球运动的现状进行了细致的分析，认为现行的体制是多年来适应计划经济的产物，尽管这种体制对中国乒乓球运动的发展曾经起过巨大作用，但如今已不适应正在建立的社会主义市场经济体制，也不适应国际乒坛发展的潮流，反映出一定的局限性。权衡再三，中国乒协还是决定从 1995 年开始，在乒乓球运动中推行以"双轨制"为核心的赛制和体制改革，即行政隶属关系体制与俱乐部体制并行。为此，专门制定了《中国乒乓球协会俱乐部章程（试行）》，对俱乐部的组织、会员、运动员、教练员和工作人员，以及注册、转会、比赛提成等作了规定。

"双轨制"最显著的特征是优秀运动队和俱乐部等多种形式并存，运动员可以拥有双重身份，既是国家队或省市队的队员，又是俱乐部队队员，不同的比赛以不同的身份参赛。1995 年、1996 年、1997 年连续在广东举办了 3 届全国俱乐部邀请赛，但这 3 届俱乐部比赛都是赛会制。1998 年，在组织参加各种国际比赛和举行全国锦标赛、爱立信中国乒乓球擂台赛的同时，中国乒协正式推出了酝酿已久的实行主客场赛制的全国乒乓球俱乐部甲级联赛。1998 年，中国乒乓球俱乐部甲级联赛在 6 月 6 日至 8 月 2 日期间的每周六下午进行，参赛俱乐部是上年全国俱乐部邀请赛的男女前 8 名。从观众和新闻媒体的反映来看，社会各界对此项赛事的关注程度似乎还比不上由中国乒协和中央电视台联合举办的爱立信中国乒乓球擂台赛。后者由于有中央电视台的全力炒作，在娱乐性、趣味性和观众的参与程度等方面，都要胜过俱乐部联赛。

实行"双轨制"改革的基本思想是"积极稳妥，先立后破"。在新体制没有取得经验前，不对原有的体制进行破坏。在保持原来以行政区划为基础的专业队体制的同时，提倡由经济实力雄厚的企事业单位或个人注册成立乒乒球俱乐部，逐步推广；运动员实行"双重身份制"，即参加每年一次的全国锦标赛必须代表原省市，在其他比赛中可以代表俱乐部；如果俱乐部运动员是国家乒乓球队队员，原则上运动员在国家乒乓球队集中训练，俱乐部为此向国家乒乓球队支付一定的训练费。

除了上面提到的几个运动项目以外，网球、围棋、自行车、拳击等也先后组建了职业俱乐部，有的也开始举行主客场制的全国联赛。总体看来，这些改革都取得了良好的效果，对这些项目的发展和体育市场的形成，都产生了积极的作用。但也都程度不一地存在着在足球改革中表现出来的那些不足，例如俱乐部体制不够健全、产权关系和管理尚未完全理顺、还没有完全形成能适应市场经济的运行机制、相关的体育市场发育程度还比较低，等等。这些问题的最终解决，有待于体育改革的进一步深入和宏观环境的进一步改善①。

三、"面向市场，走向市场，以产业化为方向"

20世纪80年代以前，我国的体育事业是在计划经济体制下运行和发展的。90年代初，随着改革开放的逐步深入，特别是在邓小平同志南方讲话精神鼓舞下，人们的思想得到了进一步的解放。但是"面向市场，走向市场，以产业化为方向"的改革思路的提出与初步实践，却是在研究探索中完成的。

为了落实"面向市场，走向市场，以产业化为方向"的改革思路，急需对以下基本问题取得共识，如体育产业的内涵、结构和层次；体育产业化问题；体育市场的性质、类别和重点；社会主义市场经济与体育的关系，等等。为此，国家体委在90年代初多次组织了有关的理论研讨活动，对体育产业化的理论进行了深入、细致的研究探索。

（一）对体育产业化的认识

长期以来，人们一直把体育看成是纯消费的福利事业，即使承认它对生

---

① 梁晓龙等：《"社会主义市场经济与体育"理论座谈会综述》，《体育工作情况》1993年第6期。

产有作用，也是间接的。把体育作为产业，从理论上确认了体育是一种生产活动，其产品也具有价值，这是一场深刻的思想革命，它将对我国体育事业的发展产生深远的影响。关于体育产业的内涵，有以下几种不同观点[1]。

一种观点认为，体育产业就是指体育劳务。主要包括健康娱乐业、竞技表演业、咨询培训业等。其主要理由是：根据对产业的划分，体育属于第三产业，因此，体育产业的基本内容只能限定在第三产业所包括的范围之中。

另一种观点认为，体育产业是指与体育运动有关的一切生产经营活动。它所包括的范围除了体育本身向社会提供的服务外，还应包括体育服装、器材、体育旅游等较多的领域。其主要理由是：产业是一、二、三产业的总称，体育产业本身就是一个组合名词，不能因为体育属于第三产业，就把体育产业也归入第三产业。从社会的发展来看，一方面社会分工越来越细，另一方面又朝着相互综合的方向发展。体育产业中包含一些第二，甚至第一产业的内容也是必然的。

还有一种观点认为，体育产业就是指体委系统为经营创收而兴办的各种产业。这是一组工作名词，没有必要从严格的科学意义上下定义。从实践上看，体育产业一词已约定成俗了，大家已经接受了的东西最好不要再改动它。

也有人认为，体育产业就是指体育劳务中能营利的那部分体育服务，并主张用"体育业"来取代"体育产业"的提法，因为体育是第三产业中为提高居民身体素质、增进健康水平、满足人民精神文化需求的行业。在发展体育产业中，还要坚持社会效益与经济效益并重的方针。

一种意见认为，产业化是一个过程，体育产业化就是要把整个体育事业由福利型向消费型的转化过程。体育产业化的核心是要把我国的体育产业从长期在计划经济条件下形成的观念、手段和做法转移到社会主义市场经济的轨道上来，并按照市场经济的基本要求配置体育资源，发展体育事业，即便是学校体育，也要讲究投资效益和效率。

一种意见认为，体育产业化就是体育商业化。整个体育事业不能完全产

---

① 梁晓龙等：《"社会主义市场经济与体育"理论座谈会综述》，《体育工作情况》1993 年第 6 期。

业化，因为从整体上看，学校体育、职工体育和竞技体育中一些不能营利的项目是不能产业化的。体育产业化只能是把体育中能营利的部分完全纳入市场经济的轨道，按照市场经济的规律来办。

还有人认为，"体育事业不能像第三产业中的第一、二层次（流通部门和为生产和生活服务的部门）那样完全市场化，也不能像第三产业中的行政、国防、基础研究和教育那样非市场化，而应当逐步实现半市场化，这是体育事业的性质决定的。体育是关系增强人民体质、丰富文化生活、振奋民族精神的一项文化事业，具有公益性、福利性，国家财政应予扶植和资助。"环顾世界，即使在市场经济发达的一些西方国家里，体育也不是完全市场化的。"[①]

体育市场是我国社会主义市场体系中的重要组成部分，它是由体育用品市场、各类体育要素市场和专业市场组成的有机统一体。建立与发展较为完善的体育市场体系，是深化体育改革、转换体育体制和运行机制的客观要求，而且对促进物质文明和精神文明的建设，满足人民群众日益增长的体育需求，具有重要的意义。理论上的研究与探索，为体育产业化的实施奠定了思想基础。

（二）《体育产业发展纲要》的出台

在理论探索和政策研究的基础上，1995年6月16日国家体委下发了《体育产业发展纲要》（以下简称《纲要》）。

1. 发展体育产业的重要意义

"发展体育产业是适应社会主义市场经济体制的需要，是推进体育改革、增强自我发展能力的一项重大战略举措。加快体育产业的发展有利于深化体育改革，转换机制；拓展体育事业发展的经费渠道；满足随着小康生活水平的实现、社会日益增长的体育需求；对于增强体育事业发展活力、保证全民健身计划和奥运争光计划的实施和实现，有着重要意义。"[②]

---

① 张岩：《体育事业应当半市场化》，《体育工作情况》1993年第14期。
② 国家体育总局：《中国体育年鉴（1996）》，中国体育年鉴出版社1999年版，第37页。

2．体育产业发展的指导思想

发展体育产业必须坚持改革开放。要改变传统的计划经济条件下的体育发展模式，深化体育改革，转换机制，依靠改革促进发展。

要树立为人民服务的宗旨，使社会效益与经济效益相结合，把社会效益放在首位。

必须坚持与我国经济和社会的发展相协调，与社会主义市场经济体制相适应。

要坚持国家办与社会办相结合，充分调动和发挥各行业和各社会团体发展体育产业的积极性。

要坚持"以体为本"的原则，探索一条符合中国国情的体育产业发展道路。

《纲要》还根据国情规范了当时我国体育产业应当包括的"三大类别"，以及发展的重点：体育产业"三大类别"，即第一类为体育主体产业类，指发挥体育自身的经济功能和价值的体育经营活动内容，如对体育竞赛表演、训练、健身、娱乐、咨询、培训等方面的经营；第二类指为体育活动提供服务的体育相关产业类，如体育器械及体育用品的生产经营等；第三类指体育部门开展的旨在补助体育事业发展的其他各类产业活动。

关于发展的重点，《纲要》指出：在今后一定时期内，发展体育产业要充分发挥体育自身固有的潜力和优势，重点发展体现体育自身经济功能和价值的主体产业，努力培育和发展体育市场，使之成为体育产业发展的根本。

3．发展体育产业的目标

争取用15年左右的时间，逐步建成适合社会主义市场经济体制、符合现代体育运动规律、门类齐全、结构合理、规范发展的体育产业体系。具体是：

到20世纪末，基本形成以体育主体产业为基础、多业并举、多种所有制并存、共同发展的产业发展新格局；重点培育和发展体育健身娱乐市场，体育竞赛表演市场，体育人才、技术信息市场和体育用品市场等，促使体育的有关固定市场与流动市场、国内市场与国外市场等各级各类市场充分发育，初步形成符合我国国情、比较健全而完善的体育市场体系；力争一批体育事业单位通过自身经营优势和潜力的发挥，立足体育产业的发展，增强自我发展能力，由差额管理逐步做到自收自支；一批自收自支的经济实体能够逐年增加上缴利润，为体育事业的发展作贡献；形成一批符合现代企业制度、产权明晰、开展体育经营、综合开发、效益显著、规模发展的股份制企业或企业集团；不断增加体育产业开发收入的总量，使之占体育事业经费的比重每隔几年有较大的提高，成为弥补体育事业发展经费不足的主要来源之一。

4. 发展体育产业的基本政策

充分调动各方面的积极性，坚持"谁投资、谁所有、谁获益"的原则，打破地区、部门和所有制界限，鼓励社会各界投资兴办体育产业。

积极培育体育健身娱乐市场。要围绕全民健身计划的实施，坚持国家办与社会办相结合的原则，积极引导和鼓励社会各界投资兴办经济实体，开展体育健身娱乐方面的经营性活动。

大力发展体育竞赛表演市场。应结合奥运争光计划的实施，立足体育竞赛体制的改革和运行机制的转换，积极引导和规范各类体育竞赛的经营活动，鼓励社会各界承办国内外高水平体育竞赛表演，使体育竞赛和表演朝产业化、社会化、法制化方向发展。

培育和发展体育的人才、技术信息等要素市场。打破体育人才的地区所有制，搞活体育人才市场，合理开发和利用体育人才资源。大力发展体育技术中介服务和信息咨询业，运用市场机制促进体育高科技产品的开发，推进体育技术成果的转让和应用。

扶持体育用品的生产和经营，发展体育相关产业。体育行政部门要按照政事分开、政企分开的原则，加强对体育用品生产经营的宏观管理，推行体育经营许可证制度，重点扶持一批体育事业单位和经济实体开展体育用品的生产和经营。

因地制宜地开展体育系统的多种经营活动。要鼓励体育事业单位根据自身的特点和市场需求兴办投资少、见效快、收益高的经济实体，开展多业助体的经营创收活动，合法经营、依法纳税。

制订和完善体育事业经济政策，为体育产业的发展提供必要的政策支

持。为体育产业的大发展创造良好的政策环境。

5．发展体育产业的基本措施

加快体育单项运动协会的产业化发展。按照深化体育改革、到 20 世纪末建立具有中国特色的协会制的要求，有条件的单项运动协会及有关运动训练单位要以实体化、产业化为方向进行体育产业的开发；体育设施是开展体育活动、从事体育经营的重要场所，是体育产业发展的基本物质条件。应坚持"以体为本，多种经营"的方针，坚持社会效益与经济效益相结合；加强对体育无形资产的经营开发。有关方面应抓紧对中国奥委会的会徽、会标，全国性综合竞赛的会徽、会标、吉祥物等无形资产的经营开发；在积极进行技术开发、技术转让、技术服务、技术咨询的同时，要鼓励体育科研机构兴办技术含量较高的科技型企业，实现技工贸一体化、产供销一条龙；加强体育彩票的管理和发展。体育彩票要从规范发行工作、提高体育彩票发行效益着手，逐步建立具有中国特色的体育彩票发行制度，促使体育彩票的发行科学化、制度化，使体育彩票收入成为支持体育事业发展的一个主要渠道；加强对各类体育基金的管理。要制订和完善体育基金会的运作条例和管理办法，切实加强对体育基金使用方向的调控和监督，确保各类体育基金具有良好的社会声誉和效益，使之成为体育经费的重要来源之一；加快体育市场的立法进程，推动体育产业健康、有序、规范的发展。体育产业的发展离不开法制的保障，要加强体育市场的立法管理，加紧制订和出台有关法规；体育行政部门及有关经济监督部门要依法行政、依法监督，把体育产业的发展纳入法制的轨道；大力培养体育经营管理人才，加强体育产业队伍的建设。体育行政部门要把人才问题作为发展体育产业的首要工作，抓紧抓好。按照产业发展的要求，多渠道、多形式地去发现和培养体育经营管理人才；进一步加强对体育产业工作的领导。体育行政部门要积极转变职能，建立和健全专门的管理组织和机构，配备专职人员，加强对体育产业工作的管理。

《纲要》最后指出：发展体育产业是新时期体育战线面临的一项重要任务。要积极行动起来，深化体育改革，开展试点，积累经验，有组织、有步骤地推进体育产业的快速发展。

《纲要》的出台，统一了认识，统一了目标，为我国体育产业的发展起了不可低估的重要作用。

按照市场经济的理论，市场是连接生产、流通、分配和消费的中心环节。因此，体育产业必须以市场为依托，体育的产业化要以体育市场的形成与开拓为前提。随着体育改革的不断深入和市场经济的发展，我国的体育市场由小到大，逐步发展。到20世纪90年代末，体育市场的基本框架已趋于清晰，主要包括竞赛表演市场、健身娱乐市场、体育用品市场、体育培训市场、体育中介市场、体育彩票市场、体育无形资产市场和体育旅游市场。

四、两个《纲要》与《体育法》的颁发

20世纪80年代中期，国家体委逐步确立了以青少年为重点的全民健身战略和以奥运会为最高层次的竞技体育战略的发展思路[1]。1992年巴塞罗那奥运会上我国奥运军团取得的优异战绩[2]，促进了人们对"全民健身战略"的进一步关注。因此，国家体委在90年代初正式确立了"各类体育协调发展"的方针，旨在推进我国体育的全面发展。

随着20世纪90年代初体育改革的进一步深化，我国体育的发展呈现出法制化的趋势。党的十一届三中全会以来，体育立法取得了重大进展，从1979年到1993年，国家体委立章建制452项，占新中国成立以来体育法规总数的87%[3]，立法内容基本覆盖了体育工作的各个领域，对保障和促进体育改革和发展发挥了重要作用。但从总体上讲，我国体育的立法还不能适应体育事业的发展，特别是适应社会主义市场经济并推进体育改革的一些法规，当时还在重点研究、探索之中。

1995年，《全民健身计划纲要》、《奥运争光计划纲要》和《中华人民共和国体育法》的颁发与施行，是体育改革不断深化的标志性成果。我国体育的发展进入了一个新的历史阶段。

---

① 伍绍祖主编：《中华人民共和国体育史》（综合卷），中国书籍出版社1999年版，第293页。

② 以16枚金牌、22枚银牌、16枚铜牌位在金牌和奖牌榜第4位。

③ 志东：《加强体育法制建设的又一重要举措》，《体育工作情况》1994年第2期。

（一）"以法治体"的思想基础

社会主义民主法制建设进程的不断推进，对加强体育法制建设提出了必然的要求。改革开放初期，我国体育法制还处在初建阶段，体育法规还很不完善，特别是缺乏带头的、骨干的法规。已制定的法规和规章，也存在质量不高、规范化程度较差、对法规的实施缺乏监督与检查等问题。因此，加强体育领域的法制建设，成了国家体育行政部门改革开放以来的重要工作任务之一。

在1980年4月的全国体委主任会议上，时任国家体委主任的王猛同志提出了及早制定中华人民共和国第一部体育法的思想。[①]1983年，国务院批转的《国家体委关于进一步开创体育工作新局面的请示》中指出：要"着手制定《体育法》"。1987年，为贯彻落实全国法制工作会议精神，国家体委召开了各厅、司、室负责同志参加的法制工作会议。会议初步设想在三年内，草拟出《中华人民共和国体育法》，并且按照多层次立法的要求，考虑建立单项体育法规，如《体育运动组织法》、《运动员法》、《教练员法》、《裁判员法》、《体育运动竞赛法》、《体育场管理法》。此外，在群众体育、训练、竞赛、财务、体育科研、体育外事（包括援外）、奖章和荣誉称号等方面，要草拟一些法规，以形成体育法律体系。[②]1988年6月，国家体委成立了体育法起草领导小组和起草小组，并召开了《体育法》起草小组第一次会议，讨论确定了起草《体育法》的指导思想、原则。从此正式启动了《体育法》的研制工作。

从1994年12月9日起，在仅仅一年零九个月的时间里，江泽民等中央领导同志连续三次听取法制讲座。江泽民同志还就法制建设发表了一系列全面、系统、深刻的讲话。他指出："实行和坚持依法治国，就是使国家各项工作逐步走上法制化的轨道，实现国家政治生活、经济生活和社会生活的法制化和规范化；就是广大人民群众在党的领导下，依照宪法和法律的规定，

---

① 国家体育总局政法司：《中国体育法制十年（1995—2005）》，中国法制出版社2006年版，第581页。

② 国家体委办公厅法规处：《国家体委认真贯彻政府法制工作会议精神》，《体育工作情况反映》1987年第16期。

通过各种途径和形式参与管理国家、管理经济文化事业、管理社会事务；就是逐步实现社会主义民主的制度化、法律化。"①

在邓小平南方讲话、提出社会主义市场经济的理论之后，在1995年国家体委进一步落实《全民健身计划纲要》办公会议上，明确提出了体育法制化。1995年8月29日，在八届全国人民代表大会常务委员会第十五次会议上，历经八年调研、反复改稿25次的《体育法》以全票获得通过。当日，经国家主席江泽民签署的第五十五号主席令予以公布，并规定于1995年10月1日开始实施。

（二）《体育法》的颁布

《体育法》是中华人民共和国颁布的第一部体育基本法。它的颁布，加快了我国体育法制建设的进程。在1996年国家体委召开的全国体育法制工作会议上，又一次强调了体育工作要从"人治"向法治转变，做到依法行政、以法治体。

1997年，国家体委出台了《关于加强体育法制建设的决定》。决定明确指出体育法制建设的指导思想是：以邓小平同志建设有中国特色社会主义理论和党的基本路线为指导，按照"依法治国、建设社会主义法制国家"的要求，贯彻执行《中华人民共和国体育法》，加快体育立法，强化体育执法，使体育工作全面纳入规范化、法制化的轨道，开创依法行政、以法治体的新局面。体育法制建设的目标是：在本世纪末、下个世纪初，初步建立起适应社会主义市场经济需要，符合现代体育运动规律，以宪法为指导，以体育法为龙头，以行政法规为骨干，以部门规章和地方法法规为基础、结构合理、层次衔接有序的体育法规和与之相适应的体育执法监督及法律服务体系，建立一支体育执法监督检查队伍，使体育法制建设状况有明显改善。争取在2010年前后，使体育工作全面纳入规范化、法制化的轨道。体育法制化思想的明确指出，有力地促进了我国体育事业的发展。

---

① 伍绍祖：《在国家体委"三五"普法动员大会上的讲话》，《中国体育法制十年（1995—2005）》，中国法制出版社2006年版，第140页。

1. 制订《体育法》的目的

任何法制的制订和存在，都是为了规范和调整一定的社会关系。制定《体育法》，当然也是为了规范和调整我国各种体育工作和体育活动关系。但法律的最终目的，是要通过对社会关系的规范和调整，进而对某项事业的发展，乃至整个社会的发展起到积极作用。因而，制订《体育法》，并通过《体育法》规范和调整体育关系，还有其深刻的、根本性的目的，这就是《体育法》第一条开宗明义所规定的"为了发展体育事业，增强人民体质，提高体育运动水平，促进社会主义物质文明和精神文明"。可见，制订《体育法》的根本目的就是为了发展体育事业。《体育法》的具体目的主要表现在于增强人民体质。这是我国发展体育事业最首要、最根本的目的和任务。关于提高体育运动水平：只有不断提高体育运动水平，才能为国争光，赢得荣誉。

而且，各个运动项目发展水平的普遍提高，对于提高群众体育的发展水平、推动整个体育事业的发展，也具有非常重要的作用。可以促进社会主义物质文明和精神文明建设。

2.《体育法》的基本精神

《体育法》作为全面指导、规范和保障我国体育工作的基本法，体现了国家发展体育事业的根本意志，体现了现阶段我国体育领域贯彻依法治国方略，坚持依法治体的总体要求。《体育法》的基本精神，重点由总则的内容加以规定，并体现在整部法律的条款之中。

3.《体育法》确立的体育工作方针

《体育法》规定："国家发展体育事业，开展群众性的体育活动，提高全民族身体素质。体育工作坚持以开展全民健身活动为基础，实行普及与提高相结合，促进各类体育协调发展。"《体育法》规定的体育方针主要包含以下3个方面的涵义。

（1）国家发展体育事业。《体育法》直接将"国家发展体育事业"的宪法规定作为体育工作方针加以明确，再次把发展体育事业上升为国家意志，充分展示了社会主义国家对人民体育事业的重视和关怀，表明了国家承担发展体育事业责任的态度和立场，为我国体育事业的发展建立了强大的国家保障。

（2）体育为提高全民族的身体素质服务。《体育法》明确将"开展群众性的体育活动，提高全民族身体素质"和"体育工作坚持以开展全民健身活动为基础"作为体育工作方针的内容，坚持了我国宪法规定的体育原则，反映了党和国家发展体育事业的长期做法和一贯主张，突出了新时期我国体育发展的任务和方向。

（3）促进各类体育协调发展。《体育法》明确规定体育工作要在"以开展全民健身活动为基础"的前提下，"实行普及与提高相结合，促进各类体育协调发展"，以维护和保证体育事业全面健康地发展。

4.《体育法》确立的体育工作原则

根据《体育法》总则的规定和通篇内容，可以从中概括出它所体现的体育工作基本原则。这些原则主要包括：

（1）体育为经济建设、国防建设和社会发展服务。这一原则，在《体育法》总则第三条中作了明确规定："国家坚持体育为经济建设、国防建设和社会发展服务。"同时，还在社会体育、学校体育、竞技体育的目的和作用等方面规定中体现出来。

（2）国家和社会共同办体育。体育是社会公益事业，发展体育事业要依靠党和政府、社会各界以及公民个人的共同努力。因此，《体育法》在明确各级人民政府体育职责的同时，从总则到其他各章多处对企业事业组织、社会团体和公民兴办、支持体育事业的多方面行为予以提倡和鼓励。

（3）保障公民的体育权利。《体育法》以其对公民体育权利保护加以保障的专门性规定，进一步丰富了我国公民权利保护的内容范围，十分明显地体现出保护公民体育权利的宗旨性原则。

（4）依靠科技进步发展体育事业。《体育法》在总则第七条作出了总体性的规定："国家发展体育教育和体育科学研究，推广先进、实用的体育科学技术成果，依靠科学技术发展体育事业"，又分别在各章中对学校体育教育、体育专业教育和体育科学技术团体等进行了规定，明确了科技和教育在体育发展中的地位和作用。

（5）保障和推进体育管理体制改革。《体育法》在总则第三条明确作出

"国家推进体育管理体制的改革"的规定，既表明了我国体育发展必须坚持改革的基本方向，也作为一项原则规定，为在社会主义市场经济新形势下继续深化各项体育改革留下一定空间。

（6）积极开展对外体育交往。"国家鼓励开展对外体育交往"被作为一项重要原则，在《体育法》总则的第九条中确立下来。该条还就体育交往中必须坚持的原则进行了规定，要求"坚持独立自主、平等互利、相互尊重的原则，维护国家主权和尊严，遵守中华人民共和国缔结或者参加的国际条约"，具体体现了国家外交工作的基本原则和立场。

5.《体育法》颁布的重要意义

《体育法》的公布实施，是我国体育法制建设进入依法治体新阶段的重要标志，是新中国体育发展史上的一座光辉的里程碑。《体育法》对于推动我国体育法制建设和促进体育事业健康发展的重要作用和深远意义，主要表现为以下几个方面：

（1）为贯彻落实宪法原则，保障公民的体育权利提供了重要的法律依据。体育是关系公民健康、国家荣誉和社会进步的全民事业。我国宪法将党和国家一贯倡导和坚持的体育工作方针，转化为最高层次的法律规定。但贯彻宪法规定的有关体育原则，还必须依赖一系列相配套的体育法律法规，使宪法的一些原则精神得以实现。依据宪法规定的并将宪法中的体育规定作进一步展开和延伸的《体育法》，在效力层次上仅次于宪法，成为贯彻落实宪法中的体育工作原则、保障公民体育权利的直接法律依据。

（2）为实现体育工作依法行政和依法治体创立了直接的法律规范。实现依法行政、依法治体，必须有法可依，体育法律是其重要的基础。在国家法制建设逐步深入、法律门类日趋增多的情况下，对体育工作的法制管理，在根据宪法原则和适用一般法律规定以及实行较低层次体育法规的同时，还必须创立充分反映体育特点与特殊规律的专门法律规范，以实现对体育关系的法律调整。因此，《体育法》对于体育工作依法行政、依法治体，具有其他任何法律法规都不可替代的重要作用。

（3）为巩固、扩大体育改革开放成果，促进体育事业发展建立了全面的法律保障。体育事业的发展得益于改革，而体育改革成果的巩固和体育改的不断深化又离不开法律的保护。用改革的精神指导体育立法工作，用法律引导、推进和保障体育改革的顺利进行，坚持体育改革开放与体育法制建设的统一，是新时期体育工作的一个重要指导思想。《体育法》的公布实施，必将为体育的改革和发展起到保驾护航的积极作用。

（4）为建立健全体育法规体系，进行配套体育立法奠定了坚实的法律基础。加强我国的体育法制建设，面临着建立具有中国特色的体育法规体系的任务。体育法规体系不但要在立法内容上全面协调，而且要在立法层次上衔接配套。《体育法》作为在宪法指导下的体育基本法，居于整个体育法规体系的核心，是体育法规进一步健全和配套的基础。

《体育法》公布实施后，全国人大教科文卫委员会相继组织了对浙江、福建、江西、广东、广西的《体育法》执法调研，并于2001年12月组织了北京、四川、湖南三省、市的《体育法》执法检查。这次《体育法》执法检查，给检查组的总体印象是：《体育法》公布施行以来，各级政府及各级体育行政部门对体育工作给予较高重视，体育法制建设实现了历史性的突破，为依法发展体育事业，增强人民体质、促进体育运动的普及与提高做了富有成效的工作。

（三）颁布《全民健身计划纲要》

1. 制定《全民健身计划纲要》的思想基础

随着社会主义市场经济体制的建立，体育界在深化体育体制改革的大环境下，对群众体育工作进行了新的研究和认识。1993年5月24日，《国家体委关于深化体育改革的意见》颁发。其附件《关于群众体育改革》中指出："在国务院的领导下，国家体委会同有关部门共同推行一个社会支持、全民参与的健身计划。全民健身计划是一项综合性的系统工程，体育行政部门要有职能部门主管这项工作，加强领导，制订规划，以保证计划的实施。体育科学研究部门要积极承担全民健身计划的设计，修改、完善现行的体育锻炼标准，推广科学健身的方法，并根据民族、年龄、性别等不同特点，制定出符合我国国情的体质（或体能）检测标准。对达到标准者予以荣誉奖励。"对于"全民健身计划"设想提出的基本过程，国家体委副主

任刘吉是这样概括的："早在 20 世纪 80 年代，国家体委就提出了'以青少年为重点，以全民健身为基本内容的群众体育与以奥运会为最高层次、以训练竞赛为主要手段的竞技体育协调发展'的战略思想，也就是说，在群众体育工作上，要抓'全民健身'这样一个关系中华民族体质增强的大事。对全民健身的认识，也是在实践中逐渐深化、不断完善的。现在对搞全民健身计划有了一个比较清楚的思路，是各种需要促使我们这样去搞，可以说是应运而生的"。

2.《全民健身计划纲要》主要内容

（1）适应社会发展的社会需要。

《全民健身计划纲要》（以下简称《纲要》）全文分五部分、二十六条，每条都言简意赅，含有丰富的内涵，描绘了我国全民健身事业的远景蓝图。《纲要》指出："新中国成立 40 多年来，我国体育事业取得了很大成就。群众性体育活动蓬勃发展，参加体育活动的人数不断增加，人民体质与健康状况有了很大改善，全民健身工作日益受到社会的重视和支持，群众性体育活动的内容和形式更加丰富多彩，群众体育健身的物质条件逐步得到提高，体育在提高人民整体素质，促进社会主义精神文明和物质文明建设方面发挥着越来越显著的作用。"关于存在问题，《纲要》强调随着社会主义现代化建设的不断发展，对人民的整体素质提出了更高、更全面的要求，但是，我国"全民健身工作的现状还不能适应社会主义现代化建设的需要，群众的体育健身意识还不够强，群众性体育活动的开展还不够广泛，经常参加体育活动的人数还不够多，现有体育场地设施在向社会开放、满足群众开展体育锻炼的需要方面还有较大差距，全民健身工作的科学技术和监测管理还比较落后，有关的法规制度还不够完善，适应社会主义市场经济体制的全民健身管理体制和运行机制还在探索之中。"因此，实施全民健身计划，开展全民健身活动，增强人民体质，是适应社会发展和社会需要的重大举措。

（2）全面提高中华民族的体质与健康水平。

全民健身工作是一项长期任务，全民健身计划又带有战略性，《纲要》首先提出到 2010 年的总体发展目标，就是"努力实现体育与国民经济和社会事业的协调发展，全面提高中华民族的体质与健康水平，基本建成具有中国特色的全民健身体系"。同时，依据实现社会主义现代化建设第二步战略目标的要求和建立社会主义市场经济体制的要求，提出"到本世纪末，经济、社会和体育发展程度不同的各地区，经常参加体育活动的人数都应有所增长，人民体质明显增强，群众参加体育活动的时间、体育消费额等逐步加大，群众体育健身活动的环境和条件有较大的改善。到本世纪末，初步建立适应社会主义市场经济体制的全民健身管理体制，初步形成人民群众广泛参与、充满发展活力的运行机制，建立起社会化、科学化、产业化和法制化的全民健身体系的基本框架"的目标。

我国地域辽阔，人口众多，鉴于不同地区、不同民族经济与社会发展的不平衡，《纲要》在统一规划的同时，兼顾地区、行业、人群的特点，明确规定以全体人民为实施对象，以青少年和儿童为重点。同时，对青少年、儿童、职工、农民、军人、少数民族、老年人、妇女、残疾人、知识分子等都分别提出了具体要求，《纲要》强调了青少年和儿童实施全民健身计划的重点，要求"全社会关心他们的体质和健康"，要求学校、单位、家长等都担负起保护和扶助青少年和儿章健康的责任。学校在青少年和儿童健康成长中处于特殊地位，起到关键作用。

（3）强化以普遍增强人民体质为重点的政府职能。

《纲要》提出的第一项对策和措施是：把推行全民健身计划纳入国民经济和社会发展的总体规划，坚持群众体育和竞技体育协调发展的方针，以普遍增强人民体质为重点，加强领导，统筹规划，切实抓出成效。这一措施强化了推行全民健身计划在国民经济和社会发展中的位置，强化了体育工作以普遍增强人民体质为重点的政府职能，为实现《纲要》的目标和任务，提供了可靠的保障。《国家国民经济和社会发展"九五"计划和2010年远景目标纲要》中，已将"实施全民健身计划，普及群众体育运动，普遍增强人民体质"纳入。很多地方和行业也已将实施全民健身计划纳入了本地、本行业的经济建设和社会发展的总体规划中。

《纲要》把"实施体质测定制度，制定体质测定标准，定期公布全民体质状况"作为一项重大对策提了出来。1996年我国颁布了《中国成年人体质测定标准》（试行），还陆续制订了其他人群的体质测定标准。实施国民

体质测定制度，可以有计划地把覆盖全国的国民体质监测系统建立起来，以获取国民体质状况的数据，并作出科学准确的分析，使国家和人民都了解国民体质的实际状况，找出努力方向，于国于民都是一件大好事，从而使我国国民体质建设从自发阶段走向科学阶段。

3.《全民健身计划》的内涵精神

（1）一切从人民的利益出发，服从和服务于党的中心工作和社会发展的全局，是开展全民健身工作的出发点和落脚点。

我国是社会主义国家，党和政府的根本宗旨是全心全意为人民服务。时刻关注广大人民群众的切身利益和发展愿望，一切从人民的利益出发，处处为广大人民群众着想，是党和国家制订各项方针政策的基本出发点。因此，《纲要》突出地体现了党和国家对广大人民切身利益的关怀，它不仅表现在制订和实施《纲要》的目的性上，而且表现在《纲要》所确定的实施对象和重点上，同时还表现在《纲要》所提出的对策和措施上。服从和服务于党的中心工作和社会发展全局，是同坚持全心全意为人民服务的宗旨紧密相连的。二者是相互联系、相辅相成的统一体，是一个事物的两个方面。坚持全心全意为人民服务的宗旨，使中华民族的体质普遍增强，才是真正地为党的中心工作和社会发展的全局服务；而服从和服务于党的中心工作和社会发展的全局，才能更好地坚持全心全意为人民服务的宗旨。《纲要》充分地体现了二者的统一。《纲要》既把全民健身计划的目标与经济建设、改革开放等党的中心工作紧密联系起来，把全民健身事业纳入经济建设和社会发展总体规划之中，又强调全面提高中华民族的体质与健康水平，改善群众体育活动的环境和条件，把全民健身工作与广大人民群众的切身利益紧密联系起来，从而清楚地显现出开展全民健身工作的出发点和落脚点。

（2）动员和引导广大人民群众积极参加体育锻炼，普遍增强人民体质是开展全民健身工作的核心和主题。

强健身心是群众体育的基本功能，也是群众体育区别于其他活动的最显著、最本质的特征。从一定意义上讲，群众体育的社会服务功能，都是通过这一基本功能的发挥来实现的。而这一基本功能的发挥，其途径就是亿万人民群众参与体育锻炼，没有亿万群众积极投身全民健身体育活动，提高中华民族整体素质，为经济建设和个社会发展服务就是一句空话。《纲要》的全部内容都是紧紧围绕动员和引导广大群众参加体育锻炼，不断增强体质这一主题而展开的，从"目标和任务"、"对象和重点"到"对策和措施"，概莫能外。《全民健身计划纲要》在规划、宣传、法制、组织网络、资金、消费、体质监测、指导者队伍、健身方法、科技、场地设施等方面提出的要求，采取的措施，都是为深入开展群众体育活动服务的。抓住了搞好各方面群众的体育锻炼活动，增强全民族的体质，也就是抓住了《纲要》的核心和主题。

（3）加快发展全民健身事业，逐步建成具有中国特色的全民健身体系是推行全民健身计划的突出特色。

我国是一个人口众多、经济和社会发展水平较低且不平衡的社会主义国家，在这样的国情条件下发展全民健身事业，实现人民体质的普遍增强，只能从实际出发，走自己发展全民健身事业的路。《纲要》所提出的建设有中国特色的全民健身体系的奋斗目标，是在总结我国体育事业发展与改革经验的基础上，以邓小平同志建设有中国特色社会主义理论为指导，从我国国情出发，发展我国全民健身事业的必由之路。

（4）是确保公民参与体育权利的需要。

我国宪法明确规定："国家发展体育事业，开展群众性的体育活动，增强人民体质"，从国家根本大法上确定了公民享有受法律保护的体育权利。推行全民健身计划，就是要使公民意识到参加体育锻炼是自己的权利，并为公民享受和实施这一权利创造条件。

（5）是对人类社会的共同发展承担我们应尽责任的需要。

大力提高人口素质和生活质量，高度重视人力资源的开发，已经成为一种国际潮流，以强健身心为宗旨的大众体育正在迅速发展。国际奥委会和世界卫生组织签署双方合作备忘录，提出其合作核心目标是全民体育和全民健康，并提出"2000年，体育为人人，健康为人人"的口号。我国政府积极响应"2000年人人享有卫生保障"的全球性卫生战略。在拥有12亿人口的国家开展全民健身活动，必然对国际大众体育的发展产生积极的影响，为人类的进步与文明作出积极的贡献。

1997年10月12日，江泽民总书记在接见第八届全运会群众体育先进

代表时的讲话中强调:"从毛主席开始,我们党和政府一直讲,开展体育活动,就是要增强全体人民的体质。这一点是非常重要的。在旧社会,中国人被认为是东亚病夫。中华人民共和国建立以后,中国人民站起来了。我们现在经济发展,人民体质逐步提高,得到了中外普遍赞扬。前不久,我为体育工作题了词:'全民健身,利国利民,功在当代,利在千秋'。全民健身运动,有利于增强人民体质,有利于丰富群众的文化生活,有利于振奋我们的民族精神和提高综合国力,意义重大而深远,要深入持久地开展下去。为人民服务,为增强人民体质服务,是党和国家对体育工作的基本要求。体育事业是群众的事业,广泛开展群众参与的体育活动,是我们体育工作的重点。"

2002 年,袁伟民局长在纪念毛泽东同志题词 50 周年座谈会上认为:毛泽东同志的光辉题词和"三个代表"要求,一脉相承,都是从关心最广大人民的根本利益出发,是我们在新的历史条件下,保持体育事业持续发展的重要思想保证;是我国体育事业在新世纪健康发展的关键。提高我国的社会生产力和综合国力,最后离不开人的素质,而人的素质也离不开人的体质。国民身体素质是国民素质的重要组成方面,这是当今世界公认社会进步的重要标志。江泽民总书记的论述,继承、丰富了毛泽东同志"发展体育运动,增强人民体质"的思想,体育工作要按江总书记要求,执政为民,坚持体育为人民服务、为社会主义现代化建设服务、为党的中心工作服务,把增强人民体质、提高国民素质作为体育事业发展的根本目标,作为我们安排和研究新时期体育工作的基本出发点。

(四)发布《奥运争光计划纲要》

随着在 20 世纪 70 年代末我国重返国际奥委会,竞技体育工作更加受到了党和国家的重视。80 年代中期,国家体委确立以青少年为重点的全民健身战略和以奥运会为最高层次的竞技体育战略的发展思路之后,如何使全民健身和竞技体育得到协调发展,一直是困扰我国体育界的重要问题。而在奥运会上力争夺取优异成绩,并保持一定时期内的稳步发展,不断为国争光,更是我国体育界无法回避而且压力最大的问题。

1．发布《纲要》的背景

党的十一届三中全会以后，我国竞技体育全面走向世界，不但在亚运会上连夺第一，而且在奥运会上也取得了较好的成绩。进入20世纪90年代之后，随着国际形势的发展，国内外竞技体育发生了较大的变化：依靠多学科先进理论和方法促进运动技术水平的发展已成为一个大趋势；商业化、职业化对竞技体育的渗透，刺激着运动成绩快速提高；国际竞赛中，系列赛、大奖赛越来越多，对传统的训练手段、方法和理论提出了挑战；随着苏联的解体和民主德国的消失，世界竞技体育的原有格局被打破，与我国在奥运会上处于同一档次的竞争对手相应增加，同时也为进一步提升中国竞技体育的国家地位提供了机遇；而国内改革开放的不断深入和中国体育整体协调发展战略的实施，也对竞技体育的发展提出了更高的要求。

但是，当时我国竞技体育面临着诸多矛盾和问题：一是总体实力亟待加强。从20世纪80年代以来参加三届夏季奥运会的成绩和项目发展水平来看，我国具有夺取金牌实力的项目平均仅有8个大项，进入前3名的小项为60个左右，占奥运会奖牌总数的8%，冬奥会项目仅有少数小项达到世界水平；而且运动项目发展不平衡，某些优势项目一直未能走出低谷，男子项目仍然是薄弱环节，篮、排球等重点集体项目队伍萎缩，增加了发展的难度；还有体育尖子和后备人才严重不足，经费短缺，等等。

然而，在1994—2000年的几年中，我国面临着冬、夏奥运会和亚运会等七次综合性世界和洲际大赛，如何迅速改变上述局面，力争在这七次国际大赛中取得优异成绩，成了十分迫切的重要任务。因此，1993年11月，国家体委正式提出制定和实施《奥运争光计划》。同时也想通过这项计划的实施，为21世纪我国竞技体育的进一步发展奠定坚实的基础。

竞赛体制改革作为奥运争光计划的启动工程率先进行，1994年4月下旬召开的全国竞赛工作会议，以第8届全国运动会改革为中心，出台了一系列改革政策和措施，这些改革举措全面引导各地更好地贯彻"保证重点，发挥地方优势，积极向奥运战略靠拢"的竞技体育发展指导思想，进一步调整项目结构，完善布局体系，建立效益投资体制。专项实施方案于1995年4月定稿，并经过多次讨论、论证、修改，于1995年6月经国家体委党组审批通过。

在此基础上，国家体委经过认真的讨论、研究，于 1995 年 7 月 6 日正式发布了《奥运争光计划纲要》（1994—2000 年）。

2.《纲要》的主要内容与基本精神

《奥运争光计划纲要》（以下简称《纲要》）与可操作的具体实施计划共同构成《奥运争光计划》。《纲要》体现了综合性指导性，是国家体委实行宏观调控的纲领性文件。可操作的具体实施计划是各运动项目、各部门、各单位围绕《纲要》规定的任务目标、原则、措施和方法步骤制定的。

制定和实施《奥运争光计划》的目的，是为了适应社会主义市场经济的发展，顺应国际竞技体育发展趋势和规律，对我国竞技体育的发展目标、规模、重点、质量及措施实施全方位、多层次全过程的系统管理与控制，使竞技体育高效、快速、健康发展，夺取更大成绩，赢得更大荣誉，为实现我国第二步战略目标服务。

《奥运争光计划》的目标可分为体制、机制目标，基础实力目标和实力表现目标，具体内容如下：

（1）体制、机制改革目标。

到 20 世纪末，我国竞技体育体制和机制改革的具体目标是逐步加大国家对竞技体育的投入，努力拓宽社会投入渠道，形成国家办与社会办相结合的新格局；实行运动项目分类管理，建立效益投资体系；强化运动项目的纵向管理，建立责权利相统一，若干项目综合管理与专项管理相结合的体制；建立公平、合理的竞争机制，形成集中与分散相结合的多强对抗的国家队体制；建立"体育振兴依靠科技进步，体育科技面向运动实践"的体育科技体制；改革人才管理体制，促进运动人才的合理流动；建立以提高质量和效益为核心的竞赛体制和与竞技体育发展相适应的法律、法规体系。

（2）基础实力目标。

奥运项目的运动员人数达到 1.7 万人左右，重点项目的运动员占总数的 80% 以上。在奥运项目选手总数中，国际运动健将、运动健将将分别提高到 4% 和 40% 以上。重点项目有所调整和发展，使之更趋合理和科学，后备力量充实。奥运项目优秀运动队专职教练员人数达到 4900 人，重点项目专职教练员人数达到 4100 人，高级教练员占教练员总人数的 25%。国家和社会投入奥运项目的经费总体上要逐年增长，重点项目得到保证，资源配置更加合理。奥运项目优秀运动队的训练、营养、恢复有相应的科研保障，重点项目的国家队都要配备强有力的科研班子。

（3）实力表现目标。

1996 年第 26 届奥运会团体名次力争保持第二集团领先地位。在 26 个项目中，力争有 20 个大项 80 个—90 个小项取得奥运会参赛资格或进入前 8 名，18 个大项 80 个以上小项具有争夺奖牌的实力。1998 年第 18 届冬季奥运会力争实现金牌"零"的突破，奖牌总数超过历届。速滑、短道速滑、女子花样滑冰具有夺取奖牌实力。雪上项目达到世界中上水平。在夏季亚运会上保持领先地位，冬季亚运会实现保 3 争 2 的目标。在其他国际综合性运动会上，表现出实力，名列前茅。2000 年第 27 届奥运会团体名次保持第二集团领先地位，缩小与第一集团的差距。有 20—23 个大项、100 个左右的小项取得奥运会参赛资格或进入前 8 名，20 个大项 80 个以上小项具有争夺奖牌的实力。

3．实施《奥运争光计划》的指导原则

为了实现 2000 年竞技体育发展和改革的目标，必须坚持以邓小平同志建设有中国特色的社会主义理论和党的基本路线为指导，从"抓住机遇，深化改革，扩大开发，促进发展，保持稳定"的大局出发，通过深化体育改革总揽全局；建立与社会主义市场经济发展相适应、符合现代竞技运动发展规律的国家办与社会办相结合、集中与分散相结合的多强对抗的竞技体育体制和良性循环的运行机制；贯彻以奥运会为最高层次的发展战略，优化运动项目结构，保证重点，合理配置资源；加强对项目部局的宏观调控，集中力量发展现有奥运会优势项目，大力开发奥运会潜在优势项目；严格训练，严格管理，坚持从难、从严、从实战出发、大运动量科学训练的原则和"科技兴体"的方向，向科技和管理要成绩；实施 2000 年后备人才工程，培养高水平人才；积极参与世界体坛竞争，进一步扩大国际交流，为运动水平的提高创造良好的国际环境；充分发挥竞赛杠杆作用，加强体育宣传，赢得社会全方位、多角度的支持，促进事业的发展。上述若干方面是相互联系、相互制

约的有机整体，是我国竞技体育发展的基本指导原则。要围绕这些原则，运用相应的宏观调控和法律法规手段，采取切实措施，实行统筹规划，综合治理，积极而有步骤地推进各项工作，使优势项目得以巩固提高，潜优势项目有所加强，薄弱环节有所突破，落后地区有所发展。

4. 实施《奥运争光计划》的主要措施

（1）调整奥运会竞赛项目发展的总体布局。

在实行分类管理的基础上，重新调整确定现有奥运会重点项目。继续巩固和发展国家重点投入的18个项目中现有优势小项和潜优势小项，大力开发若干短期内能够达到世界水平的小项，以及女子垒球、女子足球等项目。同时注意奥运会设项变化，对于纳入重点布局的大项和小项，要有计划地制订各层次运动员比例，确定合理的年龄梯队，有效地进行资源配置。通过政策导向、竞赛调控、法律法规保证，扩大我国竞技体育的优势范围和覆盖面，形成优势项目的人才群和人才链。

此外，要搞好地区布局，变项目的局部优势为全局优势；发挥大区优势，实行重点项目区域联合，各展所长，使各大区在自己的优势项目上形成有力的拳头；改变我国当时某些奥运会优势项目队伍萎缩、后备力量严重不足的状况；有计划地加强男子项目和边远落后地区竞技运动的发展。

（2）建立集中与分散相结合、多强对抗的国家队体制。

确定在1995年制订国家队组建办法，根据各项目实际情况确定每个奥运项目国家队组建形式，选定一批有能力赶超世界水平的地方或解放军的项目或队员承担国家队任务，初步形成集中与分散相结合、多强对抗的格局。国家队原则上每年进行选拔或调整，由国家体委主管部门公布名单。集中型和分散型国家队选定的地方或解放军教练员、运动员享受国家队工资、奖励、职称等方面待遇。地方或解放军承担国家队任务，由国家体委主管部门与承办单位签订协议，对完成国家队任务的单位实行奖励性追加投入，对作出重大贡献的省区市体委或解放军体育主管部门主要负责人给予重奖。

（3）加强科学训练，向管理和科技要成绩。

继续贯彻"三从一大"的科学训练原则和"两严"方针。总结、推广我国乒乓球、女子排球、跳水、游泳、体操等项目的先进经验，努力探索训练规律，确定符合本项目特点和中国运动员身体条件的训练指导思想，形成自己独特的技、战术风格。运用多学科知识有的放矢地突破影响本项目发展的重大技术环节和薄弱环节，提高训练的科学化程度。

要加大对体育科技的投入，随着科技体制的转换，重点加强对应用科学研究的投资。对我国的科研机构进行统筹规划，合理布局，走"内涵扩大型"的发展道路，保持优秀人才最佳竞技状态的持续时间，延长运动寿命。加大社会对体育尖子人才的奖励。建立优秀运动员就业制度、升学制度、保险制度。搞好运动队的政治思想建设，努力培养和造就出一支有理想、有道德、有文化、守纪律、勇攀世界体坛高峰的队伍。

（4）培养、造就一支高水平的教练员队伍。

培养一支有强烈事业心、思想作风过硬、业务精通的教练员队伍是不断提高训练水平的关键和根本保证。加强在职教练员岗位培训。改革传统的选拔、聘任教练员模式，注意选拔高知层教练员，破格使用有特殊专长的自学成才的教练员，建立激励教练员竞争上的选拔聘用制度，改善教练员待遇。实行初级到高级各层次教练员的双向流动，充分调动各个层次教练员的积极性和创造性。

（5）实施2000年后备人才工程。

培养后备人才对保证竞技体育持续、快速发展，实现战略标至关重要。建立以省选才科研中心为龙头的三级选才体系，对重点项目布局单位选才工作进行帮助与指导、探索选才与育才相结合的途径，加强对少年儿童训练的医务监督、恢复、营养等方面的保障。保证训练工作的科学性、系统性。选拔优秀教练员承担高水平后备人才的培养任务，建立教练员目标责任制，严格选聘、考核管理制度，建立和完善激励机制。少年儿童竞赛规程的制订要更有利于促进各项目年龄与水平的衔接和梯队建设，有利于促进重点项目和优势项目的发展，有利于促进多形式、多渠道、多层次培养水平运动后备人才。建立综合评定体系，对基地建设、投资保证教练员队伍建设、人才培养质量与效益、管理制度与措施等进行综合评定。

（6）建立效益投资体系。

对于奥运会重点项目在资金、物资上予以重点保证，并注意扩大对见效

快、效益大的项目的投入。努力拓宽竞技体育经费来源的渠道，加强对各体育训练基地的管理。充分调动各方面的积极性，建立体育产业管理机构，制订体育市场管理办法，为实现奥运争光计划的战略目标多方积累资金。各级体委的训练、竞赛单位应根据奥运争光计划总目标的要求，建立若干效益评估奖惩制度。

（7）充分发挥竞赛的杠杆作用。

竞赛体制改革要着眼于提高竞赛质量和效益，拓宽资金来源渠道，搞活竞赛经营，培养竞赛市场。运用竞赛杠杆对运动项目结构进行宏观调控，调整全运会的项目设置，引导各省市贯彻保证重点，突出奥运优势项目的方针。全国城市运动会继续坚持以培养奥运会重点项目后备人才为目的，以青少年为参加对象的宗旨；建立合理的人才交流机制。通过竞赛，搞活人才交流，开辟人才市场，最大限度地发掘人才，实行运动员参赛资格证制度，全国单项比赛以竞技水平为参赛标准。在全运会决赛前一年进行运动员资格注册。扩大出人才的面，引导后备力量建设。全国竞赛要继续贯彻分级比赛的原则，要按各项目的成才规律界定合理的年龄结构。根据不同年龄和训练水平提出不同要求，引导少儿训练向全面提高身体素质和掌握基本技术的方向发展。引导运动技术的发展与创新。

建立一支数量适宜、具有承担奥运会等世界大赛和国内各级比赛任务的高水平裁判队伍，落实国家体委制定的全国裁判员队伍发展规划，着重抓好奥运会项目的高水平裁判队伍建设。重点培养一批业务精、外语通、作风硬的年轻裁判员。提倡高尚的体育职业道德，狠抓不正之风，使裁判员能真正做到严肃、认真、公正、准确地执法。从实际出发，适当增加比赛次数，有条件的项目要逐步建立系列赛、大奖赛等赛制，创造运动队伍的锻炼机会，增强实战能力。

（8）扩大开放，加强国际交往。

充分发挥体育情报信息部门、科研机构以及体育院校的作用，有组织、有计划地进行系统研究，及时掌握国际体坛最新和最先进的技术、战术以及训练理论、手段、方法，国际奥委会的信息情报，各国动态及选手实力、规则修改、竞赛安排变化等情况。加强对外交往，借助别国在一些项目上的优势，使自己在一些传统项目和特色项目上尽快提高和突破，促进运动员、教练员对外的交流学习和比赛。

进行国际体育人才交流，使我国竞技体育进一步全面走向世界。允许部分球类项目运动协会、俱乐部聘请一些高水平的外籍球员加盟，提高国内竞赛的竞争水平。允许经国家批准的退役优秀选手加盟国外职业俱乐部，但要签订有关的合同，确保国家需要时可随时召回。培养国际体育组织领导人，积极参与国际体育事务，逐步提高我国在国际体育组织的影响力。尽快推荐一批懂外语、懂业务的体育官员进入国际体育组织，力争使 18 个重点和优势项目都在国际组织中占一席之地。

此外，还有普及和宣传奥林匹克精神，扩大竞技体育的社会影响；大力开展群众性体育活动；在适当的时候，再次申请举办奥林匹克运动会，等。

5. 发布《纲要》的重要意义

发布《奥运争光计划纲要》，对我国体育，特别是竞技体育的发展有着重要的意义。主要有以下几个方面：

（1）是落实奥运战略、建设体育强国的需要。

1984 年，全国体育发展战略会议正式提出了奥运战略的构想，即以"奥运会"为我国竞技体育发展的最高层次的目标。但是，如何将此战略构想落实到我国竞技体育发展的实践过程中却面临着许多问题。事实上，由于一些问题的长期存在（如地方体育部门从切身利益出发更重视全运会、奥运会夺金项目基础薄弱、后备人才紧缺等），使得奥运战略在提出后的长达 10 余年的时间里并未得到真正落实。特别是地方体育部门在竞技体育发展中以"全运会"为标杆的工作取向，使得竞技体育资源相对分散，国家与地方之间貌合神离。在此情况下，将奥运战略制度化，使之能够真正对各级体育部门竞技体育活动的开展具有较强的约束力，就必然成为当时竞技体育发展中的一项重要工作。于是，在奥运战略正式提出 10 年后的 1995 年，国家体委不失时机地发布了《奥运争光计划纲要》。结果，对我国在 1996 年亚特兰大奥运会和 2000 年悉尼奥运会上取得优异成绩起到了良好的作用。

（2）是满足民族心理、衡量竞技体育工作成绩的需要。

由于多方面的原因，真正让国人了解和熟悉奥运会是我国参加 1984 年

洛杉矶奥运会之后的事。在这届奥运会上，由于苏联和东欧几个国家的缺阵，中国代表团一举获得15枚金牌。在当时的中国，这15枚金牌的意义远远超出了体育的范畴。在国人眼中，它被看做是民族复兴的一种象征，是国人彻底摆脱"东亚病夫"心理阴影的强心剂。从中央到地方，从政府到民间，各种褒扬之举、赞誉之声应接不暇。在这些褒扬赞誉之中，"奥运会"作为体育事项的意义逐渐被隐藏起来，取而代之的是它的政治价值和满足民族心理需要的价值。民众乃至国家也习惯于以"奥运金牌"数量的多少来衡量竞技体育工作成绩的好坏。在这种情况下，以在奥运会上夺金为目标的竞技体育发展理念便深植于体育决策者的内心。可见，《奥运争光计划》的出台有利于满足民族心理的需求，也有利于竞技体育工作成绩的量化。

（3）是解决资源短缺、保护奥运项目发展的需要。

由于我国竞技体育起步相对较晚，基础薄弱，在这种情况下，要使竞技体育在短时间内取得突破性的进展则面临着许多难题，其中最主要的便是竞技体育资源的匮乏。这主要表现在以下两方面：一是竞技体育经费的短缺。长期以来，我国竞技体育经费的来源主要依靠国家财政支出。在20世纪80年代前期，其支出额仅占国家财政总支出的千分之几。"财政体制改革后，中央一级1979年到1983年每年平均递增12.3%。省以下正常体育经费不少地方没有相应增长，有的甚至减少，多数县，开支工资后所剩无几"。到了90年代后期，通过发行体育彩票，经费短缺的状况得到一定程度的改善，但金牌的成本也随之增加，竞技体育经费短缺的状况没有大的改善。二是竞技体育项目的分散。在第8届全运会之前，项目设置包括许多非奥运项目，而各个省市为了在全运会上获得好成绩，通常只发展自己的优势项目，而这些优势项目有相当一部分又不是奥运项目，这就出现了非奥运项目与奥运项目在发展中的相互冲突的情况。一方面是经费的短缺，一方面又是项目的分散，这就使得奥运项目在发展中得不到应有的保障。在这种情况下，就必须采取一种有效的措施，才能使得有限的经费尽可能用在奥运项目的发展上。

《奥运争光计划》的更深远的意义在于，总结和肯定了新中国建立以来发展竞技体育的成功经验，提出了竞技体育改革的整体思路。《奥运争光计划》把竞技体育目标分解为体制、机制改革目标，基础实力目标，实力表现目标，第一次把竞技体育改革置于竞技体育体制和机制改革基础之上，并提出要"建立与社会主义市场经济发展相适应、符合现代竞技运动发展规律的国家办与社会办相结合、集中与分散相结合的多强对抗的竞技体育体制和良性循环的运行机制"。这将十分有利于我国竞技体育战略的可持续发展。

第六章
以人为本，与奥运同行，
"增强全民族体质"
(*2001—2010* 年)

2000 年的新年钟声，将人类引入新的世纪。作为改革的攻坚阶段和关键时期，党和国家提出了全面建设小康社会、科学发展观、构建和谐社会等关系经济社会发展全局的重大战略方针和一系列战略部署，为体育的改革发展指明了方向，进一步明确了发展的指导思想和基本原则，在未来推进行政体制改革、完善基本经济制度、建设现代市场体系和提高对外开放水平的进程中，体育的发展将更加主动、更为自觉、效益将更加突出。

从 2000 年到 2010 年，体育工作以增强人民体质为重点，以提高国民素质为基本任务，以成功申请和举办奥运会创造世纪辉煌为中心，继续推进和深化体育改革，在世纪之初，取得了举世赞誉的成就。

一、新世纪体育工作的目标、方针和指导思想

为在新世纪深化体育改革，开创体育工作的新局面，国家体育总局制定了《2001—2010 年体育改革与发展纲要》。北京成功申办 2008 年奥运会以后，中共中央、国务院颁发了《关于进一步加强和改进新时期体育工作的意

见》，两个文件为新世纪体育的发展描绘了蓝图，指明了发展的方向和目标，明确了任务，成为继续深化体育改革、促进体育事业发展的指导性文件。

《2001—2010 年体育改革与发展纲要》首先是贯彻执行江泽民总书记和朱镕基总理的讲话精神，将提高国民素质和引导体育消费作为体育工作的根本任务和重要任务加以强调，总目标是：建立与社会主义市场经济体制相适应的、符合体育发展规律的体育体制和运行机制，初步形成有中国特色的社会主义体育组织体系。

新世纪体育工作的方针：

第一，坚持体育为人民服务、为社会主义服务，把增强人民体质、提高国民素质作为体育的根本任务。

第二，坚持普及与提高相结合，坚持群众体育与竞技体育协调发展。努力探索群众体育的发展规律和竞技体育的发展规律，全面提高我国体育的整体水平。

第三，坚持以改革促发展，努力推进体育体制的改革和运行机制的转变，重视体育制度的创新，切实把体育事业的发展方式从行政型转为社会型。

第四，坚持依法行政，依法治体，保障体育事业健康有序地运行。

2002 年 6 月 26 日，中共中央政治局常委会讨论通过了《关于进一步加强和改进新时期体育工作的意见》(以下简称《意见》)，并作为中发〔2002〕8 号文件于 2002 年 7 月 22 日颁发。

《意见》指出："加快我国体育事业的全面发展，满足广大人民群众日益增长的体育文化需求，并借此推动我国社会主义物质文明建设和精神文明建设的发展，是全党、各级政府和全国各族人民的一项共同任务。"同时要求"各级党委、政府要以此为契机，进一步加强和改进新时期体育工作"。[①]

《意见》共 6 个部分。在第 2 部分的新时期发展体育事业的指导思想、工作方针和总体要求中，提出了"坚持以改革促发展，强化体育制度创新，努力推进体育体制改革和运行机制转变，增强体育发展的活力和后劲"。在

---

① 国家体育总局：《中国体育年鉴，2003》，中国体育年鉴出版社 2003 年版，第 99 页。

《意见》的第5部分，专门指出"要继续深化体育体制改革，促进运行机制转换"。具体的内容有：①为适应社会主义市场经济的发展，深化我国体育管理体制改革势在必行。②充分发挥国家体育总局、中华全国体育总会和中国奥委会的作用。③深化运动项目管理体制改革，提高规范化管理水平。④研究、制订有关政策措施，鼓励社会力量对体育赛事、公益性体育机构和公共体育设施建设的支持。⑤积极推进体育工作运行机制的转换，不断增强体育发展的动力和后劲。

在新世纪初期，以《纲要》和《意见》两个重要文件为指导，以成功举办北京奥运会为中心任务，我国的体育事业按照既定的方针和目标，得到了全面的进步和发展。体育决策和管理、社会体育、体育产业化、学校体育、竞技体育在深化改革中取得了新的成就。北京奥运会举办的成功，受到了全世界的赞誉，北京奥运会的辉煌，证实了中国体育改革多年的成功，显现了在新世纪体育事业的新成就。

二、办好2008年北京奥运会

改革开放30年，我国经济社会稳步发展，国力持续增强，1979年—2007年中国国内生产总值年实际增长9.8%，中国经济总量占世界经济的份额已由1978年的1.8%上升到2007年的6%，达到32081亿元，居世界第4位。人均国民总收入达到2360美元。按世界银行的划分标准，我国已由世界低收入国家跃升到中等偏下收入的国家行列。国家经济的繁荣和人民生活水平的提高，为体育事业的发展、为北京申办奥运会奠定了坚实的基础。[1]2001年7月13日，当国际奥委会第112次全会将2008年奥运会举办权交给北京时起，整个国际社会的目光开始聚焦在北京2008上。办好2008年北京奥运会，达到圆满举办一届"有特色、高水平"的奥运会、残运会的目标，是跨入新世纪体育工作的中心。为兑现"将2008年奥运会办成奥运史上最好的一次运动会"，中国人民倾力支持北京，终以辉煌的战绩和"无

---

[1]　国家体育总局：《改革开放30年的中国体育》，人民体育出版社2008年版，第368页。

与伦比"的赞誉永载奥运和中国体育史册。

（一）"绿色奥运、科技奥运、人文奥运"的新理念

北京奥运会提出了"绿色奥运、科技奥运、人文奥运"三大理念，是在改革开放 30 年的基础上，贯彻落实科学发展观，以人文本，使人与社会、人与自然和谐的体现。

2001 年 7 月 13 日，北京以"绿色奥运、科技奥运、人文奥运"三大理念赢得了 2008 年第 29 届奥运会举办权，实现了中华民族的奥运梦想。

绿色奥运。把环境保护作为奥运设施规划和建设的首要条件，制定严格的生态环境标准和系统的保障制度；广泛采用环保技术和手段，大规模多方位地推进环境治理、城乡绿化美化和环保产业发展；增强全社会的环保意识，鼓励公众自学选择绿色消费，积极参与各项改善生态环境的活动，大幅度提高首都环境质量，建设生态城市。

科技奥运。紧密结合科技最新进展，集成全国科技创新成果，举办一届高科技含量的体育盛会；提高北京科技创新能力，推进高新技术成果产业化和在人民生活中的广泛应用，使北京奥运会成为展示高新技术成果和创新实力的窗口。随着信息时代的到来，奥运会和先进科技手段的结合必然会带来新的面貌。如比赛结果的信息系统、通讯技术和网络技术，也有的申办城市提出要举办可体验 21 世纪生活的高科技奥运会。此外，申办奥运会还和城市科学有紧密关系，如城市布局、发展方向、污染治理、交通组织和设施建设等，还有经济学的问题，如要考虑投入产出、要考虑显性效益和隐性效益的关系等。这都是科技奥运的丰富内涵。

2008 年北京奥运会是奥运史上第一次明确地把科技应用作为主题的奥运会。北京奥运的"科技奥运"理念，在运动员的训练和比赛、奥运场馆建设的新型技术、奥运赛场的技术服务、奥运相关服务等方面得到了充分的体现。

人文奥运。普及奥林匹克精神，弘扬中华民族优秀文化，展现北京历史文化名城风貌和市民的良好精神风貌，推动中外文化的交流与融合，加深各国人民之间的了解、信任与友谊；突出"以人为本"，以运动员为中心，努力建设与奥运会相适应的自然、人文环境，提供优质服务；遵循奥林匹克宗旨，以举办奥运会为主线，开展丰富多彩的文化教育活动，丰富全体人民的精神文化生活、促进青少年的全面发展；以全国人民的广泛参与为基础，推进文化体育事业的繁荣发展，增强中华民族的凝聚力和自豪感。

奥运的人文精神早已有之，但将"人文奥运"作为一个明确理念提出，这还是第一次。"人文奥运"的提出，是奥林匹克精神由自发状态向自觉方向发展的必然结果，是中国人民对奥林匹克运动的一大贡献。"人文奥运"就是用人类数千年来创造的人文精神去指导奥运、丰富奥运，赋予奥林匹克运动以浓厚的人文色彩，大力弘扬公正、平等、和谐、进取的人文精神，以达到团结人、教育人、激励人、培养人的目的，进而促进全人类的和平、友谊、发展和进步。它的提出反映了人们的社会需求、心理需求、审美需求和享受需求在不断地发展，这也使奥运会的内容和形式都在不断更新。

早在1994年挪威利勒哈默尔冬奥会上就提出了"绿色奥运"的口号，并在保护环境、保护动植物、从社会需要的角度进行开发，考虑赛后利用等方面进行了一系列的探索。2000年悉尼奥运会在保护自然环境、节约能源、废弃物和水的利用、充分利用原有设施和临时设施方面都有许多新的做法和经验，他们的经验成为举办绿色奥运的重要借鉴。2008年北京奥运充分体现出生态文明，使全社会绿色和环保意识得到强化，在奥运的示范效应下，使全社会形成有利于环境的消费习惯，绿色、环保理念深入人心。

（二）"五个结合"的举办战略

通过筹备和举办奥运会，要实现4个战略目标。即：承办一届历史上最出色的奥运会。促进全国以及首都的现代化建设。塑造首教改革创新和全方位开放的新形象。努力实现我国体育事业的全面发展。

2008年北京奥运会的筹办过程与我国社会转型发展过程想重叠，这使的奥运与中国发展产生了其他举办国少见的互动效应，于是，北京奥运会的组织者适时提出"五个结合"的筹办战略。

第一，把举办奥运会与全国人民的广泛参与结合起来。让全国各地共享奥运机遇，促进各省市共同发展，发挥全国人民的积极性和创造性，共同办

好奥运会；积极主动争取国家各部委的帮助，为成功举办奥运会提供支持。

第二，把举办奥运会与推进现代化建设结合起来。坚持"以奥运促发展，以发展助奥运"，按照北京市"十五"计划和"新三步走"发展战略的要求，加快首都现代化建设步伐，为成功举办奥运会创造雄厚的物质条件。在筹办过程中，坚持勤俭节约，注重体育设施的赛后利用，提高投资效益，避免重复建设。

第三，把举办奥运会与扩大开放结合起来。向全国和全世界敞开胸怀，全方位扩大对内对外开放；学习借鉴各种成功经验和做法，按照国际标准和现代化尺度的要求开展工作，通过举办奥运会全面提高北京的开放水平，向世界展示我国改革开放的新形象。

第四，把举办奥运会与推进精神文明建设结合起来。全面贯彻落实《公民道德建设实施纲要》，克服社会生活中的不文明行为；提倡文明、健康、科学的生活方式，改善中外语言交流环境，提高市民的科学文化素质和文明程度；提升各窗口行业文明服务的质量和水平，为举办奥运会创造团结、稳定、向上、祥和的文明环境。

第五，把举办奥运会与提高人民的生活质量结合起来。坚持"以人为本"，通过举办奥运会，促进经济建设、城市建设和管理，让群众得到更多的实惠，让筹备奥运会的过程成为切实提高人民物质文化生活水平的过程，成为社会进步的动力。①

（三）北京奥运会的辉煌

2008 年 8 月 8 日—24 日，9 月 6 日—17 日，北京先后成功举办了第 29 届夏季奥运会和第 13 届残疾人夏季奥运会，中国政府和人民履行了自己在申办奥运会时给世界的承诺，将一届"有特色、有水平"的奥运会和残奥会呈现给了世界。

国际奥委会主席罗格用"无与伦比"一词，对北京奥运会进行了概括性的评价。北京奥运会的成功，是中华人民共和国自新中国成立以来经过半个

---

① 国家体育总局：《改革开放 30 年的中国体育》，人民体育出版社 2008 年版，第 335 页。

世纪的建设，尤其是改革开放 30 年取得举世瞩目伟大成就的显示，也是对中国体育改革 30 年来的综合检验。在 2008 年北京奥运会上，中国以获得 51 枚金牌、21 枚银牌、28 枚铜牌位居金牌榜首。目前，我国共有 262 人在世界和亚洲体育组织担任 397 个职务，任秘书长以上领导职务 215 个，先后有 19 人获得奥林匹克勋章，为中国赢得了世界的尊重。从洗耻"东亚病夫"到雄踞国际体坛，中国人民用了 60 年的时间。在未来不长的时间内，中国一定能实现体育强国的目标。

承办北京奥运会、残奥会所取得的巨大成功，中华体育健儿所取得的辉煌业绩，极大地增强了中华民族的自信心和自豪感，对我国政治、经济、社会、文化、教育、体育的发展产生了多元的影响，体育在经济社会的发展中发挥了巨大的综合效应。

从 1978 年至今，中国经过 30 年改革开放的洗礼，大踏步地追赶着世界潮流。中国的体育事业，在改革开放初期是百废待兴的状况，今天中国成功地承办奥运，赢得世界的赞誉，以金牌第一的面貌笑傲世界体坛。中国体育的发展，见证了中华人民共和国走向繁荣富强的历程，见证了改革开放 30 年中国社会翻天覆地的变化。

体育战线取得的伟大成就，证明了改革开放是决定中国当代命运的伟大抉择，是实现中华民族伟大复兴的必由之路。正是在以马列主义、毛泽东思想、邓小平理论和"三个代表"重要思想为指引，以科学发展为统领，坚定不移的改革开放，开辟了中国特色的社会主义体育发展道路，才开创了今天体育事业的新局面。

三、以人为本，提高全民族的健康素质

（一）"增强全民族体质，强国强民"

改革开放以来，我国体育工作进入了一个新的发展阶段。邓小平同志始终高度重视体育工作，强调"体育是社会主义精神文明建设的重要方面，是一个国家经济、文明的表现"，指出"要把学校的体育工作搞好。要发展少年业余训练"。江泽民同志强调，"体育是关系人民健康的大事，体育水

平是一个民族文明进步的重要标志"，"保证和提高亿万人民的健康水平和体能素质，始终是体育工作的立足点和归宿"，"提高人民身体素质的工作，要从中小学学生，从青少年抓起"。进入新世纪以来，以胡锦涛同志为总书记的党中央，坚持以人为本的科学发展观，高度关注人民的健康。党的十六大明确把提高全民族的健康素质和思想道德素质、科学文化素质一起作为全面建设小康社会的重要目标。党的十七大明确指出贯彻落实科学发展观，坚持"以人为本"为核心，促进社会和谐发展。在"加快推进以改善民生为重点的社会建设"的过程中，体育同步地为提高全民族的健康素质，为中华民族的伟大复兴做出了贡献。

20 世纪 80 年代，中国人民在迈开改革开放的步伐的同时，《中共中央关于进一步发展体育运动的通知》（以下简称《通知》）中，对体育提出了"锐意改革，勇于进取，不断作出新贡献"的要求，并确定了"在本世纪把我国建设成为体育强国，以增强全民族的体质，强国强民"的奋斗目标《通知》特别指出了在全国进行体制改革的背景下，要达到"增强全民族的体质，强国强民"的目标，必须放手发动全社会办体育，这是我国体育体制改革的首要问题。应该把工作重点转移到抓体育社会化这一环节，实行国家、社会团体、个人三方共同办体育的模式。把福利型体育，对群体活动实行的引导、管理办法，变为整个社会共同关注体育、共同办体育的模式。

《通知》受到了全国各地各级党委、政府的广泛重视，体育被列入党委、政府工作的重要议事日程。例如 1984 年 8 月，湖南省委、省政府主持召开了全省体育工作会议，认真学习《通知》，省委主要领导到会讲话，号召全省体育系统积极改革，为振兴湖南体育作贡献，对湖南体育改革进行再动员。《通知》推动了体育的普及和社会化进程。山东、广西、浙江和湖南等地在《通知》下达后就积极提倡开展体育活动日、体育活动月和农民体育节等活动，并规定了本地区的体育节（体育日或体育月），以推动群众体育的开展。1984 年 11 月 20 日至 28 日，国家体委在湖南省桃源县召开了全国县体委主任会议，贯彻《通知》精神，决定在全国范围内开展创体育先进县的活动，将我国农村体育又向前推进了一步。《通知》下达后，各级工会、体委和有关方面努力探索在改革开放新形势下职工体育发展的道路，我国职工体育工作在面向基层、面向职工群众和讲求实际效果等方面取得了新的进展，职工体育人中不断扩大。《决定（草案）》的下发，使我国体育改革的步伐明显加快，并取得了较为显著的成就。

中共中央《通知》的下发，体现了党和国家对人民体质与健康承担的责任，随着改革开放后人民生活水平的提高，人民的需求增多了，其中很重要的需求，就是普遍追求健康。《通知》对提高全民身体素质，建立科学文明健康的生活方式，促进社会的安定、团结，推进社会主义的物质文明和精神文明建设，都产生了积极而巨大的影响。尤其在预期中国将成为一个繁荣、富强的现代化国家时，体育是健康、科学、文明生活方式中，不可或缺的重要内容。"体育为人民服务"从增强体质、丢掉"东亚病夫"的帽子情结的基础上，在新的历史时期其思想内涵充实了新的内容。

至20世纪80代末，体育社会化的方针得到了落实，初步改变了体育过分集中于国家办的局面，体育事业出现了新的生机。

2002年11月，党的十六次全国代表大会上，把要使全民族的健康素质明显提高，形成比较完善的全民健身体系列入全面建设小康社会的奋斗目标。

2003年10月，党的十六届三中全会提出了科学发展观：即坚持以人为本，树立全面、协调、可持续的发展观，促进经济和人的全面发展。

在党的正式文件中，把体育的内容列入党和国家的发展目标，充分体现了体育在新世纪中国社会发展中的重要地位。体育在以全面建设小康社会为奋斗目标，构建和谐社会，以人为本，提高全民族的健康素质的过程中，以"三个代表"重要思想和科学发展观为指导，坚持"体育为人民服务"，根据党的十七次全国代表大会提出的"明显提高全民族的文明素质"和基本建立"覆盖全社会的公共文化服务体系"，"确保二〇二〇年实现全面建成小康社会的奋斗目标"。以树立"健康第一"的学校教育思想，坚持"奥运与全民健身同行"、构建群众性的多元性体育服务体系，使公民包括农民享有基本的体育服务，采用切实可行措施，结合"民生工程"进行的各项改革，达到了促进全民族健康素质全面提高的目的。在体育为"增强体质的"含义上有了划时代的升华。

（二）树立"健康第一"的学校教育思想

学校是整个国民体育的基础，关系到全民族体质的强弱。学校体育从"增强体质为主"树立起发展"健康第一"的指导思想，是学校教育思想内涵方面的丰富、发展。标志着学校体育思想的又一次飞跃。

1. 青少年健康关系民族的未来

1999年6月，中共中央国务院《关于深化教育改革全面推进素质教育的决定》中指出："健康体魄是青少年为祖国和人民服务的基本前提，是中华民族旺盛生命力的体现。学校教育要树立健康第一的指导思想，切实加强体育工作。"这里借用了几十年前毛泽东的提法，使"健康第一"成为新的历史时期学校教育的指导思想。学校体育作为学校教育的组成部分和增进健康、增强体质的积极手段，自然地选择了"健康第一"作为工作的指导思想。

2002年，李岚清副总理在国务院召开的体育工作会议上强调"要特别重视学校体育工作。青少年是国家的未来、民族的希望。提高全民身体素质的工作，要从中学生抓起，从青少年抓起。学校体育是国民体育的基础，也是群众体育和竞技体育的结合部。要按照全国推进素质教育的要求，始终坚持德、智、体、美全面发展，切实处理好文化教育与身体锻炼的关系，加强学校体育工作，提高学生身体素质，使学生既有聪明的头脑，又有健康的体魄。一般说来，首先要有健康的体魄，才可能有聪明的头脑"。

2006年12月，教育部、国家体育总局在《关于进一步加强学校体育工作，切实提高学生健康素质的意见》中规定："学生的学习、生活、体育、娱乐、课外活动和休息的安排，都要按照健康第一的指导思想和青少年生长发育的规律进行。"[1]12月23日，国务委员会陈至立在全国学校体育工作会议上进一步强调："我们必须全面地认识体育对强身健体、培养情操、弘扬民族精神、启迪智慧、壮美人生的重要作用，认识学校体育工作对全面贯彻党的教育方针、提升青少年全面素质和展示民族精神风貌的重要意义。我们

---

① 教育部、国家体育总局：《关于进一步加强学校体育工作，切实提高学生健康素质的意见》，《中国学校体育》2007年第1期。

不仅要求教育工作者、体育工作者对此要有充分的认识，更要引导全社会特别是广大干部、家长，树立正确的教育观、人才观、健康观，齐心协力，共同把学校体育工作作为一件大事来抓，让'健康第一'在学校教育中真正得到落实。"由此，"健康第一"的学校体育思想得到了进一步的强化。

2007年，胡锦涛总书记就青少年学生体质问题作出重要批示："增强青少年体质，促进青少年健康成长，是关系国家和民族未来的大事。"

"健康第一"思想的提出，为学校教育和学校体育的改革发展指明了方向。为了更好地贯彻"健康第一"的思想，需要准确、深刻地理解"健康第一"的基本含义。将"健康第一"作为学校体育的指导思想，就意味着学校体育追求的"健康"是躯体、心理、社会、道德全方位的健康，改变了那种只重视增强体、追求躯体健康的观念。

2．树立"健康第一"体现了人文关怀

讲健康"第一"更加体现了人文关怀。过去体育面向的军事、劳动、生产力、精神、竞技等，更多的是把体育作为服务于国家利益的一种工具；现在讲究"健康第一"，更多的是从学生个体利益出发的。两者角度不同，后者则更加体现了"以人为本"的理念。有人说，这样可以维护人类的身心健康，改变传统的体育观的弊端，"克服体育无人的现象"，并将其称为"人文体育观"。国务委员陈至立在全国学校体育工作会议上倡导："要保证学生每天参加一小时体育锻炼，让'每天锻炼一小时，健康生活一辈子'的理念深入人心"，就体现了这种"人文体育观"。从这个角度，采用这样的方法，能够让学生积极投身体育锻炼，促进学生健康水平的全面提高，对于提高全民族的身体素质，是基础和根本。

3．落实"健康第一"思想的途径

2001年6月，全国基础教育工作会议发布了《国务院关于基础教育改革与发展的决定》。在这个决定里面，明确地提出"加快构建符合素质教育要求的基础教育课程体系"。于是，我国新一轮基础教育课程改革在世纪之交启动。

与此前的体育课程相比，新一轮中小学体育课程改革从学生的学习主体地位出发，坚持把"健康第一"作为体育课程的最高目标，更加注重学生体

253

育兴趣、体育意识的培养和情感变化，注意学生的体育爱好、体育行为的养成和学习能力的提高，随着年级升高逐步增大学校、教师和学生对体育学习内容的选择性。《新课标》的设计思路是：淡化体育教学中的"竞技化"色彩，牢固树立"健康第一"的指导思想；重视学生的主体地位和体育课程的功能开发，增强体育课程的综合性；关注个体差异与不同需求，培养学生的运动兴趣，树立学生终身体育的观念，提高学生的社会适应能力，确保每一个学生受益。

《新课标》形成以后，在全国范围内广泛地征求了意见，从2001年秋季开始，在全国38个国家级实验区开始实行《新课标》的实验；2002年秋季实验范围进一步扩大到全国近500个县（区）；到2003年9月，实验规模扩大到1642个县（区）；2004年秋季，高中体育与健康课程改革实验也开始在广东、海南、山东和宁夏四省开始进行；从2005年开始，中小学（包括高中）各起始年级都普遍实行了《新课标》，并已初见成效。标志着"健康第一"的教育思想得到了落实。

（三）形成国民体质监测体系

根据《纲要》提出的"国民的身体素质是国民素质的重要组成方面，是世界公认的社会进步的重要标志"。

2000年我国首次在全国范围内进行了国民体质研究工作，体育科研工作者建立了科学、规范的监测体系，保证了对不同人群、性别、年龄、职业状况的人体进行科学的测试，从抽样、测试到数据的录入、统计和分析都体现了体育科学研究的系统性，形成了具有中国特色的国民体质监测系统。

国民体质研究在体质研究的基础理论和操作实施等方面都取得显著成果。这些成果，大体可归纳为以下6个方面：各人群的监测指标体系；各监测人群的网点布局；监测网络系统与计算机管理；测试细则和现场质量控制措施；数据的检查验收细则；不同人群的体质评价标准。

在2000年国民体质监测数据基础上，为幼儿、学生、成年人和老年人4个群体，分别建立了单项指标评价标准，并在此基础上利用单项指标得分类加法，建成体质综合评价标准。上述新建的各人群单项指标评分标准和体质综合评价标准已于 2003 年 7 月 4 日由国家体育总局会同 10 个有关部门共同签发在全国实施。同步建立了计算机自动评分系统，将进一步发挥国民体质监测工作在改善群众自我保健意识、引导人群通过积极参加体育锻炼来增强自身体质等方面的积极作用。①

此外，在我国国民运动健身科学指导系统的研究与应用方面，也有了新的进展。2005 年，国家体育总局体育科学研究所在已构建的中国国民体质监测系统框架基础上，完成了国家"十五"科技攻关项目《中国国民运动健身科学指导系统的研究与应用》，重点进行中老年人群运动健身前的运动能力评价，科学运动方式的选择和运动健身过程中运动强度的控制，建立提高中老年人健康水平、儿童少年身体素质的运动健身指导系统和高血压等 4 种慢性病人群的运动健身科学指导系统。②

社会体育工作的成效主要体现在人民群众体育健身意识明显增强、群众体育组织网络遍布城乡、群众体育竞争和激励机制更加完善、群众体育健身的科学化水平明显提高等几个方面。

第一，人民群众体育健身意识明显增强，经常参加体育健身人口显著增加，体育健身已经成为人们生活方式的一种时尚追求。

据全国 28 个省、自治区和直辖市的调查结果，截至 2005 年，我国 7 岁至 70 岁人口中经常参加体育活动的人口占全国该年龄段总人口的 37.1%，较 2000 年的 33.9% 增加了 3.2%，已经达到了发展中国家靠前的水平。在一些经济发达地区，崇尚健身，广泛参与体育活动，已经成为新世纪、新生活的标志和崭新的社会时尚。

第二，群众体育组织网络遍布城乡，成为组织和引导人民群众开展科学健身的主要力量。

据调查，到 2004 年底全国城市和乡镇共有体育指导站 20 余万个，已有各级各类社会体育指导员 43 万多人。我国社会体育已初步形成了一个以体

① 季成叶等：《中国国民体质研究现状及展望》，引自中国体育科学学会：《体育科学研究现状与展望》，内部出版 2004 年版，第 303 页。

② 中国体育科学学会：《体育科学学科发展报告》，中国科学技术出版社 2007 年版，第 23 页。

育社会团体为线，以基层体育指导站、活动点为点的点线结合、覆盖面广的社会化的群众体育组织网络。

第三，群众体育健身场地设施发展迅速，群众体育经费投入明显增多。

到 2004 年底，国家体育总局利用体育彩票公益金共在城市和农村乡镇兴建全民健身工程 5627 个，匹配全民健身路径 23319 条、乒乓球台 5920 个、篮球架 13790 副、体质测试器材 2820 套。对老、少、边、穷等经济欠发达地区实施"雪炭工程" 141 个；建设了 59 座示范性全民健身中心和 2134 个青少年体育俱乐部。

根据 2005 年公布的"第五次全国体育场地普查数据公报"，到 2003 年，全国共有各类体育场地 850080 个，比 1995 年末增加了 38.1%；占地面积 22.5 亿平方米，比 1995 年末翻了一番；体育活动场地面积 13.3 亿平方米，比 1995 年增加 70.5%；每万人拥有场地 6.58 个，人均体育活动场地面积 1.03 平方米，分别比 1995 年末增长了 31.6% 和 58.5%。[1]

2005 年，国家体育总局继续投资 6000 万元在全国实施第九批"全民健身路径工程"，建设了 1200 个健身路径。同时，在全国范围内试点建设专项路径——篮球长廊和乒乓球长廊（室外），共建设篮球长廊 100 条，乒乓球长廊 200 条。[2]

第四，群众体育竞争和激励机制更加完善。

为表彰和鼓励基层开展群体工作的积极性，从中央到基层的竞争激励机制已经逐步建立，形成了一套较为成熟的表彰体系。1995—2005 年期间，国家体育总局命名了 3 批全国体育先进县，共 306 个；命名了全国城市体育先进社区 709 个。表彰了获得全民健身活动周优秀省（区、市）94 省次、优秀单位 2648 单位次。表彰全国群众体育先进单位 2994 个，先进个人 2988 名。与农业部、中国农民体协联合表彰"亿万农民健身活动"先进乡镇 1617 个；与国家民委联合表彰了民族体育模范集体 111 个、模范个人 70 个。

其中，2005 年第 10 届全国运动会期间，来自全国各地、各行业的群众

---

① 国家体育总局：《中国体育年鉴（2006）》，中国体育年鉴出版社 2007 年版，第 337 页。

② 国家体育总局：《中国体育年鉴（2006）》，中国体育年鉴出版社 2007 年版，第 209 页。

体育先进单位和先进个人代表近 600 人参加表彰活动。共有 2403 个全国群众体育先进单位、2009 名全国群众体育先进个人、301 个全国全民健身好家庭、12 个全国优秀体育公园、10 个全国优秀全民健身活动中心、100 个全国优秀青少年体育俱乐部和 484 个全国优秀群众体育健身活动站（点）受到表彰，表彰范围覆盖各个层次，是历次群众体育先进表彰中奖项最多，规模最大的一次。①

第五，国民体质监测形成制度，促进了全民健身的科学化。

2000 年，在全国范围开展了第一次国民体质监测工作。按照每 5 年 1 次的国民体质监测制度，第二次国民体质监测于 2005 年在全国各地展开。其中，有 27 省（区、市）除完成国家监测任务外，还开展了本地的体质监测工作。各地还根据国家体育总局的统一要求，不仅科学、准确地采集了数据，而且向参加测试的近 100 位群众现场反馈测试结果，并进行了体质健康方面的咨询服务，促进了全民健身的科学化。②

（四）推进全民"五个亿万人群"健身活动

根据江泽民总书记"体育事业是群众的事业，广泛开展群众参与的体育活动，是我们体育的工作重点"的讲话精神，为实现和达到"提高国民素质"的根本目标，全国各级党委和政府都把群众性的体育活动作为当地精神文明建设的重要内容，列入了发展规划和为群众办的好事、实事之一，从而推动了"五个亿万人群"的健身活动等群众性体育活动的开展。

1. 亿万妇女健身活动

广大妇女是我国社会主义现代化建设的重要力量，同时也是体育健身积极性较高、较为活跃的人群。当时在城乡晨、晚练参加体育活动的人中，多半是妇女。为了进一步推动妇女体育健身活动的开展，在开展全民健身周活动的同时，2000 年 3 月 7 日，全国妇联会同国家体育总局联合下发了《关于在全国开展"亿万妇女健身活动"的通知》（以下简称《通知》）。

<hr>

① 国家体育总局：《中国体育年鉴（2006）》，中国体育年鉴社 2007 年版，第 210 页。
② 国家体育总局：《中国体育年鉴（2006）》，中国体育年鉴社 2007 年版，第 209 页。

自"亿万妇女健身活动"启动后，全国先后有包括广西、云南等少数民族地区在内的十几个省、自治区、直辖市举办了妇女健身大赛、妇女健身风采展示、妇女运动会等，其中北京18个区县妇联年年开展形式多样的健身风采展示活动；广西壮族自治区已举办了两届隆重而盛大的妇女运动会；福建省妇联与全国"亿万妇女健身活动"同步，启动了"八闽巾帼健身活动"，全省妇女科学健身已蔚然成风。据不完全统计，江西省有各类妇女健身组织和站点3000余个；辽宁省抚顺市有妇女健身活动站230个，其中已由市妇联和体育局挂牌认定的有125个；上海市仅徐汇区的100多个妇女健身点中，每天参加活动的人数超过10万。除了较规范的妇女健身站（点）外，在妇女健身的浪潮中还涌现出了成千上万的妇女健身队，这些健身队活跃在工厂、街道、机关、乡镇，仅首都北京就有4000多支这样的队伍。

2. 亿万农民健身活动

全国"亿万农民健身活动"，最早自1990年开始，同时规定每两年评比表彰一批全国"亿万农民健身活动"先进乡镇，使其扎根于农村。2001年4月4日，国家体育总局、农业部和中国农民体协联合颁发了《关于继续深入开展"亿万农民健身活动"的通知》，指出：为进一步推动《全民健身计划纲要》深入实施，大力发展农村体育，引导广大农民进行体育健身，丰富农村文化生活，增进农民身心健康，国家体育总局、农业部、中国农民体协决定，在原有工作的基础上，继续深入开展"亿万农民健身活动"。

"亿万农民健身活动"已初见成效，1995—2005年间，全国涌现出1617个"亿万农民健身活动"先进乡镇，为农民体育活动的开展起到很好的示范、激励和推动作用。

3. 亿万青少年儿童健身活动

青少年、儿童时期是人的一生中身心发育与素质增长的关键时期，为努力提高广大青少年儿童的体质健康水平，2001年7月3日，国家体育总局、教育部联合颁发了《关于开展"亿万青少年儿童体育健身活动"的通知》，决定从2001年开始在全国开展"亿万青少年儿童体育健身活动"。

《通知》下发以后，2001年、2002年分别在北京和昆明举行了两届"亿万青少年儿童体育健身活动"展示大会，通过各种文体表演方式展示当代青少年儿童的精神风貌，同时还向全国青少年发出了体育健身的倡议，此后每年都定期组织举办，产生了较大的社会影响。

4. 亿万职工和亿万老年人健身活动

2001年4月19日，国家体育总局、全国总工会联合颁发了《关于在全国开展"亿万职工健身活动"的通知》，并于2001年6月在山东青岛举行了启动仪式；同日，国家体育总局、中国老龄协会、中国老年人体协还联合颁发了《关于在全国开展"亿万老年人健身活动"的通知》，不久，在天津市举行了启动仪式。

5. 扶贫济困的"雪炭工程"

"雪炭工程"取意于"雪中送炭"，是利用中国体育彩票公益金，帮助受灾地区、贫困地区缓解开展全民健身和竞技体育的困难。

2001年开始，国家体育总局正式开始实行"雪炭工程"，分3步在三峡库区，在井冈山、遵义、延安、西柏坡等革命圣地，在新疆、西藏等少数民族地区，在西部及边远穷困地区，在遭受自然灾害袭击严重需要重建的地方，在资源采掘枯竭、下岗职工较多的地方，使用体育彩票公益金，援建公用体育健身设施。这些体育设施从当地社会经济水平的实际出发，采用多种形式，除健身路径外，还兴建了健身中心、灯光篮球场、水泥乒乓球台等适合当地群众健身需求的体育设施。到2002年底为止，国家体育总局先后投入了1.5亿元体彩公益金，扶持全国55个老、少、边、穷地区修建体育设施。到2004年底，"雪炭工程"已经实施4期，在县级建设了141个小型、经济、适用的体育场馆，为欠发达地区人民群众送去温暖。

6. 全国联动，亿万群众健步走

2005年，国家体育总局在全民健身活动中创造了4个第一：第一次实现全国联动、项目联动、政府与社会联动、活动贯穿全年。从2005年元旦登高全民健身活动开始，至年底百万青少年上冰雪活动，各省（区、市）、各全国性单项运动协会和行业体协组织开展了近百起大型群众健身活动，如"冬泳日""健身大拜年"全国群众登山健身大会、全国健身气功展示活动、全国龙舟月系列活动、"五个亿万人群"健身展示活动、全民健身周活动等。特别是6月19日前后，全国20多个省（区、市）联动举办了声势浩大的全

国亿万群众健步走活动，取得了良好的社会效益。

"五个亿万人群"健身活动使人民群众体育健身意识明显增强、群众体育组织网络遍布城乡、群体体育竞争和激励机制更加完善、群体体育健身的科学化水平明显提高。

四、构建体育服务体系、向体育强国迈进

（一）构建群众性多元化体育服务体系

2002年，中共中央、国务院印发了《关于进一步加强和改进新时期体育工作的意见》（以下简称《意见》），之后由国务院召开了全面体育工作会议，李岚清副总理在工作会议上强调了毛泽东、邓小平、江泽民三代领导集体、党和政府对体育工作的重视，提出了按照《意见》的要求，以全民健身为目标，抓好"三个环节"，突出"四个重点"，努力构建群众性多元化体育服务体系。

"三个环节"：一是建设好群众健身场地，方便群众就地就近参加体育活动；二是健全群众体育活动组织并加强正确引导，建立社会体育指导工作队伍和社会化的群众体育网络，完善国民体质监测体统；三是举办经常性群众性体育活动，丰富群众文化生活。"四个重点"：即青少年体育以学校为重点，农村体育以乡镇为重点，城市体育以社区为重点，军队体育以连队为重点。要充分发挥学校、乡镇、社区和连队的聚集效应、辐射功能和带动作用，增强体育锻炼的吸引力和凝聚力，推动全国健身活动的普遍开展。

2003年7月9日，国务委员陈至立在2003年全国体育局长会议上指出：党中央、国务院的要求，把提高全民族的身体素质摆在突出的位置，大力实施《全民健身计划纲要》，认真研究建立全民健身体系的问题，把目标量化、具体化，并使之具有可操作性。全民健身要以民为本，群众体育活动的开展、群众健身场地的建设、群众体育活动组织机构的建立，都要从方便和满足群众的需要出发。

2005年10月21日，胡锦涛总书记在接见全面群众体育先进代表的讲话中指出：广泛开展全民健身活动，提高全民族的健康素质，是全面建设小

康社会的重要内容，是构建社会主义和谐社会的必然要求，也是功在当代、利在千秋的好事！希望我们广大的体育工作者认真地贯彻党的十六届五中全会精神，全面落实科学发展观，始终把增强人民体质、提高民族健康素质为目标，不断开创体育事业和体育工作的新局面。

为贯彻胡锦涛总书记的讲话和十六届五中全会精神，体育总局局长刘鹏在全国群体工作会上的讲话中，提出了工作要求。

第一，坚持以科学发展观为统领，推动群众体育事业再上新台阶。2002年7月22日，中共中央、国务院制定和下发了《关于进一步加强和改进新时期体育工作的意见》，明确提出要"大力推进全民健身计划，构建多元化体育服务体系"。党的十六大明确要求把"提高全民族健康素质，形成比较完善的全民健身体系"作为全面建设小康社会奋斗目标的重要内容。可以说，世界上还没有哪一个国家、哪一个政府能够把群众体育事业提升到如此高度。

第二，坚持全民健身与奥运同行。以筹备北京奥运会为重大契机，掀起群众体育新高潮。广大群众体育工作者应该牢牢把握举办奥运会对群众体育事业的发展带来的重大契机，调整工作思路，加大工作力度，唱响"全民健身与奥运同行"的主题，真正使群众体育与竞技体育相互促进、相映生辉，形成合唱，同为北京奥运喝彩、争光。

第三，坚持解放思想、实事求是、与时俱进，积极探索、努力把握我国群众体育发展规律。深入实施《全民健身计划纲要》为鲜明特色，坚持在"全民"上做文章，在"健身"上下功夫，积极探索群众体育的普及规律，有力地推动了我国群众体育事业的蓬勃发展，得到了国际社会的广泛接受和广大人民群众的普遍认同。

第四，坚持以人为本、求真务实，切实保障广大人民群众的基本体育权益。在群众体育中坚持以人为本，要求我们在思考问题、研究工作时，深怀爱民之心，恪守为民之责，善谋健民之策；想人民群众之所想，急人民群众之所急，办人民群众之所需，切实履行好自己的职责，增强对人民体质和健康负责的使命感和责任感；在群众体育中坚持以人为本，要求我们必须紧紧围绕"三个环节"，努力构建"亲民、便民、利民"的全民健身服务体系，

充分发挥群众体育活动"强身、健心、睦邻、乐群"的基本功能，促进人的全面发展和社会和谐。在群众体育中坚持以人为本，要求我们更加关注社会弱势群体，特别重视农民、城镇低收入人群、老年人、残疾人等人群，为他们参加体育健身活动积极创造条件，保障他们享有参加群体活动的平等机会和权利。

在群众体育中坚持以人为本，还要求我们一定要根据不同区域、不同人群的具体实际，采取分类指导的工作方法和不同的发展模式，体现发展的多样性，提供多元化的服务，满足不同层次的体育健身需求。

第五，坚持突出重点，着力研究并认真解决群众体育的重点和难点问题。要继续组织开展好学校体育、社区体育和其他不同人群的体育活动，真正让全体中国人民享受到推行《全民健身计划纲要》所取得的丰硕成果。我国的农村体育发展由于受到经济社会发展水平的制约仍然严重滞后，农民的体育意识亟待提高，农村的体育场地和设施严重匮乏。同全面建设小康社会的重点和难点在农村一样，我国的群众体育工作的重点和难点也在农村。我们经济讲，没有广大农民的小康，就没有整个中华民族的小康，没有广大农民的身体健康，全面提高中华民族的健康素质就成了一句空话，没有农村体育事业的发展，《全民健身计划纲要》的实施就谈不上广泛和深入，因此，体育战线的同志们，特别是广大群体工作者一定要增强紧迫感和责任感，紧密结合农村和农民的实际，花更大的力气认真研究农村体育工作。

第六，坚持统筹兼顾，努力实现群众体育全面、协调、可持续发展。群众体育是我国体育事业中极其重要的组成部分，是我国体育事业发展的基础，没有群众体育事业发展，就不可能实现我国体育事业的全面、协调、可持续发展，同时，群众体育本身也需要全面、协调、可持续发展。我国群众体育还存在发展不平衡问题，城乡之间、区域之间、不同人群之间的发展差距仍然十分明显，尤其是东、西部地区之间、发达与欠发达地区之间的差距还存在进一步扩大的趋势。因此，一定要把发展群众体育事业放在全面建设小康社会的大格局中去把握，放在经济社会发展全局中去考虑，紧紧围绕全党的中心任务去组织实施。

从 2001 年至 2008 年，国家体育总局围绕了"全民健身与奥运同行"这一群众工作主题，在构建和谐奥运、和谐体育、和谐社会、和谐进步的基础上，努力开创群众体育工作的新局面。"全民健身与奥运同行"充分体现了我国发展体育事业的根本目的和任务，为发展和谐体育，实现体育为人民服务的宗旨拓展了新路子。

申奥成功的7年，全民健身运动空前蓬勃开展，人民群众得到了更多的实惠，各级政府把"亲民、利民、便民"的全民健身体育服务作为"执政为民"的"实事"工程纳入当地社会经济发展规划。各级政府和职能部门体育公共服务的基本职能得到了强化，同时，群众体育推进全面建设小康社会，构建社会主义和谐社会的综合功能和作用得到了充分地显示。

2008年9月29日，胡锦涛总书记在北京奥运会残奥会总结表彰大会的讲话中，再次强调："要继续发展群众体育事业。体育是人民的事业。要坚持以人为本，把北京奥运会、残奥会激发的群众体育热情保持下去，增强广大人民群众特别是青少年体育健身意识，培养人民健身习惯，开展丰富多彩的群众体育活动和全民健身运动。要着眼于满足人民群众体育需求，加速城乡体育健身场志和设施建设，健全群众体育组织，完善全民健身体系，为人民提供更多更好的体育公共服务，让人民分享体育发展成果、享受体育带来的健康和快乐，形成健康文明的生活方式。"

胡锦涛总书记的讲话，使体育在明确指导全民族的健康素质，在全面建设小康社会与构建和谐社会的宏伟蓝图中有了明确的突出的目标定位。全民健身服务体系的构建和不断完善的过程，也是体育为人民服务思想内涵得以丰富和发展的过程。新中国成立60多年来，"体育为人民服务"核心思想始终贯穿于体育工作中，随着社会主义建设各个时期对体育价值认识的不断深化，体育工作的指导思想为满足社会的需求不断地得到发展和提升。

体育事业的兴旺发达是国家繁荣昌盛的重要标志。当今世界，以综合国力为基础的国际竞争日趋激烈。我们要在激烈的国际竞争中始终立于不败之地，就必须不断增强经济实力、科技实力、国防实力和民族凝聚力，而这些实力的增强都离不开国民体质的增强。中华民族要屹立于世界民族之林，就离不开国民身体素质的提高。我们党要带领亿万人民脱贫致富奔小康，同样也离不开广大人民群众身体的健康。大力发展体育事业，培养和造就体魄强

健的高素质劳动者，健民强国，是实现中华民族伟大复兴的必然选择。

（二）从体育大国向体育强国迈进

2008 年 9 月 29 日，北京奥运会、残奥会总结表彰大会在人民大会堂隆重举行，胡锦涛同志发表的重要讲话中，回顾了我国体育和奥林匹克运动不懈奋斗的艰辛历程，高度评价了我国体育的辉煌成就，提出了进一步推动我国由体育大国向体育强国迈进的奋斗目标，为新时期体育事业的发展指明了方向。

面向未来，我国体育工作的指导思想内涵必须更新的内容。我们只有立足于认真贯彻落实以人为本的科学发展观，研究新的历史条件下体育的新特点、新定位，着眼于人民群众对生活质量的新追求，提供更多更好的体育公共服务，让更多的人享受社会进步和体育发展的成果；要在坚持和完善举国体制、保持我国竞技体育特点和优势的基础上，不断挖掘潜力，优化结构，提高效益，推动竞技体育内部各门类均衡发展，增强我国体育的综合实力和国际竞争力；要努力实现体育事业与体育产业协调发展，不断增强体育发展的后劲与活力，为体育发展开辟更加广阔的空间；要坚持科教兴体、人才强体、依法治体，加快我国体育的现代化进程，才能实现体育强国的目标。①

体育战线要坚定不移地坚持中国特色社会主义体育发展道路，牢记神圣使命，发扬优良传统，拼搏奋斗，不懈追求，努力实现体育事业的全面、协调、可持续发展，努力创造我国体育事业的新辉煌，奋力向实现体育强国的宏伟目标迈进，为全面建设小康社会、构建社会主义和谐社会，为实现中华民族的伟大复兴作出新的更大贡献！

---

① 刘鹏：《从"东亚病夫"到体育大国》，《求是》2009 年第 9 期。

参考文献

[1] 伍绍祖:《中华人民共和国体育史（综合卷）》，中国书籍出版社 1999 年版。

[2] 傅砚农:《中国体育通史（第五卷）》，人民体育出版社 2008 年版。

[3] 郝勤:《中国体育通史（第六卷）》，人民体育出版社 2008 年版。

[4] 曹守和:《中国体育通史（第七卷）》，人民体育出版社 2008 年版。

[5] 国家体委:《体育运动文件汇编，1949—1981》，人民体育出版社 1993 年版。

[6] 何泌:《中华人民共和国史》，高等教育出版社 1999 年版。

[7] 国家体委（国家体育总局）:《体育工作情况》，人民出版社 1985—2009 年版。

[8] 国家体委（国家体育总局）:《中国体育年鉴》，人民体育出版社 1949—2008 年版。

[9] 鲍明晓:《中国体育产业发展报告》，人民体育出版社 2006 年版。

[10] 李晋裕:《学校体育史》，海南出版社 2000 年版。

[11] 杨贵仁:《中国学校体育改革的理论与实践》，高等教育出版社 2006 年版。

[12] 国家体育总局政策法规司:《中国体育法制十年（1995—2005）》，中国法制出版社 2006 年版。

[13] 国家体委文史委:《中国体育改革十五年·体育史料》，第 18 辑，内部出版 1998 年版。

[14] 黄汉生:《中华人民共和国体育科技发展史》，科学出版社 2002 年版。

[15] 崔乐泉:《中国体育思想史》，首都师范大学出版社 2008 年版。

[16] 傅砚农:《当代中国体育思想史（1949—1985）》，人民体育出版社 2008 年版。

责任编辑：杨美艳
封面设计：徐　晖
版式设计：周方亚

图书在版编目（CIP）数据

新中国体育指导思想研究／傅砚农，曹守和 著.
－北京：人民出版社，2012.3
ISBN 978－7－01－010435－5

I.①新…　II.①傅…②曹…　III.①体育事业－研究－中国
　IV.① G812

中国版本图书馆 CIP 数据核字（2011）第 240300 号

新中国体育指导思想研究
XINZHONGGUO TIYU ZHIDAO SIXIANG YANJIU

傅砚农　曹守和　著

人民出版社 出版发行
（100706　北京朝阳门内大街 166 号）

北京集惠印刷有限公司印刷　新华书店经销

2012 年 3 月第 1 版　2012 年 3 月北京第 1 次印刷
开本：710 毫米 × 1000 毫米 1/16　印张：17.25
字数：272 千字　印数：0,001－2,000 册

ISBN 978－7－01－010435－5　定价：39.00 元

邮购地址 100706　北京朝阳门内大街 166 号
人民东方图书销售中心　电话（010）65250042　65289539